유라시아 천년을 가다

【역사학자 4인의 문명 비교 탐사기】

【역사학자 4인의 문명 비교 탐사기】

유라시아 천년을 가다

2002년 5월 27일 1판 1쇄
2014년 6월 20일 1판 8쇄

지은이 | 박한제·김호동·한정숙·최갑수

편집 | 류형식·강현주
제작 | 박흥기
마케팅 | 이병규·최영미·양현범

출력 | 한국커뮤니케이션
인쇄 | 천일문화사
제책 | 정문바인텍

펴낸이 | 강맑실
펴낸곳 | (주)사계절출판사
등록 | 제406-2003-034호
주소 | (413-120) 경기도 파주시 회동길 252
전화 | 031) 955-8588, 8558
전송 | 마케팅부 031) 955-8595 편집부 031) 955-8596
홈페이지 | www.sakyejul.co.kr 전자우편 | skj@sakyejul.co.kr
독자카페 | 사계절 책 향기가 나는 집 cafe.naver.com/sakyejul
페이스북 | facebook.com/sakyejul
트위터 | twitter.com/sakyejul

ⓒ 박한제·김호동·한정숙·최갑수, 2002

값은 뒤표지에 적혀 있습니다.
잘못 만든 책은 구입하신 서점에서 바꾸어 드립니다.

사계절출판사는 성장의 의미를 생각합니다.
사계절출판사는 독자 여러분의 의견에 늘 귀기울이고 있습니다.

이 책은 저작권법에 따라 보호받는 저작물이므로 무단전재와 무단복제를 금합니다.

ISBN 978-89-7196-892-5 33920

유라시아 천년을 가다

【역사학자 4인의 문명 비교 탐사기】

박한제·김호동·한정숙·최갑수 지음

사계절

 머 리 말

유라시아를 만나다

지구상에 존재했던 사람들이 엮어 낸 역사를 '문명'이라 하고, 유사한 특징을 갖는 보다 큰 권역을 '문명권'이라 일컫는다. 인류의 역사가 진행되는 동안 이 지구상에는 독자적 특징을 갖는 다양한 문명들이 명멸하였다. 유럽과 아시아, 물론 이 두 범주 속에는 세분된 문명들이 존재한 것도 사실이지만, 이 두 권역은 인류가 지금까지 역사를 만들어 낸 가장 대비되는 문명권이라 해도 무방할 것이다.

앞으로 지구상의 문명 간에는 충돌, 혹은 공존의 양태가 나타날 것이라는 두 가지 대립된 논제가 최근 대두되기도 했지만, 이들 문명의 빛깔은 약간 다를 수 있을지라도 인류의 역사는 하나의 보다 큰 물줄기를 이루기 위해 부단히 달려왔고, 또 그 방향으로 흘러가고 있다고 해도 크게 틀린 말은 아닐 것이다. 이처럼 각기 다른 특색을 갖는 다양한 문명들이 어떤 계기로 만났고, 서로를 어떻게 이해하며, 스스로를 어떻게 변모시키면서 하나의 세계를 이룩해 내었는가를 알아보는 것은 흥미로운 일일 뿐만 아니라 매우 요긴한 일이기도 하다. 오늘날 우리는 '지구화' 혹은 '세계화'라는 거대한 물결 앞에 서 있기 때문이다.

이 책은 한국일보가 기획하고, 반경 50m 내에 연구실을 둔 네 명의 연구자들(중국사=박한제, 중앙아시아사=김호동, 러시아사=한정숙, 유럽사

=최갑수)로 구성된 '유라시아 역사 탐사팀'의 연구와 답사의 결과물이다. 답사팀은 약 1년 간의 준비 끝에 2000년 7월 6일부터 29일까지 중국 일대 — 러시아 일대—로마—이스탄불—우즈베키스탄 일대로 이어지는 23일 간에 걸친 합동 답사 여행을 다녀왔고, 부족한 지역에 대해서는 각 연구자가 개별적으로 추가 답사를 진행하였다. 합동 답사에는 기획을 책임진 한국일보 서화숙 문화부장과 박광희·박서강 기자가 일부, 혹은 전지역을 동행하였다.

이 기획의 초점이 된 시대와 국가는 유라시아 대륙에 걸쳐 일찍이 인류가 건설한 지상 최대의 강역(疆域)을 가졌던 13세기 몽골 제국이었다. 이 제국이 인류 역사, 특히 동서양 문명권에 각각 어떤 영향을 주었으며, 둘 사이를 잇고 합치는 데 어떤 역할을 하였는가를 탐구하고자 하는 것이 우리의 당초 목표였다. 기획을 진행시켜 가는 과정에서 시대적·지역적으로 그 범위는 길고 넓어졌으나, 답사 여건은 점점 열악해져 갔다. 시대적·지역적 범위가 길고 넓어진 것은 인류 역사에 대해 좀더 조감적인 이해를 갖자는 데 모든 연구자들이 이해를 같이했기 때문이다. 사실 이것은 제반 여건상 만용이었다. 그 결과 그리 만족스런 소득을 얻지는 못하였다. 그러나 나무는 제대로 그리지 못했으나 숲의 형체는 나름으로 묘사해 내었다는 뿌듯함을 갖게 된 것은 우리 연구자들만의 자찬일지도 모르겠다.

우리 네 명의 연구자는 열 가지 주제를 가지고 이상의 문제에 접근하였다. 1장 '동서 문명의 십자로 이스탄불'에서는 우리가 무심결에 사용하고 있는 '동양' 혹은 '서양'이라는 명칭의 문제점과 지역적·문명적 구분의 애매함을 부각시키려 애썼다. 동시에 이 두 지역을 잇는 길, 실크로드가 가지는 진정한 역할과 의미를 재해석해 보려 하였다. 아울러 두 문명의 연결점인 동시에 다양한 문명의 '십자로'라 할 수 있는 이스탄불의 지난 역사와 현재가 갖는 의미를 재음미하려 하였다. 이로써 동과 서가 어떻게 이어지고 있었으며, 현재 양자는 어디를 향하여 가고 있는가를 알아보려 하였다.

2장 '중세 사회의 세계 인식'에서는 유라시아 형성 이전의 고립된 문명권들이 자기와 세계를 어떻게 인식하고 있었는가를 살피는 데 주의를 기울였다. 먼저 중국인들의 신화인 동시에 현재 중국의 국시이기도 한 '중화주의'가 어떻게 형성되었으며, 그 후 어떻게 변용되어 현재에 이르게 되었는가를 살피려 하였다. 반면 농경 민족과 달리, 다른 민족의 문화가 갖고 있는 독자성을 인정하고 그들의 장점을 적극 수용하는 중국 북방의 유목민들의 '다원적 세계관'이 갖는 의미를 생각해 보았다. 그리고 러시아인들의 주류가 된 동슬라브인들의 지리적 교류 범위를 살펴봄으로써 그들의 세계관이 후세 거대 제국 러시아를 탄생시키는 데 어떤 작용을 하였는가를 살피려 하였다. 또 그동안 별개로 존재하였던 유럽의 남북이 보편 세계로 통합되어 하나의 '문명으로서 유럽'이 탄생되는 과정에 기여한 중세인들의 세계 인식을 다루려 하였다.

3장 '중세의 도시들'에서는 유라시아 중세인들의 삶의 터전의 모습과 그 삶의 파편들을 모아 보고 그들이 후세에 남긴 빛과 그림자가 무엇이었던가를 살펴보고자 하였다. 먼저 중국 내지(內地)뿐만 아니라 세계 각 지역으로부터 장안을 향해 달려왔던 사람들에게 대당(大唐) 세계 제국이 부여한 자유와 당시 감돌았던 활기가 과연 어떤 의미를 갖는가를 따져 보고자 하였다. 다음으로 문화적 다양성과 활력으로 충만했던 사마르칸드의 번영과 그것이 후세에 남긴 유산을 분석하려 하였다. "도시의 공기는 자유를 만든다"는 말을 남긴 중세 유럽의 도시들이 누렸던 자유는 과연 진정한 의미의 자유였던가. 샹파뉴 지방의 정기시를 중심으로 이 문제에 접근하면서 그 자유가 근대적 그것과 어떤 연관성을 맺고 있는가를 살피려 하였다. 마지막으로 키예프 시대 벽돌 벽으로 둘러싸인 시벽(市壁), 크렘린은 어떤 경로로 나타났으며, 그것이 후세에 어떤 작용을 하게 되었는가를 살펴보려 하였다.

    4장 '몽골 제국의 출현과 그 충격'에서는 몽골 제국의 출현이 세계사의 형성에 던지는 의미가 무엇인가를 따졌다. 좀더 발전된 문명이 낡은 세계의 벽을 뛰어넘어 침투해 간다는 것은 일반적인 현상이다. '야만' 유목민족이 '문명' 농경 국가를 정복하고 다시 해양 세계까지 장악함으로써 지구적인 규모의 거대한 정치 조직을 이루고 이른바 '팍스 몽골리카'로 불릴 수 있었던 힘은 과연 어디에서 발원되었으며, 그들이 다른 세계에 준 충격이 이후 어떤 결과를 가져왔는가를 살피려 했다. 몽골이 남방 중원을 정벌하여 중국을 통치하는 원나라를 세웠던 것은 주지의 사실이다. 원의 중국 지배는 한인에게 충격적인 것임에 틀림이 없지만 동방 문명의 종주국으로 자부해 왔던 중국이었던 만큼 그 대응은 흥미로운 문제일 수밖에 없다. '신의 징벌'로 일컬어질 만큼 몽골에게 처절하게 정벌당한 모스크바는 몽골이 선물한 모노마흐의 왕관이 한동안 짜르 권력의 상징물로 이용되는 모순된 모습을 보여 주었다. 몽골 제국은 그들에게 증오의 대상이었던가, 아니면 부러움의 대상이었던가. 아울러 로마 교회는 몽골 제국의 서방 세계에의 출현에 대해 어떤 태도를 가졌던가. 두려움인가, 아니면 성지 탈환과 기독교 세계의 확대라는 기회로 여겼던가를 탐구하려 했다.

    5장 '유라시아를 잇는 교통망의 변화'에서는 몽골 제국이 출현한 13세기 세계 체제의 모습을 교통망의 변화를 통하여 살펴보려 하였다. 몽골의 남송 정벌은 두 가지 큰 전기를 마련하였다. 하나는 중국이라는 거대한 경제적 기반을 획득하였다는 것이고, 또 하나는 이것을 무슬림 상업권과 연결시키려 했다는 점이다. 이로써 교통망으로서 육로만이 아니라 해로가 큰 몫을 차지하게 되었다. 이런 변화 과정에서 기존에 있던 중국의 교통망에 어떤 변화가 일어났는가는 관심의 대상이 될 수밖에 없다. 동서고금을 막론하고 거대한 제국이 성립하면 먼저 각 지역을 연결하는 '선'인 도로 교통망을 정비하게 마련이지만, 유목민들이 세운 몽골 제국은 어떤 방식으로 지방과 중앙, 지방과 지방을 연결시키고 있었던가 하는 점도 흥미로운 관찰 대상이다. 이 도로망이 역참제라 할 것인데, 이 제도가 공간적 광대성을 특징으로 하는 러시아에 어떤 영향을 주었던 것일까. 교통망의 정비는 지리적 지식을 확대시킬 뿐만 아니라 지도의 제작이라는 부산물을 낳는다. 프랑스 국립도서관에 소장된 '카탈루냐 지도'는 중세 유럽인들의 지리 지식과 공간 관념, 그리고 세계관을 엿볼 수 있는 좋은 자료다. 이 지도가 보여 주고 있는 당시인의 지리 관념은 무엇인가 하는 점도 흥미로운 검토의 대상이었다.

6장 '일상생활의 변화와 도시 문화'에서는 몽골 제국 성립 이후 유라시아 각 지역의 중심 도시들이 어떤 형태로 변모하고 발전해 갔는가를 살피고자 했다. 지금은 옛날의 영화나 번성했던 흔적이 별로 남아 있지 않은 대초원 위의 보잘것없는 촌락으로 변했지만 카라코룸은 몽골 제국 2대 칸인 우구데이에 의해 수도로 정해진 이후 엄청난 물산과 인종, 그리고 다양한 종교가 유입되었던 세계 제국의 수도였다. 이 카라코룸의 흥쇠를 추적해 보는 것도 재미있는 일이 될 것이다. 몽골 제국의 정통을 이었다고 자부하는 대원 제국의 수도는 대도(大都)와 상도(上都) 두 곳이었다. 이런 양경제(兩京制)의 운영은 어떤 연유와 목적에서 생겨난 것일까. 중국 고래의 양경제와는 어떤 차이가 있는 것일까. 종횡으로 이어진 수로망으로 러시아 최초의 도시 가운데 하나로 이름을 날렸던 노브고로드는 어느 날 갑자기 한산한 시골에 불과하였던 신흥 모스크바의 부상으로 그 빛을 잃고 말았다. 그 과정은 몽골 제국의 침략 혹은 지배와 어떤 연관성을 갖는 것일까. 6세기 이탈리아 북부에 탄생한 작은 항구 도시, 베네치아가 몽골의 침략이라는 거대한 파도 앞에서도 '아드리아 해의 여왕'이라는 칭호를 들을 정도로 변신을 거듭할 수 있었던 동력은 무엇이었던가.

7장 '동서를 이어 준 사람들'에서는 당초 그 목적이 어떠하든 유라시아 세계를 여행하여 당시 사람들에게 지리적 지식과 미지의 세계를 소상하게 알려주었던 여행가들의 생애와 그들의 여행이 갖는 의미를 따져 보려 했다. 아시아를 찾은 첫 유럽인인 카르피니와 루브룩은 다같이 바투가 이끄는 몽골군이 동유럽을 휩쓸고 간 후 풍전등화격이 된 기독교 세계인으로서 몽골을 찾았다. 그의 여행의 목적은 무엇이며, 그들이 몽골에 대해 받았던 인상은 어떠했으며, 그들이 남긴 저작은 서방인이 동방인을 이해하는 데 어떤 기여를 하였던가. 초등학교 학생이라면 모르는 사람이 없을 정도로 유명한 『동방견문록』을 남긴 마르크 폴로는 당시 유럽인에게는 실로 파천황의 신세계를 소개한 인물로 유명하다. 그가 17년이란 긴 세월 동안 쿠빌라이 대칸이 지배하는 중국에 봉사하고 무사히 귀국할 수 있었던 시대적 배경은 무엇인가. 그리고 그의 여행기는 어떤 의미를 지니고 있는가. 중국이 배출한 가장 위대한 항해가였던 정화만큼 그 시대, 그가 봉사했던 왕조와 어울리지 않은 사람도 드물 것이다. 그가 평생의 대부분의 시간을 바쳐 전후 일곱 차례에 걸쳐 아프리카 동쪽 해안까지 함대를 이끌고 간, 소위 '남해 원정'의 목적은 무엇이며, 그가 남긴 유산은 후세에 어떻게 이어졌던가. 시베리아 정복을 주도했던 스트로가노프 가문과 예르마크가 러시아를 현재 세계 최대의 영토 국가로 부상하도록 만든 일등 공신이라는 점에는 이의가 없을 것이다. 그들이 동토를 가로지르며 불굴의 의지로 끊임없이 동으로 향하였던 목적은 과연 어디에 있었던 것일까. 그들의 시베리아 정복은 동서교류에 얼마나 기여를 했다고 볼 수 있을까.

    8장 '전쟁과 사회 변동'에서는 전쟁 방식의 변화 과정을 살피고 그것이 인민의 생활을 어떻게 변화시켰는가 하는 점을 고찰하려 했다. 기원전 800년 이후 약 2500년 동안 유목 민족이 유라시아 대륙을 군사적으로 지배하게 된 것은 등자(鐙子)의 발명 덕분이라 할 수 있다. 등자를 장치한 기마대의 전력이란 구체적으로 어떤 것이었으며, 그것을 방어하기 위한 타 세계인들의 노력은 어떤 것이었던가. 지구상의 인공 구조물 가운데 가장 웅장한 만리장성의 출현도 전쟁의 부산물이다. 현재 남아 있는 장성은 거의 명대에 중수된 것이지만, 명대는 장성만을 중수한 것이 아니라 해변과 도시 주위에도 웅장한 성을 쌓았다. 명대는 그래서 '축성의 시대'라 칭해지기도 한다. 장성은 과연 중국인들의 자랑인가, 아니면 중국 문명의 실패와 퇴영의 상징물인가. 칭기즈칸과 그의 후예들이 아시아와 유럽에 걸쳐 거대한 제국을 건설하는 데 밑거름이 되었던 기마 군단은 화약과 총포로 무장한 포병이 출현하기 전까지는 거의 무적의 군대였다. 이 무적의 전력의 소재와 전술은 구체적으로 어떤 것이었을까. 러시아는 어떤 군제 변화를 통하여 몽골지배를 극복할 수 있었던가. 군제 변화는 필경 사회 조직과 구조에 영향을 미쳤던 것이다. 고골리의 소설「죽은 혼」에서 보이는 열악한 조건 속에 처한 농노의 광범한 존재는 이 군제 변화와 어떤 연관성을 가지는 것일까. 서구에서의 무기 발달의 역사는 유목민과 동방 국가에 대한 전략적 우위를 확보하기 위한 투쟁 과정이었다고 해도 과언이 아닐 것이다. 1600년 이전 유라시아 대륙의 군사적 주도권은 중국을 중심으로 하는 아시아에 있었다. 이러한 열세를 서구는 근대에 들어와 역전시켰다. 이는 어떤 과정을 거쳐 일어났으며, 무엇이 그 역전을 가능하게 만들었던 것일까. 그리고 그러한 역전의 동력 후면을 뒷받치고 있는 사회 기제는 무엇이었던가.

9장 '종교적 대립과 교류'에서는 위의 네 지역에서 주종을 이루는 종교가 타문명, 타민족과의 교류 과정에서 어떤 역할을 하였는가를 살피려 하였다. 중국만큼 문화적 연속성을 갖는 국가도 찾기 힘들 것이다. 켜켜이 쌓인 시간의 무게만큼 고전에 대한 중국인들의 믿음은 더욱 굳어 갔다. 원시유학에서 경학으로, 다시 신유학으로 자기 변모와 혁신을 거친 끝에 남겨진 것은 중국적인 것에 대한 지나친 자신감이었다. 불변은 정체의 별명인 동시에 파탄의 전주곡이다. 다른 가치관에 귀기울이지 않는 것은 오만이다. 오만에 가득 찬 중국과 서양의 무기에 묻혀 들어온 서구 종교의 만남은 어떤 결과를 낳았던가. 13세기 몽골은 다종교 사회였다. 그러나 14세기 전반 여행가 이븐 바투타는 몽골 제국이 지배했던 어디를 가나 이슬람이 퍼져 있는 것을 발견하게 되었다. 어떤 경로로 유라시아에 걸친 광대한 지역의 사람들이 절대신 알라를 믿는 무슬림으로 변한 것일까. 988년 러시아가 정교(正敎)를 택한 이후 정교는 이 나라 역사와 문화 그리고 정체성 형성에 결정적인 역할을 하였다는 평가를 받고 있다. '진정으로 올바른 믿음[正敎]'의 수호자는 모스크바였고 '모스크바는 제3의 로마'라는 이념은 16세기에 들어 완전 체계화되었다. 이러한 과정은 러시아인의 선민 의식을 고양시킨 결과를 가져오지만, 몽골 지배기에 정교의 발전이 가능했던 것은 몽골의 종교 정책과 어떤 관계가 있었던 것일까. 파리에 가면 뾰족탑에 고딕 양식의 대성당이 거의 모든 거리의 중심을 이루고 즐비하게 서 있는 것을 보게 된다. 이런 건축들은 중세 가톨릭 교회의 수장인 로마 교황의 권력과 영향력이 절정에 올랐던 시대의 산물이다. 로마교황청의 탄생은 서로마 제국 몰락 직후인 476년의 일이지만, 진정한 탄생은 12세기라 할 것이다. 로마교회가 '국가 안의 국가', '국가 위의 국가'로 확고하게 자리잡은 것은 어떤 이유에서였던가.

10장 '유라시아 세계의 변화와 발전'에서는 이 책의 내용을 종결짓는 부분으로 몽골 제국이 유라시아 대륙을 휩쓸고 간 이후 네 지역에서의 세계 인식의 변화와 그 차이를 살펴보려 했다. 중국은 몽골의 통치 시기를 거친 후에 구래의 조공 관계에 입각한 대외 인식에 어떤 변화가 일어났던가. 외부 세력의 위협의 강약 여하가 기존의 대외 인식에 어떤 영향을 주고 있는 것일까. 전세계 국가 가운데 가장 크고 오래된 나라이며 문화의 원천이라는 자부심만을 더욱 부채질한 것은 아니었던가. 몽골이 세계 문명에 기여한 것은 아무것도 없다는 러시아의 문인 푸쉬킨의 지적은 과연 옳은 지적이라 할 수 있는가. 몽골족이 창건한 미증유의 대제국이 동서 간 문화적 교류와 공존을 통해 세계사에 남긴 족적은 무엇인가. 이후 세계는 점차 한 덩어리로 변화해 갔다는 사실과 몽골과는 어떤 관계가 있는 것인가. 몽골 지배 시기가 끝난 후 끝없는 동진을 계속하던 러시아의 시선을 서쪽으로 돌려 유럽 열강의 하나로 만든 표트르의 소위 '서구화 정책'은 이후 러시아를 어디로 끌고 간 것인가. 근대 세계는 해양 진출의 시대다. 15세기 초 유라시아 양극단에서 거의 동시에 해양을 향한 큰 발을 내디뎠지만, 서방은 지속적으로 해양 진출을 이어갔고, 동방은 그러하지 않았다. 이런 차이는 어디에서 발원하고 있는 것일까. 동방과 달리 서방을 그런 방향으로 나아가게 만든 내적 요인이 있었다면 그것은 과연 무엇인가.

이상이 우리들 네 명의 연구자가 이 책에서 스스로 제기한 문제들로서 각자 나름으로 밝혀 보고자 한 대략의 내용이었다. 그러나 책을 출판함에 앞서 돌이켜 생각해 보면 문제 제기는 요란하였지만 그 해답은 그리 명쾌하지 않았다는 두려움이 앞선다. 그리고 네 연구자의 문제 제기나 해답도 반드시 같은 초점을 맞춘 것이 아니라는 점도 느껴진다. 뿐만 아니라 주장이나 강조점 역시 서로 간에 충돌하는 부분이 적지 않을 것이다. 특히 우려되는 것은 각 연구자들이 전공 시대를 훨씬 뛰어넘는 내용을 다루지 않으면 안 되었기 때문에 해당 전공 연구자들이 보면 당치도 않는 주장이라고 생각할 부분도 적지 않으리라는 것이다. 그러나 이 기획은 적어도 한국에서는 동일 시기 동일 주제에 대한 유라시아 각 지역의 역사적 비교 연구를 수행하고자 한 최초의 시도라는 점에서 나름대로 의미를 지닌다고 생각하며 첫술에 배부를 수 없다는 평범하기 이를 데 없는 속언으로 자위하려 한다.

초두에 언급했지만, 이 탐사 여행 중 고락을 같이했던 기자 여러분에게 감사의 말을 전하고 싶다. 그리고 바티칸 교황청 문서고에 소장된 귀중한 문서를 열람하는 데 다대한 공헌을 하신 배양일(裵洋一) 대사님께 감사드린다. 그리고 나락을 거듭해 가는 인문학을 끌어 세우기 위해 불철주야 노력하는 사계절출판사의 강맑실 사장을 비롯한 인문팀의 류형식 팀장, 강현주 씨에게도 이 자리를 빌려 치사를 드리고 싶다.

— 박 한 제

유라시아 천년을 가다

머리말   4

1 동서 문명의 십자로 이스탄불

'동양'이란 무엇인가?   19
'서양'이란 무엇인가?   25
'선(線)'이 아닌 '면(面)'으로서의 실크로드   31
동서 문명의 십자로 이스탄불   36

2 중세 사회의 세계 인식 _ 유라시아 세계 형성 이전 각 문명권의 세계관

중화주의 : 중국인의 신화와 현실   45
유목민의 다원적 세계관   51
동슬라브인들의 지리적 교류 범위   57
중세 사회의 세계 인식 : 유럽의 탄생   63

3 중세의 도시들 _ 일상의 삶과 정치, 중세 도시의 모습

모든 길은 장안으로 통하고 있었다   71
사마르칸드의 영광   77
샹파뉴 지방의 정기시들   83
키예프 시대의 도시들   89

4 몽골 제국의 출현과 그 충격

몽골 세계 제국의 탄생   97
몽골의 중국 지배가 남긴 것   103
모노마흐의 왕관   109
몽골 제국의 출현과 로마 교회의 대응   116

5 유라시아를 잇는 교통망의 변화 _ 13세기의 세계 체제

몽골 제국의 출현과 해상 교통   125
몽골의 역참제, 유라시아를 연결한 '점(點)'의 네트워크   130
공간의 확대와 연결   136
중세 유럽에서 지리적 지식과 지도   142

【역사학자 4인의 문명 비교 탐사기】

6 일상생활의 변화와 도시 문화 _ 유라시아 도시들의 과거와 오늘

- 사라진 초원 도시 카라코룸   151
- 대원 제국의 수도권 운영과 상도(上都)와 대도(大都)   156
- 부역(附逆)과 저항 사이 : 모스크바와 노브고로드   161
- 아드리아 해의 여왕, 베네치아   167

7 동서를 이어 준 사람들 _ 장벽을 넘은 수도사와 상인, 정복자들

- 카르피니와 루브룩, 아시아를 찾은 첫 유럽인들   175
- '팍스 몽골리카'의 산물 『동방견문록』   181
- 정화(鄭和)의 남해 원정과 명 제국 질서   187
- 시베리아의 정복자들 : 스트로가노프 가문과 예르마크   193

8 전쟁과 사회 변동

- 장성(長城)과 명의 쇄국주의   203
- 유목민과 기마전   209
- 군제 변화와 러시아 농민의 농노화   214
- 서구에서 총포·화약의 등장과 사회 변동   220

9 종교적 대립과 교류 _ 유라시아의 여러 종교들과 그 상호 관계

- 신유학의 전개와 외래 종교의 수용   229
- 이슬람 세계의 확대   235
- 모스크바는 제3의 로마 : 정교의 발전   240
- 서구 기독교 교회의 변화   246

10 유라시아 세계의 변화와 발전 _ 새로운 정치·사회·경제 체제, 새로운 삶의 방식들

- 중화 세계의 폐쇄적 세계관   255
- 몽골 제국과 세계 인식의 변화   261
- 러시아의 영토 확장과 제국의 형성   267
- 서구인들의 해양 진출과 새로운 세계 체제의 형성   273

맺음말   279

1

동서 문명의 십자로 이스탄불

- '동양'이란 무엇인가?
- '서양'이란 무엇인가?
- '선(線)'이 아닌 '면(面)'으로서의 실크로드
- 동서 문명의 십자로 이스탄불

● 유 라 시 아 대 륙 (1장 참고 지도)

'동양'이란 무엇인가?

중국을 넘어 유라시아 지역을 여행하면서 가져간 과제는 동양이 서양과 무엇이 다른가였다. 이번 여행 기간에 유럽과 아시아의 경계를 두 번이나 드나들었다. 러시아에서는 모스크바를 출발하여 비행기로 우랄 산맥 너머 아시아에 속한 시베리아의 튜멘에 다녀왔다. 특히 이스탄불에서는 유럽에서 저녁을 먹고 보스포루스 해협을 오가는 연락선을 타고 10여 분 만에 아시아에 도착해서는 참르자(소나무) 언덕에 올라 홍차를 마시면서 이스탄불 야경을 감상했다. 이처럼 현재의 유라시아는 이미 같은 마을이 되어 있다. 유럽과 아시아를 나누는 것은 우랄 산맥-카스피 해-카프카스 산맥-흑해-지중해로 이어지는, 사람들이 그어 만든 분계선이다. 그러나 이 분계선은 더 이상 의미가 없다. 이스탄불이 유라시아에 걸쳐 한 도시를 이루고 있듯이 이른바 '지구화'가 크게 진전되었기 때문이다.

지리란 인간 활동의 출발점이 아니라 산물이다. '동양(東洋)'은 청대 이전 중국 상인들이 필리핀의 루손 섬과 인도네시아 수마트라 섬의 주변 해역을 지칭하는 용어였다. 19세기 후반에는 중국인들이 일본을 가리키는 말로 쓰이기도 했다. 현재 동양이 지칭하는 지역적 범위는 매우 다양하다. 좁게는 동아시아에서 넓게는 비서구권을 가리킨다.

'동양'이란 지역적 개념은 제국주의의 산물이다. 지리 · 문화적 실체로서의 동양 개념은 20세기 일본인에 의해 조작되었다. 그들에 의해 전통적 중화 체제가 해체되고 대신 일본이 중심이 된 새로운 중화 체제가 구축되었던 것이다. 그들은 근대 일본이 아시아의 최선진국으로서 유럽과 대등한 나라라고 자만했다. '아시아 문명의 보고(寶庫)'인 일본의 문화는 중국 문화에 종속되는 것이 아니라 그보다 더 우월하다는 시각에서 나온 패권주의적 개념이 바로 동양이다. 동양이라는 새로운 이념적 공간 속에서 세계의 중심이라는 의미의 '중국'은 지나(支那)로 격하되어 하나의 대상으로 전락하였다. "잠자고 있는 옛 아시아를 소생시키는 것이 일본의 임무인 동시에 운명"이라는 주장이 빚어낸 결과였다. 그들의 이런 동양관은 결국 '대동아공영권'으로 그 귀결점을 찾을 수밖에 없었다.

'오리엔트(Orient)'의 역어로서의 동양이란 개념 역시 제국주의의 산물이다. 라틴어에서 '해가 돋는 곳'이라는 뜻을 가진 이 말은 '해가 지는 곳'이라는 '옥시던트(Occident)'의 대칭어이지만, 동서의 기준이 된 곳은 서유럽의 기독 문화권(Christendom) 당초 거의 1천 년 동안 아랍과 이슬람이 오리엔트를 대표해 왔으며, 인도와 중국은 제외되었다. 그러던 것이 지금은 비서구권을 가리키는 말로 변한 것이다. 역사적 실체이자 지리적 · 문화적 실체이기도 한 동양과 서양이라는 지역적 구분은 이처럼 인위적으로 만들어졌다. 계몽주의 시대 이래 유럽은 정치적 · 문화적 · 사회적 · 군사적 이데올로기적으로 동양을 관리하거나 심지어 동양을 만들어내기도 하였다. 이처럼 동양에 대한 지식 체계로서 등장한 오리엔탈리즘은 서양인의 의식 속에 동양을 여과해서 주입하기 위한 필터로서 작용하게 된 것이다.

'우리들' 유럽인을 '그들' 비유럽인 모두와 대치된 것으로 인식하는 집단 관념으로 바뀐 것은 19세기에 들어서였다. 유럽인들은 자신의 문화로부터 동양을 소외시킴으로써 스스로의 힘과 정체성을 획득하려 하였다. 이 과정에서 동양이 동양화되었다. 그들의 왜곡된 상식에 의하여 동양은 '동양적'이라고 인지되기 시작하였고, 또 동양도 그렇게 되는 것을 감수할 수밖에 없었다. '동양적 전제주의(Oriental Despotism)'는 야만적인 국왕의 철저한 독재를 가리키는 말로 서구의 계몽 군주에 대립되는 개념으로 쓰였다. '아시아적 생산양식(Asiatic Mode of Production)'도 정체된 고대 농업 생산의 답보 상태를 가리키는 것으로 서구의 자본주의에 대립되는 것으로 선전되었다. 이처럼 유럽이 비유럽의 모든 민족과 문화를 능가하는 것으로 스스로를 인식하는 유럽인의 유럽관, 유럽우월주의가 소위 오리엔탈리즘을 강화해 간 것이다. 비학문적(정치적)인 동기에서 출발한 서구인의 '동양 만들기'에 의해 나타난 두 가지 현상은 동양 관념의 모호화와 오리엔탈리즘이다. 그것은 현재까지도 계속되는 듯하다.

새뮤얼 헌팅턴은 그의 주저 『문명의 충돌』을 통하여 세계사는 동구(東歐)의 몰락으로 국가 간 혹은 이데올로기 간의 대립을 마치고 이제 미래의 갈등 단위인 '문명' 간의 대립 단계에 접어들었다고 진단하였다. 그는 현재 세계에는 중화(Sinic) · 일본 · 힌두 · 이슬람 · 정교 · 서구 · 라틴아메리카 · 아프리카 등 8개의 중요 문명이 있다고 하면서, 그것을 구분하는 결정적인 척도로서 가치 체계, 즉 종교를 들었다. 그리하여 한편에는 서구, 다른 한편에 유교-이슬람을 설정해 놓고는 양자가 절대 화해할 수 없는 것으로 상정하고 있다. 결국 중화 문명권의 핵심국이며 인구 12억의 중국과 『꾸란』을 믿는 54개국 12억 인구의 이슬람이 동맹하여 서구 기독교 문명권의 핵심국인 미국 · 유럽과 대결하게 될지 모른다는 것이다. 서구인에게는 '황색 위

동로마의 수도 콘스탄티노플이었던 이스탄불은
보스포루스 해협을 사이에 두고 아시아와 유럽으로 양분되어 있다.
이스탄불에는 3천여 개가 넘는 회교 사원이 있고
새로운 모스크가 연방 세워지고 있다.
그러나 이 국제 도시는 결코 특정 종교의 테두리 안에 갇혀 있지 않다.
이스탄불은 예전에 그랬듯 지금도 유럽과 아시아를 향해 열려 있다.
유럽 선착장에서 출발한 연락선은 십여 분 만에 아시아 쪽 선착장인 우슈크다르에 도착한다.

험'과 '빈(Wien) 문턱에까지 이르렀던 터키'를 떠올리는 잔혹한 시나리오가 현실로 다가오고 있다는 것이다. 중화 문명권과 이슬람의 동맹을 예견한 헌팅턴은 이렇게 서구권에 대항하려는 비서구권(오리엔트)의 연맹 가능성을 강력하게 시사한 것이지만, 그것은 너무 단편적인 분석의 결과다. 사실 중화 문명과 이슬람 문명 사이에 '문명적 동맹'이 맺어질 수 있는 공통성을 찾기란 그렇게 쉽지 않다. 중국이 영내의 소수 민족인 이슬람교(회교)도를 견제하고 탄압하고 있는 것은 누구나 다 아는 사실이기 때문이다.

또 동아시아 문명권에서 일본을 독립시킨 것도 문제다. 일본이 한국과 비교해서 다른 문명권에 속한다고 말할 수 있는 근거도 사실 빈약하다. 일본인들은 그들이 만든 '동양'의 진수를 소유한 동양 문명의 중심 국가라고 그들 스스로 규정하였을 뿐이기 때문이다.

이번 여행 중에 이스탄불에서 만난 터키인들은 우리들을 무척이나 친근하게 대하였다. 그들의 서구 혐오가 우리 동양인을 따뜻하게 대하는 이유라고 여행 가이드는 설명했다. 그러나 모스크로 분장된 이스탄불 시내의 경관은 우리의 것과 너무 달랐다. 러시아는 서구의 일원으로 자처하지만 좌판 없는 양변기를 사용하는 것은 오히려 몽골과 중국 오르도스[河套] 지방의 그것과 닮았다. 또한 공적인 영역에서의 강압적 권력 행사는 중국의 그것과 너무 닮아 있었다. 칼 A. 비트포겔이 말한 것처럼 몽골인의 말발굽에 묻혀 전파된 중국적 전제주의의 영향 때문일까?

『문명의 충돌』에 대한 반명제로 제시된 『문명의 공존』의 저자 하랄트 뮐러의 견해도 오리엔탈리즘의 입장에서 크게 벗어나지 못한 것이다. 그가 말하는 공존의 해법이란 "다양성 가운데의 동일성"의 추구였다. 그는 각 문명의 독자성을 인정하지만 그 동일성이란 바로 서구적 가치로의 합일이기 때문이다.

인류 역사를 하나의 큰 강에 비유하자면 지구상 각 지역에 존재했던 민족들이 일구어 낸 역사는 그 지류들이 될 것이다. 이것을 아놀드 토인비는 '문명'이라 명명하였지만, 서로 유사한 측면을 공유하는 몇 개의 문명이 묶여진 보다 큰 권역을 '문명권'이라 한다. 유럽에는 서구 문명권이 존재해 왔지만, 아시아에는 동아시아·남아시아·서아시아·중앙아시아 등 최소 네 개의 문명권이 있었다. 아시아에 존재해 온 이들 문명을 하나로 묶을 수 있는 공통 요소는 그리 많지 않다. 터키는 유럽컵 축구대회에 참가했지만 유럽 국가로 대접받고 있지 않다. 소위 지구화(globalization)가 진전된 오늘날, 인간의 의도된 손에 의해 색칠된 동양 혹은 아시아라는 지역 구분이 얼마나 설득력 있는 지역 개념인지 의문이 생기지 않을 수 없다.

동양 혹은 아시아라는 인위적 지역 구분의 모호성은 여행 내내 확인됐다. 서구인이나 일본인이 규정한 동양은 동양의 본래 모습이 아니라 부정확한 정보에다 왜곡된 편견과 권력이 담합해서 만들어 낸 허상일 뿐이었다. 유라시아 대륙에는 다양한 문화들이 어떤 모양으로 저마다 찬란한 역사를 자랑하며 빛나고 있는지, 이런 문화와 역사는 앞으로 진정 풍요로운 한마을을 만들어 가는 데 어떻게 기여할지 앞으로 차근차근 논의해 보아야 할 것이다.

— 박 한 제

'서양'이란 무엇인가?

일행 여섯 명이 서울을 떠나 북경으로 향한 것이 7월 6일이고 파리를 출발해 김포 공항에 도착한 것이 8월 5일이니, 필자로선 꼭 1개월에 걸친 대장정인 셈이다. 짧은 시간은 아니었지만 중국, 몽골, 러시아를 거쳐 로마에 이르고 다시 이스탄불, 타슈켄트, 사마르칸드, 파리로 숨가쁘게 이어 달린 것은 정녕 '주마간산(走馬看山)'이라기보다는 차라리 '비마간산(飛馬看山)'이라는 표현이 적절하리라. 하지만 이제껏 유럽을 그럭저럭 돌아다녀 본 서양사학도로서 이번의 탐사는 유라시아라는 거울을 통해 유럽 내지 서양의 특수성을 체감할 수 있었던 절호의 기회였다.

'서양'이란 말 그대로 '서쪽 바다'를 이르니 무엇보다도 지리적 위치에 따른 상대적 개념이며, 언제나 '동양'과 짝을 이루어 사용된다. 오늘날 이 쌍생어 가운데 무게 중심은 언제나 서양 쪽에 놓이지만, 원래는 중국을 중심으로 하는 중화적 세계관을 반영하는 용어다. 중국이 천하의 중심이라는 대전제 위에서 대양으로 나가는 항로를 기준으로 좌우를 나누었던 것이다. 그러니까 동남아시아의 여러 나라와 그 너머 인도양의 연안 지역을 '서양'으로, 필리핀 연안 지역과 남지나해를 '동양'으로 불렀던 것이다.

흥미롭게도 그러한 용례는 이번 탐사의 대상 시기인 원대(元代)에 나타나기 시작하여 명초(明初)에 일반화되었다. 중국의 정화(鄭和)는 15세기 전반에 일곱 차례나 함대를 이끌고 아라비아 만과 아프리카 동해안 지역까지 원정을 갔고, 그 지역을 서양이라고 통칭하였다. 이 시기가 중화 세계의 최대 팽창기로서 서양과 동양은 그 세계의 외연을 이루었다.

그러나 중국은 정화의 원정 이후로 바다로 진출하는 것을 포기하고 내륙으로 침잠해 들어갔다. 이 공백을 메운 것이 15세기 말 아프리카를 돌아 인도양에 나타난 유럽인들이었다. 이들은 내친김에 16세기 초 중국에 이르러 서양 너머에 또 다른 서양이 있음을 알려주었다. 18세기 말 우리의 정조대에 편찬된 「여지도(輿地圖)」(3첩)에 들어 있는 「천하도지도(天下都地圖)」는 중국에 선교사로 왔던 예수회 신부 알레니(Aleni)가 1623년에 저술한 『직방외기(職方外記)』에 삽입한 「만국전도(萬國全圖)」를 바탕으로 하여 그린 것이다. 그 지도를 보면, 지리 지식이 확대되어 과거의 서양이 '소서양(小西洋)'으로, 그 너머의 유럽(구라파)이 '대서양(大西洋)'으로, 그리고 동양이 '소동양(小東洋)'으로, 그 너머의 태평양이 '대동양(大東洋)'으로 표기되어 있다. 중국 중심의 세계관과 유럽의 새로운 지리관이 절묘하게 결합한 것이다. 17세기 초의 지구에 대한 지식 수준을 반영한 이 18세기 말의 지도에서는 중국 중심의 동양적 세계관이 여전히 유효했다. 하지만 바로 이때 유럽은 이제까지의 그 어떤 문명도 겪지 못했던 새로운 역사적 실험 단계에 접어들었다. 유럽은 이후 '서세동점(西勢東漸)'을 계속하여 동양 3국에게 '동도서기(東道西器)', '중체서용(中體西用)', '화혼양재(和魂洋才)'라는 대안 모색을 강요하였다. 이러한 용어들은 이제 동양과 서양이라는 이분법적 문명관이 확정되었음을 보여 준다.

유럽은 중세에만 하더라도 지중해 문명의 변방에 지나지 않았다. 11세기 말에서 13세기 말에 걸쳐 유럽이 전개한 십자군 운동은 당시 이슬람과 비교하여 기독교 세력이 물질적인 능력만이 아니라 문화적으로도 뒤떨어졌음을 잘 드러내 준다. 유럽은 중세 말까지도 유라시아 대륙에서 역동적이기는 하지만 상대적으로 미약한 위치에 있었다. 이러한 유럽이 19세기에 세계를 정복했으니, 이는 참으로 '기적'에 가까운 것이었다. 그러기에 '서구의 대두'는 지난 천년기의 최대 사건이라고 할 만하다. 1500년 당시에 어느 누가 이런 결과를 예상할 수 있었겠는가? 14세기에조차 당시 최대의 여행가였던 이븐 바투타는 유럽을 여행할 만한 가치도 없는 반(半)문명 지역으로 치부했고, 기독교도들도 자신들이 열등하다는 것을 자인하였다.

이런 유럽이 불과 300년 후에 전세계를 장악하고, 존재했던 모든 문명을 능가하는 근대 세계를 만들어 냈다. 어떻게 해서 그럴 수 있었을까?

이번 여행을 통해 가장 강렬하게 느낀 것은 '국가'라는 존재의 무게였다. 우리처럼 국가적 전통이 매우 강력하여 마치 공기처럼 그것의 존재를 당연시하던 필자에게 유목민들의 흥망이 끊임없이 명멸했던 초원의 세계는 흡사 권력의 진공 지대처럼 느껴졌다. 물론 거기에도 국가는 있었고 또 존재한다. 하지만 그들의 국가는 유럽인들이 만들어 낸 '근대 국가'와는 크게 다른 것이었고, 지금도 여전히 그러하다. 필자는 바로 이러한 차이로 인해 유럽 문명이 비약적으로 발전할 수 있었던 것이 아닐까 자문해 보곤 했다.

그 차이는 구체적으로 잔존해 있는 풍성한 유적을 통해 드러나는 유럽의 역사성과 비유럽 세계의 '뿌리 뽑힘'의 대비에서 극명하게 나타난다. 반만년의 역사를 자랑한다는 우리나라나 세계 최대 제국을 건설했노라고 뽐내는 몽골, 티무르 제국의 영광을 재현하겠다는 우즈베키스탄, 심지어 '영원한 도시' 이스탄불에서조차 과거는 흔적을 잃어 가고 오늘과 무관한 것이 되어 버린 반면에, 근대성을 만들어 낸 유럽에서 오히려 전통의 무게를 실감하기가 훨씬 쉽다. 남아 있는 과거의 흔적이 현재의 역사성을 풍요롭게 하면서 유럽인들의 문화적 자긍심을 높여 주고 있는 것이다. 이 과거의 흔적이라는 것이 기실 근대 국가를 통해 만들어지고 다듬어졌음에도 불구하고, 유럽은 그것을 비유럽 세계의 '달빛에 바래 신화가 되어 버린 과거'와 대비하여 유럽 문화가 우월하다는 징표로 과대포장하고 있는 것이다. 이는 하나의 문화가 폐쇄성을 지양하고 개방성을 유지하면서 자족적 단위로 기능하려면 반드시 국가라는 외피를 걸쳐야 함을 뜻하는 동시에, 근대 국가라는 것이 얼마나 철저하게 과거에 대한 통제를 통해 현재를 관리하고 있는가를 잘 보여 준다.

필자가 1980년대에 프랑스를 처음 찾았을 때 부러워한 것은 파리의 자유분방함이었다. 당시 우리의 정치 현실 때문에 더욱 그러했으리라. 하지만 이번에 유라시아를 관통한 후 다시 프랑스를 대했을 때(필자는 일행과 별도로 프랑스를 1주일 동안 더 답사했음) 불현듯 다가선 것은 근대 국가가 쳐놓은 묵직한 해석의 그물망이었다. 거대한 자연 속에 아무런 가공의 흔적 없이 홀로 우뚝 서 있는 몽골 울란바토르 남쪽의 톤육쿡 석비 앞에서 쉽게 느끼기 어려운 해방감을 맛보았다면, 프랑스의 루이 9세가 7차 십자군을 출항시키기 위해 건설했던 애그-모르트 성채의 방문객을 위해 심지어 답사로까지 세세히 적어 놓은 안내 책자에서는 형언할 수 없는 답답함을 감내해야 했다.

바로 이러한 국가, 구성원들이 조금도 부자유스럽다고 느끼지 않으면서도 그들을 총체적인 방식으로 조직할 수 있는 능력을 가진 나라, 곧 '유기적 국가'를 이룩했던 것에 서구 대두의 비결이 있다고 할 수 있다. 물론 이 국가는 진공 상태에서 빚어진 것은 아니다. 기독교가 제공한 규범적 합

옛 로마의 중심지에 있는 '포로 로마노', 곧 '로마의 광장'이다.
정치·사법·상업의 중심지였으며,
황제들은 승전을 자랑하기 위해 이곳에 잇달아 개선문을 세웠다.
로마 제국이 무너진 이후 18세기까지 대부분이 진흙으로 덮여 있었다.

의, 봉건제와 로마법의 결합으로 말미암은 소유권 개념, 지주와 농민 간의 미묘한 힘의 균형, 시장 관계의 확대에 따른 시민 사회의 등장, 그리고 상호 경쟁적인 복수의 정치 단위로 이루어진 역동적인 국가 체제, 이 우연적이고도 절묘한 역사의 복합체가 국민 국가를 만들어 냈던 것이다. 통치의 대상이 곧 나라의 주인이라는 이 역설적인 정치 결사체는 이제껏 존재해 왔던 그 어떤 종류의 국가도 도달하지 못했던 엄청난 동원력을 발휘하여 ─ 그러기에 홉스는 이것을 '괴물'이라고 하지 않았던가 ─ 중국과 같은 거대한 제국마저도 휩쓸어 버렸다.

유럽은 승리를 거둔 후에 자신의 과거만이 아니라 '타자'의 과거까지도 분과 학문 체제라는 장치를 통해 통제해 들어갔다. 이제 유럽 이전의 모든 문명은 유럽 문명의 전사(前史)가 되었다. 유럽인의 역사는 인류의 역사가 되었고, 유럽은 지중해 문명의 적자(嫡子)가 되었다. 비유럽 세계는 두 부류로 나뉘어 아프리카와 그 밖의 '야만인들'은 '역사 없는 사람들'로 간주되어 인류학의 연구 대상이 되었고, 역사가 있음을 도저히 부정하기 어려운 중국·인도·이슬람·이집트 등은 정체된 '동양'이 되었다. 유럽은 유라시아의 일부임을 그치고 세계의 중심인 '서양'이 되었다. 서양이 진보를 발명했다고 하나 실은 후진성을 만들어 냈다는 것이 보다 정확한 평가일 것이다.

― 최 갑 수

'선(線)'이 아닌 '면(面)'으로서의 실크로드

내가 실크로드를 답사한 것은 이번으로 다섯 번째가 된다. 1990년 첫 답사를 시작한 뒤 2년에 한 번꼴로 다녀온 셈이다. 한두 번 다녀오고 나면 시들해질 만도 하건만 실크로드는 갈 때마다 새롭다.

몇 시간을 달려도 끝을 볼 수 없는 초원 너머로 펼쳐진 지평선, 굽이쳐 흐르는 강가나 나지막한 산허리에 흩어져 풀을 뜯는 말과 양 떼, 지글거리는 햇빛을 받아 반짝이며 일렁거리는 사막의 능선들, 조금이라도 물이 있으면 빼곡하게 자라나 푸른 잎을 뽐내는 나무들. 아마 이런 것들이 주는 강한 인상 때문일 것이다.

실크로드는 흔히 역사적으로 동서양을 이어준 간선 도로라고 불린다. 원래 이 말은 1877년 독일의 지리학자 리히트호펜이 'die Seidenstrasse'라고 부른 데에서 시작한 것이며, 처음에는 학자들 사이에서만 제한적으로 사용되다가 점차 보편화되면서 각국에서 자기네 말로 옮겨 부르게 된 것이다. 영미권의 '실크로드', 중국의 '사주지로(絲綢之路),' 터키의 '이펙 욜루(Ipek Yolu)'가 그러하고, 우리나라에서는 '비단길'이라고도 부른다.

이러한 길이 언제부터 존재했는가를 말하기는 어렵다. 선사 시대 유적들의 분포를 보면 이미 문헌 기록이 있기 오래전부터 동서 간의 교류가 있었음을 알 수 있다. 그러나 학자들은 지금으로부터 2천여 년 전 한(漢) 무제의 밀명을 받고 장안(長安)을 출발해 아프가니스탄까지 다녀온 장건(張騫)을 실크로드의 '개척자'라고 부른다. 물론 그 이전에 아무도 이 길을 간 적이 없었다고 말할 수는 없겠지만, 그가 중앙아시아 미지의 세계에 관해 보고 들은 것이 사마천(司馬遷)의 『대완열전(大宛列傳)』에 기록으로 남게 되었고, 이것이 중국인의 세계관을 넓히는 데 크게 기여했다는 점에서 그에게 붙여진 그러한 칭호가 부적절한 것은 아닌 것으로 보인다.

그 뒤 중국에서 파견된 군대는 파미르 고원이나 중앙아시아의 오아시스를 누볐고, 사신들의 발길도 멀리 지중해에까지 미쳤다. 물론 동쪽에서만 간 것은 아니었다. 서구나 중동의 사신과 상인들도 실크로드를 이용하여 인도로, 몽골로, 중국으로 왔다. 베네치아 출신의 마르코 폴로는 무려 26년에 걸친 해외 여행의 결과를 『동방견문록』이라는 책으로 남겼고, 이것은 서구인들의 지리 지식을 엄청나게 변화시켰다. 콜럼버스가 1492년 산타마리아호를 타고 출항할 때 그의 품속에는 꼼꼼하게 메모가 적힌 『동방견문록』 초판본이 있었다고 한다. 이렇게 볼 때 실크로드를 통한 동서교류가 대항해 시대를 잉태시켰다고도 할 수 있다.

결국 실크로드를 통한 동서 간의 교통과 교류는 문명 간의 장벽을 허무는 결정적인 역할을 한 것이다. 그리고 그 개념은 시대가 내려오면서 확대되어 갔다. 처음에는 중국의 서부 지역과 오리엔트 지방을 연결하는 건조 지대의 교통로를 지칭했지만, 오늘날은 북방의 초원을 가로지르는 길과 남방의 인도양을 횡단하는 길까지 모두 포괄하는 경우도 많다. 그래서 이를 각각 '사막로', '초원로', '해양로'라는 이름으로 부르기도 한다.

오아시스라고 하면 우리는 흔히 몇 그루 야자수 아래
조그만 연못이 보이는 풍경을 연상하지만, 실은 건조한 사막 지대에
생물이 서식할 수 있을 정도로 물이 충분히 존재하는 곳을 말한다.
사진에 보이는 히바(Khiva)와 같은 커다란 도시도 그런 오아시스 가운데 하나다.

실크로드의 노선만 다양해진 것이 아니었다. 그 길이도 늘어나서 동서 양쪽의 기점과 종점도 자꾸만 먼 곳으로 설정되었다. 동쪽 끝이 당나라 수도였던 장안(현재 산시성 서안)에서 한반도로, 심지어 일본으로까지 밀려났다. 서쪽도 마찬가지여서 바그다드나 안티오크를 넘어 콘스탄티노플(터키의 이스탄불)로, 다시 로마에까지 이르렀다.

실크로드 개념의 확장은 결코 기이한 일이 아니다. 지리적인 지식이 확대되고 새로운 교통로가 알려지면서 루트가 다양해지는 것은 당연한 이치이고, 교류의 폭이 확대되고 보다 먼 곳과의 접촉이 가능해지면서 기점과 종점이 연장되는 것 역시 피할 수 없는 결과였다. 따라서 이제는 실크로드를 중국의 장안과 서구의 로마를 잇는 교통로라고 단순히 말하기 힘들게 되었다. 실크로드는 근대 이전 유라시아 대륙을 횡단하는 거의 모든 교통로를 총칭하는 엄청나게 광범위한 개념이 되어 버린 것이다.

이처럼 실크로드는 '유라시아'라는 몸통을 구성하는 여러 지체들, 즉 남과 북 그리고 동과 서의 다양한 문명들이 유기적으로 연관되어 움직일 수 있도록 해준 혈관과도 같은 것이었다. 그러나 우리가 실크로드를 '혈관'이나 '간선 도로'라고 부르는 것은 자칫 역사적 현실을 호도할 수도 있다.

예를 들어 우리가 서울에서 고속도로를 이용하여 부산까지 간다고 상정할 때, 그 중간에 있는 지점들은 우리에게 아무런 의미도 없는 곳이다. 그저 빨리 지나쳐야 할 곳일 뿐이다. 실크로드라는 것이 과연 그러했을까. 물론 그렇지 않았다. 실크로드에서 교통과 교역을 담당했던 장본인은 다름 아닌 중앙아시아 주민과 상인들이었고, 각 지역의 문물은 이 지역을 거치면서 또 그 주민들의 손에 의해 변용되어 전달되었던 것이다.

따라서 우리는 이제 '길' 혹은 '선(線)'으로서의 실크로드 개념에 대해 회의를 품지 않을 수 없다. 실크로드는 단순히 중국이나 서구의 문화가 상대편에게 옮겨질 때 사용된 도로가 아니었다. 그것은 상이한 문화들이 도입되어 머물면서 변화되고 다시 다른 지역으로 전달되는 '장(場)'이자 '면(面)'이었던 것이다.

그리고 이 '면'은 바로 초원과 사막을 무대로 하는 '중앙유라시아(Central Eurasia)'였다. 이제 실크로드는 새로운 개념으로 다시 태어나야 할 때다. 왜냐하면 그것은 '동양과 서양'의 가교가 아니라 '유라시아'의 가교였고, 역사적으로 그 역할을 수행했던 중앙유라시아 세계야말로 실크로드의 모태였기 때문이다.

실크로드에 대한 이러한 관점 전환의 필요성은 우리와도 결코 무관하지 않다. 최근 경의선·경원선 철도의 복원 논의는 한반도에서 시작되는 이른바 '철(鐵)의 실크로드'에 대한 기대를 부풀리고 있다. 그러나 우리가 21세기 새로운 실크로드의 진정한 주인이 되기 위해서는 그것을 단순히 '교통로'로만 이해하는 수준에서 과감히 탈피하여, 먼저 중국·몽골·중앙아시아·시베리아 등지를 문화적·경제적 진출의 발판으로 삼아야 한다.

과거의 역사는 중앙유라시아, 즉 '면'으로서의 실크로드를 장악하는 쪽이 결국 '선'으로서의 실크로드의 승자가 되었음을 말해 준다.

― 김 호 동

동서 문명의 십자로 이스탄불

이스탄불이 동양에 속하는가, 서양에 속하는가를 묻는 것은 어리석은 일이다. 이곳은 4세기 초 콘스탄티누스 대제가 "새로운 로마"로 선택한 이후 콘스탄티노플로 불리며 기독교 국가인 동로마(비잔티움) 제국의 수도로 군림하였고, 그 후 1453년부터는 이슬람 국가인 오스만 투르크 제국의 수도가 되어 20세기 초까지 그 지위를 유지하였으니, 이처럼 하나의 도시가 실로 1600년이란 세월 동안 성격이 전혀 다른 두 거대 제국의 으뜸 도시 역할을 한 경우는 유례를 찾아볼 수 없다. 로마인들은 서쪽에서 동진해 왔고, 오스만 투르크인들은 아시아에서 출발하여 서쪽으로 왔다는 사실에서도 단적으로 드러나듯이, 이곳은 오랫동안 동서양인들의 다양한 삶의 방식이 교류하며 융합한 문명의 십자로였다. 그런 만큼 이스탄불에서는 동과 서 사이에서 이루어진 의외의 만남의 흔적들을 곳곳에서 찾아볼 수 있다.

그 가운데 하나가 원래 정교회 소속 교회이다가 이슬람 사원으로 바뀐 호라 사원(투르크어로는 까리에 자미)에 보존되어 있는 「그리스도와 중재자 마리아」라는 제목의 성화 모자이크다. 이 성화는 건물의 정면 입구 쪽 복도의 벽을 장식하고 있는데, 단정한 얼굴의 그리스도 옆에서 역시 단아하지만 슬픈 표정을 한 성모가 인간들을 위해 탄원하고 있고 두 분 발치에는 비잔티움 황실 구성원 두 명이 간구하는 모습이 자그마하게 그려져 있다.

그중에서도 특히 나의 관심을 끄는 것은 그리스도 오른쪽 발치에 "몽골 귀부인 수녀 멜라네"라는 글귀와 함께 그려져 있는 여인의 모습이다. 이 여인은 누구인가?

오랫동안 지중해 문명권의 중심 역할을 하며 절대 강자로 군림하던 비잔티움 제국은 사방으로부터 공격을 받아 쇠락의 길로 빠져들었다. 13세기 중반에 이르러서는 몽골인들이 새로운 위협으로 등장했는데, 이들과 우호적인 관계를 유지하고자 비잔티움 황제들이 동원한 방법 중 하나가 몽골인 통치자 가문과의 적극적인 혼인 정책이었다. 그리하여 비잔티움 황제의 딸들이 일한국이나 킵차크(금장)한국의 칸 혹은 실질적 지배자에게 시집가게 되었다. 미하일 8세 팔라이올로고스 황제의 서출(庶出) 딸이었던 마리아는 일한국의 칸인 아바가에게 시집갔다가 남편이 죽자 친정으로 돌아와 '몽골인들의 성 마리아 교회'를 건립하였는데, 앞서 말한 모자이크에서 마치 어린아이와도 같이 맑고도 간절한 표정으로 그리스도의 발 앞에 엎드려 비는 여인은 (다른 견해도 있기는 하지만) 바로 이 마리아일 것이라고 추정되고 있다.

이스탄불의 회교 사원에서 '몽골 여인'이란 명칭으로 등장하는 동방 정교회의 여성 후원자, 그녀는 이 성화에서 정교회의 발전을 기원하며 조국의 안녕을 위해 탄원하고 있었을 것이다. 그러나 이 여인의 정성도 결국 헛된 일이 되고 말았다. 영락을 거듭하던 비잔티움 제국은 끝내 수도인 콘스탄티노플 시로 사실상 그 영역이 줄어들고 말았던 것이다. 이 도시의 가장 든든한 방어 수단은 삼겹으로 둘러쳐진 성벽이었다. 그러나 거대한 대포를 가진 데다 기동력까지 갖추었던 오스만 투르크 군대 앞에서 성벽마저 무력해져서 기독교 동방정교회의 총본산인 콘스탄티노플은 마침내 '터번 쓴 무슬림들'의 수중으로 넘어갔다. 그리고 술탄의 수도가 되면서 그 이름도 이스탄불로 바뀌었다. 지배 민족도, 주류 문명의 성격도 전혀 다른 것이 되어 버린 것이다.

오스만 투르크의 술탄은 톱카프 궁이라는 화려한 궁전을 건축하였는데, 오늘날 비잔티움 황제 권력의 흔적은 무너진 성벽에 바로 면한 블라헤르나이 궁의 폐허 속에서밖에 찾을 수 없는 데 반해, 톱카프 궁에서는 술탄들의 화려한 유물들이 계속 전시되고 있어서 후계자를 가진 권력과 그렇지 못한 권력의 운명이 후대에 이르러 이렇게 차이가 남을 절감케 한다.

이스탄불의 새로운 지배자 오스만 투르크인들은 피정복민들의 문화, 특히 종교에 대해서는 비교적 관대하였다. 정교 교회들 가운데 상당수가 파괴되지 않고 이슬람 사원으로 개조되었다. 성화 모자이크를 석회벽으로 덮어 버리고 구조물에 약간의 변형을 가한 후 내부에 『꾸란』 구절을 쓴 장식을 가하고 첨탑을 세우면 개조가 완료되었다. 외형상으로는 약간 변화했을 뿐이나 내막적으로는 전혀 다른 신을 섬기게 된 사원―이 사례를 보여 주는 대표적인 건축물이 하기아 소피아(하기아는 그리스어로 '성스러운'을 뜻한다. 터키인들은 아야 소피아라고 부른다) 사원이다. 마르마라 해 남쪽 기슭에 약간 얼룩진 옅은 주홍색 외벽을 하고 솟아 있는, 이스탄불에서 가장 유명한 건축물 중 하나다.

이 건물을 오늘날과 같은 웅장한 모습으로 만들어 낸 것은 6세기 비잔티움 제국의 중흥 군주 유스티니아누스 대제였다. 전해지는 이야기로는 유스티니아누스 대제가 자신의 꿈속에서 계시받은 대로 건물 중심부 꼭대기가 거대한 돔으로 되어 있는 교회를 건축할 것을 명령하였다는데, 5년 만에

하기아 소피아에는 비잔티움 시대 기독교 성화 모자이크와 『꾸란』 글귀가 쓰여진 둥근 내부 장식이 사이좋게 공존한다. 이곳에서 사람들은 갈등을 잊고 더불어 사는 법을 배우게 된다.

신속하게 완공된 이 교회 건물의 웅장함에 황제 스스로도 놀라서 "솔로몬이여, 나는 당신을 능가하게 되었소"라고 외쳤다고 한다. 오스만 투르크인들이 콘스탄티노플을 정복한 후 하기아 소피아도 이슬람 사원으로 개조되었기에 이 건물에는 오늘날 회교식 첨탑이 덧붙여져 있다. 그러나 석회로 덮인 성화 모자이크는 언젠가 빛을 볼 날을 기다리며 몇백 년의 세월을 조용히 기다리고 있었다.

20세기 초 터키 공화국이 수립된 후 하기아 소피아는 더 이상 기독교 교회도 이슬람 사원도 아니되, 그 두 종교의 경배 장소였던 역사를 그대로 보여 줄 수 있는 박물관으로 개조되었다. 모자이크는 차례로 복원되어 비잔티움 제국 시대 교회의 역사를 보여 주고 있고, 『꾸란』 구절을 쓴 벽면 장식도 고스란히 부착되어 있다. 기독교 성화 모자이크와 회교식 사원 장식이 한 건물 안에 공존함으로써 서로 다른 문화와 종교의 공존이 얼마든지 가능함을 보여 주는 곳, 그런 동시에 특정 종교에 대한 의존으로부터 벗어나고자 하는 터키 공화국의 근대지향적 의지 또한 드러나는 곳, 여러 겹의 시간대와 여러 겹의 굴곡된 역사가 하나의 공간 안에서 화해하고 있는 곳, 그곳이 바로 소피아 사원이다.

그런 역사 때문인지 직접 와서 본 하기아 소피아에서 우선 받는 느낌은 아름답다거나 균형이 잡혔다거나 하는, 외관에서 직접 얻을 수 있는 즉물적 인상 같은 것이 아니다. 아니, 이 거대한 건축물은 특별히 아름답지는 않아 보인다. 방문객의 가슴에 스며드는 것은 차라리, 심한 상처를 입고도 모욕감을 드러내지 않은 채 오랜 세월 고통을 견뎌 왔던 영웅 앞에서 느낄 법한 비극적인 장엄함과 그에서 비롯되는 특수한 의미의 외경심이자, 그 고통이 이미 끝났음을 아는 데서 감지되는 일종의 안도감이다.

이스탄불 시에서도 아시아 부분은 오스만 투르크 정복 이후에 건설되

있는데, 오늘날에는 주로 신흥 주택가가 조성되어 있다. 19세기까지만 하더라도 이스탄불을 방문한 여행객들은 이 도시는 바다에서 바라볼 때는 한없이 아름답지만, 일단 육지에 발을 들여놓으면 거리가 너무 좁고 지저분할 뿐더러 주인 없는 개들이 거리마다 들끓어서(심지어는 개들이 사람을 잡아먹었다고 한다!) 문제라고 한결같이 지적하였다.

하지만 오늘날의 이스탄불은 그러한 흔적을 말끔히 지워 내고 있다. 특히 보스포루스 해협의 아시아 쪽 해변에는 부자들의 별장이 즐비한데, 고층 건물이 아니라 높지 않은 단독 주택들이 주를 이루고 있어 스카이라인을 해치지 않는 것이 신통해 보인다. 김호동 교수는 이스탄불만큼 야경이 아름다운 도시는 달리 없다고 찬미한다.

이스탄불에는 헤아릴 수 없이 많은 회교 사원이 있고 지금도 매일같이 새로운 모스크의 첨탑이 올라가고 있다. 그러나 이 국제 도시는 결코 특정 종교의 테두리 안에 갇혀 있지 않다. 이스탄불은 예전에 그러했듯 지금도 유럽과 아시아 모두를 향해 열려 있다. 아시아 쪽 선착장인 우슈크다르에 내려 동쪽으로 약간 비탈진 길을 따라 위쪽으로 올라가며 10분 가량 차를 달리다 보면 참르자 언덕에 이르게 된다. 그곳에서는 저녁 바람을 쐬러 나온 주민들이 대도시 주민이라고는 도저히 믿을 수 없을 정도로 따스하고 정이 넘치는 태도로 지구의 동쪽 끝에서 온 여행객에게 미소와 함께 말을 건네 온다. 그들은 아마 당신들도 형제로 여기고 있을 것이다. 투르크인 조상들이 먼 옛날 중앙아시아 초원에서부터 이곳으로 왔다는 것을 잊지 않고 있기 때문이리라. 자신들의 정부가 서쪽을 향해 손짓하며 유럽 연합의 문을 줄기차게 두드리고 있는 오늘날에도.

— 한 정 숙

2

중 세 사 회 의 세 계 인 식 _ 유라시아 세계 형성 이전 각 문명권의 세계관

- 중화주의 : 중국인의 신화와 현실
- 유목민의 다원적 세계관
- 동슬라브인들의 지리적 교류 범위
- 중세 사회의 세계 인식 : 유럽의 탄생

● 유 라 시 아 대 륙 (2 장 참 고 지 도)

중화주의 : 중국인의 신화와 현실

중국을 여행할라치면 넓은 땅과 많은 사람들이 무엇보다 먼저 인상 깊게 다가온다. 그저 사람들만 많은 것이 아니라 얼굴색·체격·표정 등도 가지 각색이다. 56개의 민족이 중화인민공화국이라는 국명 아래 모여 살고 있는 것이다. 한족(漢族)이란 것도 실제 역사상 동아시아 주변에서 활동한 거의 모든 종족의 부단한 융합에 의해 이루어졌다고 보면, 중국이란 하나의 거대한 인종 시장임에 틀림없다. 그들은 '중화(中華) 민족'을 소수 민족을 모두 포함한 '통일적 다민족'이라고 풀이하고 있다. 중국의 공식적인 국명은 '중화인민공화국'이다. 이처럼 중국인들은 그들이 '중화'임을 오늘날에도 대내외에 표방하고 있다. 중국인에게 이처럼 깊이 각인되어 있는 중화주의란 도대체 무엇인가? 고대 중국인의 세계관을 이야기할 때 흔히 드는 것이 바로 중화주의다. 고대 중국인들은 자기들이 활동하고 있는 지역과 바깥 세계를 어떻게 구별하여 인식하고 있었을까?

자기 세계의 확인은 바로 바깥 세계에 대한 규정이기도 하다. 학자들은 전통 시대 중국에는 민족 의식이 없었으며 중국인들은 서양의 자극을 받은 뒤 비로소 민족 의식에 눈뜨게 되었다고 지적하고 있다. 따라서 이 중화주의란 민족주의 그 자체는 아니다. 중국 역사는 통일과 분열, 융합과 분리를 거듭하는 등 사연도 많았지만, 중국인들은 중화라는 기치 아래 꾸준히 모여들었다. 뿐만 아니라 세계 각처에 흩어져 살고 있는 화교들은 몇 대가 지나도 모국어를 잃지 않고 중화 민족임을 자처하고 있다. 중화주의는 이렇게 강한 흡인력을 가진 중국인의 신화인 동시에 현실이다.

중국인의 세계관은 '중국(中國)'이란 말로부터 시작되었다. 중국이란 사국(四國)의 대칭어로서 여러 조각의 성읍 국가에 둘러싸인 중심 국가를 의미하였다. 이후 영토 국가로 이행한 춘추전국시대(BC 770~221)가 되면서 그 지역적 범위가 확대되어 황하 중류 지역, 즉 중원을 지칭하게 되었다. 그렇다고 중국이 국가의 이름이거나 지역 명칭만을 뜻하는 것은 아니었다. 특정 생활 공간과 문화를 공유하는 역사 공동체도 가리킨다. 중국 자체에 우월한 문명을 지닌 세계 중심이라는 의미가 들어 있는 것이다. 스스로를 천하의 주인으로 여긴 고대 중국인들은 문명과 중심이라는 두 가지 잣대로 자기[화:華]와 주변[이:夷]을 엄격하게 구분했다. 이것이 다름아닌 화이 사상(華夷思想)의 요체다.

이런 화이 사상에 입각한 세계 질서는 통일 제국인 한대(BC 205~AD 220)에 와서 조공(朝貢)·책봉(冊封) 체제가 확립됨으로써 나름대로 완비된 모습을 갖추게 된다. 세계는 크게 내(內)와 외(外)라는 두 지역으로 나뉘고 각각에 서열도 매겨졌다. 세계 질서가 그렇게 유지되고 있다는 자기중심적인 인식과 그렇게 되기를 바라는 희망이 섞여 만들어진 이념형인 셈이다. 중국 천자가 작위적으로 만든 이런 이념적 세계 질서는 현실적으로 적용되는 것은 아닐지라도 중국인의 세계 인식인 동시에 당시의 현실을 어느 정도 반영하는 것이기도 했다.

이런 화이 사상에 기반한 세계 인식이 출현한 것은 무엇보다 자기 위치에 대한 중국인들의 과신과 당시의 지리 인식의 한계에서 비롯된 것이지만, 그런 만큼 이후의 역사 전개 과정에서 적지 않은 장벽을 만날 수밖에 없었다. 중국 천자의 천하 지배는 만천하에 널리 펼쳐져야 한다는 이상과는 달리 현실적으로 그 한계에 봉착했다. 군사적 침공 등을 통해 사방을 천자의 질서 속에 편입시키기 위해서는 엄청난 경제력과 군사력의 소모가 필요했다. 여기에 비중국을 통어하는 타협적인 수단으로 등장한 것이 바로 "고삐를 느슨하게 잡되 관계를 끊지 않을 뿐"이라는 소위 '기미(羈縻)' 정책이다. 세계의 중심인 중국에 들어와서 그 질서에 동참하는 자는 받아들이되 굳이 채근할 것까지는 없다는 자기중심적인 논리의 발로다.

게다가 진한 시대의 등장으로 중국에 통일 왕조가 성립한 이후 그 영토의 반 이상 또는 전체가 이적에 의해 점령된 기간이 무려 700년 이상에 달하였다. 특히 그들을 점령했던 자들은 중국을 둘러싼 사방의 이민족 가운데 문화적 수준이 가장 낮다고 멸시한 북방의 유목민이었다. 특히 '야만'의 민족으로 치부해 온 오호족(五胡族 : 匈奴·鮮卑·氐·羌·鞨)이 '문명'의 땅인 화북을 최초로 점령한 5호16국(五胡十六國)·북조(北朝) 시대(303~589) 280여 년 간은 중국인에게 대단한 충격을 주었다. 오호 출신 군주들은 중국인 고유의 조상인 황제(黃帝) 혹은 염제신농씨(炎帝神農氏)의 후예라 칭하면서 한족 정통을 물려받은 남조인(南朝人)을 오히려 '섬오랑캐[島夷]'라 멸시하였다. 이런 시대가 지속되자, 기존에 견지해 왔던 화(華)를 중심으로 하는 화이론적 세계관의 변화가 불가피하게 되었다.

이처럼 화와 이의 위치가 뒤바뀐 시기에 '중화'라는 말이 처음 출현한 것은 예사로운 일이 아니다. 중화란 용어는 그 이전에는 성좌의 이름에 불과했다. 중화주의라는 관념의 단초는 일찍 출현하였지만, 이민족 출신 군

호한(胡漢)의 혼혈과 합작으로 건립된 당나라의 태종 이세민은 세계 제국의 군주로서 가장 합당한 인물이었다. 종족 구별을 넘어 화(華)와 이(夷:胡·越)가 한집을 이루고 살게 되었다고 말하였고, 북방의 이민족 군주〔可汗〕들로부터도 천가한(天可汗)이란 칭호를 얻었다. 당나라는 단순히 농경 지역만이 아니라 초원 지역을 포괄하는 명실공히 세계적인 제국이었다.

주에 의해 '중화 군주'라는 용어가 처음 사용되었던 것이다. 중국 역사상 진정한 의미의 중화주의의 실현은 이들로부터 시작된 것이다. 오호족이 중원을 지배하기 전과 후의 중국인의 세계 인식은 달라졌다. 한대에는 흉노 선우(單于)에게 통치되는 장성 이북의 활 쏘는 나라〔引弓之國〕와 한나라 황제에게 통치되는 장성 이남의 의관을 정제한 나라〔冠帶之室〕를 명백하게 구분하였다. 반면 당대(618~907)의 중국인들은 황제가 자식처럼 이적을 대하니 북방의 호족과 남방의 월족이 한족과 함께 한식구를 이루는 '호월일가(胡越一家)'가 되었다고 했다. 이 시대 이민족 계통의 군주들이 스스로를 중화 군주로 자처했던 것은 화와 이의 종족적 구별을 넘어 중국 내에 모여든 모든 종족을 포용하는 군주임을 대내외에 표방했다는 의미다. 왕자(王者: 황제)의 교화를 입어 스스로 중국에 편입되어 의관(衣冠)에 위엄이 있고, 효제(孝悌)하며 몸소 예의를 행하면 중화가 될 수 있다는 것이다. 당 태종(太宗)의 말을 빌리자면 이런 국면은 중국 역사상 처음 있는 일이었다. 그 결과 중국인으로서 굳이 국경을 넘은 자는 별로 없었지만 당의 수도 장안에는 서역·한반도·일본·베트남 등에서 온 외국인이 수만 명 거리를 활보하고 다녔다. 이들 외국인은 기존의 중국인들과 힘을 합쳐 대당(大唐)의 화려한 문화를 일구어 냈고, 세계를 호령하는 제국의 강력한 힘의 한 축을 이루었다.

    호한(胡漢) 혼혈과 합작의 결과로 출현한 세계 제국인 당조(唐朝)에 이르러 완성된 중화적 세계관인 중화주의는 이민족의 중국 통치마저 정당화하는 논리적 함정을 안고 있다. 덩치 큰 중국이 소수 민족 정권에 쉽게 정복당한 것도 그 때문이다. 그러나 이 중화주의는 이후 왕조에서도 다소의 변화가 없었던 것은 아니지만 결코 포기되지 않았다. 예를 들어 민국 초기 중국은 한족만의 단일 국가가 아니라 오족(五族: 漢·滿·蒙·回·藏)으로 대표되는 다민족 국가이며 이들이 공화국의 국민으로서 평등한 지위를 누린다는 이른바 '오족 공화론'의 논리도 여기에서 발원한 것이다. 또 중화인민공화국 헌법 전문에 "대민족주의〔大漢族主義〕를 반대하는 동시에 지방민족주의〔少數民族主義〕도 반대해야 한다"고 못박고 있는 것도 이 중화주의와 무관하지 않다.

민족주의를 표방하면서도 '세계의 중심'이라는 전통적인 문명주의를 초탈하지 못한 중화주의는 지난 1백여 년 간 중국이 겪은 굴욕의 원인이 되기도 했지만, 오늘날 많은 사람들로 하여금 21세기는 다시금 중국의 세기가 될 것이라 예상토록 만드는 요인이라고 한다면 지나친 독단일까.

— 박 한 제

유목민의 다원적 세계관

옛 소련제 12인승 미니 버스는 길도 표지판도 없는 초원 사이를 달리며 나지막이 솟아난 구릉 사이를 용케도 헤집고 나아갔다. 한 시간쯤 지났을까, 동승한 오치르 소장(몽골 사회과학원 역사연구소)이 손가락으로 초원 끝 먼 곳을 가리킨다. 눈을 돌려 보니 아주 작은 물체가 한낮의 햇빛을 받아 반짝이고 있었다. 목표를 확인한 몽골 기사는 운전대를 잡은 손에 더욱 힘을 주며 페달을 밟아 댔고, 점차 비석의 몸체가 분명히 눈에 들어오기 시작했다.

몽골의 수도 울란바토르에서 서남쪽으로 300km 정도 떨어진 곳, 현지명으로는 '호쇼 차이담'이라 불리는 이곳에는 커다란 비석이 두 개 있다. 19세기 말 이 비석의 존재가 처음으로 세상에 알려졌을 때, 거기에 새겨진 문자들은 이제까지 누구도 보지 못했던 것들이었다.

다행히 힌트는 있었으니, 그중 하나의 비석에 '고궐특근지비(故闕特勤之碑)'라는 제목 아래 한문으로 된 긴 비명이 새겨져 있었던 것이다. 이를 통해 이 비의 주인공이 지금으로부터 1300년 전 북방 초원에 거대한 제국을 건설했던 유목민 돌궐(突厥)의 한 왕자였음을 알 수 있었고, 이 미지의 문자도 그들의 언어, 즉 투르크어를 나타낸 것임이 판명되었기 때문이다. 돌궐 비문의 내용은 그로부터 불과 1년 만인 1893년에 덴마크의 빌헬름 톰센이라는 천재적인 학자에 의해 해독되었다.

'궐특근(闕特勤)'. 그의 이름은 투르크어로 '퀼 테긴'이었다. 그는 카간(유목 군주의 칭호)이었던 숙부가 유목민의 관행을 무시하고 어린 아들을 후계자로 임명한 것에 반발하여 숙부가 사망한 뒤 쿠데타를 일으켰다. 그러나 스스로 카간이 되지 않고 자기 형에게 그 자리를 양보했으니, 이렇게 해서 즉위한 인물이 빌게 카간이고 그가 바로 호쇼 차이담에 남아 있는 또 하나의 비문의 주인공이다.

이들 형제 비석의 존재가 알려진 지 얼마 지나지 않아 울란바토르 남쪽 40km 지점에서 또 다른 비석이 발견되었는데, 이는 톤육쿡이라는 노재상(老宰相)을 위해 세워진 것이다. 퀼 테긴의 정변이 몰고 온 숙청과 처형의 광풍에서도 살아남은 그는 제국 건설의 장본인인 동시에 빌게 카간의 장인이기도 했다. 앞의 두 비석은 주인공들이 사망한 뒤에 세워진 데 비해, 이 비석은 그가 살아 있을 때 스스로의 공적을 과시하기 위해 세운 것이니 그 영향력을 짐작하고도 남음이 있다.

퀼 테긴, 빌게 카간, 톤육쿡. 이 세 사람의 비문이 발견된 덕택에 몽골리아 초원을 무대로 활동하던 고대 유목민들에 대한 우리의 시각이 근본적으로 바뀌게 되었다. 그때까지 유목민들에 관해 알려면 한문으로 된 중국 측 기록을 통해서뿐이었다. 그들에 대해 적대적인 태도를 갖고 있던 중국인들의 글 속에 투영된 유목민의 모습은 예의 염치를 모르는 잔인한 야만인에 불과했다. 고도로 발달된 도시 문화와 관료 체제, 인간의 사고와 행동을 규제하는 복잡한 도덕 체계로 무장한 중국인들이 볼 때 성곽도 없이 가축을 치며 옮겨 다니는 그들의 생활은 거칠고 천박하기 짝이 없었고, 시도

과거 농경민들은 유목민을 잔인하고 미개한 사람으로 치부했고,
오늘날 우리도 은연중 그런 편견을 물려받고 있다.
그러나 이미 7세기 말 돌궐 유목민들은 독창적인 알파벳식 문자를
창안하여 자기들의 언어를 그것으로 표현했다.
왼쪽은 돌궐 제국의 왕자 퀼 테긴의 비문이고, 오른쪽은 재상 톤육쿡의 기공비다.

때도 없이 약탈이나 자행하는 그들의 행태는 '인면수심(人面獸心)'이라 불러 마땅했을 것이다.

그런데 이 비문들은 중국을 거치면서 왜곡된 기록이 아닌, 유목민의 생생한 육성을 들려주었다. 그들이 소중하게 생각했던 것이 무엇이고, 두려워했던 것이 무엇인가. "하늘과 같고 하늘에서 생겨난 나 투르크의 빌게 카간, 이제 카간의 자리에 올랐노라. 너희들은 내 말을 단단히 듣거라!" 이렇게 시작되는 빌게 카간의 비문은 초원의 구릉 위를 쓸고 지나가는 바람처럼 당당하게 우리를 향해 소리치고 있다. 비문은 무엇보다도 고대 유목민들이 그들 자신과 그들을 둘러싸고 있는 주변 세계에 대해 어떻게 생각했는가를 잘 보여 준다.

그런데 거기에 나타난 그들의 세계관은 중국인들의 '중화'를 중심으로 하는 일원주의적 천하관과는 너무나 대조적이다. 우선 그들의 독특한 방위 관념이 눈길을 끈다. 흔히 우리가 동→서→남→북이라 하는 것과 달리 그들은 동→남→서→북이라는 순서를 따른다. 이것은 다름아닌 태양이 동쪽에서 떠서 진행하는 방향을 나타낸다. 그들은 천막을 칠 때도 문을 언제나 동쪽으로 열어 놓았고, 아침에 해가 뜨면 밖으로 나와 해를 향해 세 차례 큰절을 올렸다고 하는데, 이 역시 그들의 태양 숭배를 입증하고 있다. 태양은 그들이 최고의 신으로 여겼던 '탱그리(Tängri)', 즉 '천신(天神)'을 상징하는 존재였다. 태양의 운행을 중심으로 하는 그들의 방위 관념은 '해가 뜨는 곳(동)', '해가 한가운데인 곳(남)', '해가 지는 곳(서)', '밤이 한가운데인 곳(북)'이라는 표현을 통해서도 알 수 있다.

비문은 돌궐 제국의 창건자가 사망했을 때 조문 사절을 보내온 각국의 명단을 열거하고 있는데, 이 명단의 순서 역시 동→남→서→북으로 되어 있다. 즉 동방의 고구려에서 시작하여 남쪽으로 중국과 티베트, 이어 서쪽으로는 동로마가 나오고, 마지막으로 북쪽의 키르기스와 거란 등이 언급되어 있다. 그들은 자신을 둘러싸고 있는 주변의 나라와 민족들을 정치적인 친소나 지리적인 원근에 따라 배열하지 않고, 태양의 운행에 기초한 독특한 세계관에 따라 정렬시킨 것이다.

이 비문에는 고구려도 등장한다. 고대 돌궐인들이 남긴 여러 비문들을 조사해 보면 해가 뜨는 동방에 '뵈클리(Bökli)'라는 이름의 나라가 등장한다. 하지만 이 나라는 모두 두 번 언급될 뿐이다. 한번은 앞서 말했듯이 조문 사절을 보낸 나라의 하나이고, 또 한번은 돌궐인들이 당나라를 도와 '뵈클리'에 대한 원정에 참가했다는 내용이다. '뵈클리'라는 말의 어원에 대해서는 아직 학계에서도 의견이 분분하지만, 이것이 고구려를 나타낸다는 점에 대해서는 거의 이의가 없는 편이다.

그런데 주목할 점은 고구려의 군주가 비문에서 '뵈클리 카간'이라는 명칭으로 불리고 있다는 사실이다. '카간'이란 최고의 군주를 나타내는 투르크어로서 한자로 옮기자면 '황제'에 비견되는 칭호다. 황제가 '천명'을 받아 천하의 질서를 주관하는 존재이듯이 카간 역시 '탱그리의 명령'과 '탱그리의 축복'을 받아 '위로는 푸른 하늘, 아래로는 누런 땅' 사이에 있는 '사람의 아들들'을 다스리는 존재로 여겨졌다. 그러나 고대 유목민들은 "하늘에 두 개의 태양이 있을 수 없듯이 지상에 두 명의 황제가 있을 수 없다"는 식의 중국인들의 정치 관념은 받아들이지 않았다. 왜냐하면 그들은 돌궐 제국의 군주뿐만 아니라 중국·고구려·티베트·키르기스 등 주변의 나라를 지배하는 군주들도 '카간'이라는 칭호로 불렀기 때문이다.

이처럼 중국인들이 황제의 지배권을 받아들이지 않는 주변의 민족들을 '야만인'이라고 규정했던 일원적인 세계관을 표방했던 것과 달리, 투르크인들은 다른 지역·문화·국가·민족들이 나름대로의 독자적인 정치적 질서와 문화적 특징을 지닌 존재로 인정하고 있었다. 그런 의미에서 그들은 다원적 세계관의 소유자였다고 말할 수 있을 것이다. 이러한 세계관은 비단 비문을 남긴 돌궐인들에게만 국한된 것이 아니라 유목민들 모두에게도 적용될 수 있다. 따라서 유목민들의 이러한 정치적·문화적 유연성은 그들이 다른 문화와 접촉할 때 개방적인 태도로 수용할 수 있도록 해주었고, 그들이 건설한 제국 안에서 여러 이질적인 문화가 서로 공존하며 발전할 수 있게 했다.

몽골리아 초원에 남아 있는 비석들은 그동안 중국인들의 기록을 통해서 우리에게 각인된 '유목민은 잔인하고 미개한, 문명의 파괴자'라는 이미지를 벗겨 내고, 오히려 그들이 자신과 동등한 정치적 실체를 인정하고 서로 다른 민족과 문화의 공존을 인정하고 장려하는 사람들이었다는 사실을 웅변해 주고 있다.

_ 김 호 동

동슬라브인들의 지리적 교류 범위

저녁 일곱 시가 되었는데도 러시아 중북부의 여름 더위는 채 가시지 않고 있었다. 블라디미르의 우스펜스키 성당이 여섯 시에 문을 닫는 바람에 쫓겨나다시피 한 일행은 그곳에서 승합차 편으로 40분쯤 걸리는 고도(古都) 수즈달로 가서 '포그레복' 식당에서 잠시 휴식을 취하기로 하였다. 지하 주점이라는 뜻의 옥호를 가진 이 평범한 식당에서 갑자기 나의 시선을 잡아끈 것은 맞은편 벽에 걸린 투박한 목각화였다. 거기에 새겨진 것은 슬라브 신화에 나오는 루살카의 모습이었다. "그렇구나. 기독교화되었다가 무신론자들의 사회가 되었던 러시아에도 자연 종교 시대의 기억은 소박한 민중 예술 속에 여전히 살아남아 있구나."

　오늘날의 러시아인들은 동슬라브 계통이 주류를 이루고 있다고 하지만, 이는 언어적 구분에 의한 것이고 혈통상으로는 사실 그들도 이만저만 혼혈이 된 것이 아니다. 원래 슬라브인들은 비스툴라 강과 니에멘 강, 드네프르 강 사이 숲과 평원에 흩어져 살고 있었는데, 그중 일부가 6~7세기에 발칸 반도로 내려와 정착하였다. 투르크계 유목민인 불가르인들 중 일부가 발칸 반도로 이주하여 슬라브인들을 지배하면서 이들과 인종적으로 합류하였고 오늘날의 불가리아인의 조상이 되기도 하였다. 동유럽 평원의 동슬라브인들은 자연 종교를 숭상하면서 부족 연합을 이루어 살고 있었다. 그들의 종교에는 천둥의 신 '뻬룬', 태양과 불의 신 '다쥐보그'를 비롯해 잡다한 신격이 있었는데, 뻬룬 숭배는 젊은 처녀나 청년을 산 채로 제물로 바칠 것을 요구하였다. 기독교 성직자들인 후대의 러시아 연대기 편찬자들은 자연 종교에 대해 적대적일 수밖에 없어서 그랬겠지만, 뻬룬 숭배자들이 "대지를 인신 제물로 모독하였고 러시아의 땅과 (뻬룬 숭배지인) 그 언덕을 피로 더럽혔다"고 쓰고 있다. 앞서 말한 루살카는 상체는 여성이지만 하체는 물고기의 모습을 하고 늪이나 하천에 사는 님프 비슷한 존재로서 녹색 눈과 긴 머리, 풍만한 가슴으로 남성들을 꼼짝 못하게 유혹한다고 여겨졌다.

　　동슬라브인들 사이에서 최초로 국가를 형성한 것은 스칸디나비아의 바이킹들이었다. 이들을 비잔티움 제국 사람들은 '바랑고이'라고 불렀고 슬라브인들은 '바랴기'라 불렀는데, 러시아 최초의 연대기에 따르면 9~10세기에 대서양과 지중해를 휩쓸면서 세력을 확장시키고 있던 이 천부적 무인들 가운데 '루시'라 불리던 부족의 일부가 발트 해를 건너 동쪽으로 이주해 와서 슬라브인들을 복속시키고 지배권을 확립하였다고 한다. 루시라는 말이 옛 러시아의 나라 이름이 되었고, 또 바로 이 말에서 러시아라는 이름 자체도 나왔기 때문에 러시아 민족주의자들은 외래 민족인 바이킹의 부족 명칭이 러시아의 어원이 되었다는 설에 대해 자존심 상해 하며 강력하게 이의를 제기하고 있다.

　　그러나 상당수의 연구자들은 확실한 대안을 찾지 못해서인지 최초 연대기의 기록대로 루시가 바이킹의 일부였다는 견해를 받아들이고 있다. 러시아의 바이킹 지배자들은 오늘날 우크라이나의 수도인 키예프를 정치적 중심지로 삼았으며, 복속된 인근 주민들로부터 조공으로 받거나 약탈한 물품들을 배에 싣고 발트 해에서 흑해로 이어지는 수로를 따라 남북을 오르내리면서 장사를 하였다.

당시 기독교권 유일의 명실상부한 제국으로 군림하던 비잔티움 제국이 그러한 그들의 관심을 끌지 않을 수 없었다. 러시아인들은 제국의 수도 콘스탄티노플을 평화적 교역을 위해 방문하기도 했지만, 전문적 전사(戰士)들답게 걸핏하면 제국에 군사적 공격을 가하였기 때문에 제국은 호혜 교역 조약도 맺고 선물 공세도 펴면서 이들을 달래려 애썼다. 그러는 한편 이민족 공격에 시달리던 제국은 일종의 이이제이(以夷制夷) 정책으로 국경을 지키고자 하였는데, 그런 점에서 볼 때 중국 한족에 대한 인근 유목 민족의 관계, 로마 제국에 대한 게르만 민족의 관계와 흡사한 것이 비잔티움 제국에 대한 인근 민족들의 관계였다고 할 수 있다. 러시아인들은 비잔티움의 인근 민족들 중에서도 가장 강력한 세력이었다.

러시아 최초의 국가였던 키예프국이 기독교를 정식으로 수용하게 된 것은 이처럼 러시아와 비잔티움 사이에 밀고 당기기가 계속되던 무렵, 블라디미르 공 치세에 이르러서였다. 그에 앞서 러시아인 가운데 최초로 세례를 받았던 인물은 9세기 초의 여성 통치자 올가였다. 그녀는 대담무쌍하고 총명한 인물로서, 남편을 살해한 부족을 순전히 기지로 절멸시켰는가 하면, 콘스탄티노플에서 비잔티움 황제의 청혼을 받고 난처해지자 그를 대부로 내세워 세례를 받음으로써 이 청혼을 피하는 영리함을 보이기도 하였다.

그러나 올가의 세례가 개인적 차원에 머물렀던 데 반해 블라디미르의 세례는 달랐다. 블라디미르 자신은 원래 권력욕이 대단하여 형제 살해도 마다하지 않았고 술과 여자를 즐겨 질펀하기 짝이 없는 생활을 보냈던 인물이다. 연대기에 따르면 그는 이 도시 저 도시에 둔 첩이 무려 800명이나

방탕했던 개인사를 속죄하기 위해서였을까?
바스네쪼프의 그림「루시의 세례」속에서 키예프 주민들의 세례를 주관하고 있는
블라디미르 공의 표정에는 키예프국의 앞날에 신의 가호가 내리기를 비는 염원이 담겨 있다.

되어, 호색으로 유명했던 구약 성경의 솔로몬을 능가했을 정도였다. 그런 가 하면 뻬룬을 비롯한 일곱 신을 모신 이른바 슬라브 만신전(萬神殿)을 세우게 하였고 인신 공양도 행하게 하였다.

그러한 블라디미르가 기독교를 받아들이게 된 데는 종교적 동기보다는 비잔티움 제국의 부와 영광에 대한 선망이 더 크게 작용했다고 보아야 할 것이다. 988년 초 비잔티움 황제는 불가리아와 국내 반란 세력의 공격 앞에서 블라디미르에게 군사 원조를 요청하였는데, 이에 응해 파견된 러시아의 바이킹 무사들이 황제를 절망적인 상황에서 구출해 주었다. 그 대가로 키예프의 통치자는 황제의 친여동생인 미혼의 안네(안나) 공주가 자기와 결혼해야 한다고 요구하였다. 황제는 결국 블라디미르가 세례받는 것을 조건으로 하여 이를 수락한 다음, 마치 포로 생활을 하는 것 같아 끔찍하다고 항의하는 안네 공주를 설득하여 당시 이미 수많은 여인들과의 사이에서 자식을 두고 있던 블라디미르에게 시집 보냈다. 비잔티움 황실의 정비(正妃) 소생 공주가 외국인에게 시집간 것은 이 일이 처음이었으니, 비잔티움 황제와 러시아 군주 사이에는 안네 공주라는 여성을 매개로 무력 원조와 종교의 상호교환이 이루어졌던 것이다.

블라디미르는 안네의 강경한 요구에 따라 기독교를 수용하였고, 희대의 패륜아에서 정교회의 성인으로 변신하게 되었다. 그는 988년의 어느 날 키예프의 모든 주민들로 하여금 남녀노소·빈부귀천을 막론하고 모두 드네프르 강으로 나와 기독교도로서 세례를 받게 하였는데, 이 같은 역사적 사실은 19세기 후반의 화가 빅토르 바스네쪼프가 그린 「루시의 세례」라는 그림 속에 화가의 상상력에 힘입어 재현되어 있다.

한편 기독교를 수용한 러시아는 비잔티움 제국의 선교사들이 그리스 자모에 바탕을 두고 만든 키릴 문자를 받아들였다. 또한 그리스인 성직자들이 러시아 교회를 이끌게 되었다. 비잔티움과 러시아 사이에는 이처럼 밀접한 연관이 있었는데, 이 두 나라가 상대해야 했던 또 하나의 중요한 세력은 유목민들이었다. 흑해 및 카스피 해 북안, 볼가 강 유역 등에는 기원 전부터 여러 유목 민족의 세력이 교차하였는데, 특히 러시아인들은 키예프 국의 동부 및 동남부의 유목민들과 때로는 우호적인 관계를 맺기도 했으나 전반적으로는 이들과의 잦은 전투에 시달렸다. 그러나 13세기 초까지 유목민들은 국경을 어지럽히는 정도에 불과하였으며, 러시아 땅을 초토화시키는 대규모 전투는 벌어지지 않았다. 그 너머 더 동쪽의 땅과 주민들에 대해서 러시아인들은 아는 바가 아무것도 없었다. 이들의 존재에 대해 러시아인들이 알게 되는 것은 13세기 전반 몽골인들이 침입해 오면서부터였다. 그때까지 러시아인들은 동쪽으로부터 밀어닥칠 무시무시한 위협에 대해 아무런 예감도 하지 못한 채 끊임없는 내분 상태에 빠져 있었다.

— 한 정 숙

중세 사회의 세계 인식 : 유럽의 탄생

아를(Arles)에 도착한 것은 8월 2일이었다. 프랑스 남부 프로방스에 있는 이 도시는 알퐁스 도데의 소설로 널리 알려져 있지만, 이미 4세기 초 로마 황제 콘스탄티누스가 새로운 수도를 정할 때 콘스탄티노플(이스탄불)과 더불어 후보지로 염두에 두었을 만큼 일찌감치부터 고대 문명이 정착한 곳이다. 지금도 이곳에는 로마 문명 유적인 원형 경기장과 반원형의 극장이 잘 남아 있다. 유럽을 다녀 보면 고대 로마의 문명이 지중해를 중심으로 유럽 대륙 남부에 깊게 뿌리내렸음을 볼 수 있다. 지중해에서 론 강을 거슬러 50km만 올라가면 닿는 아를도 지형의 특성상 로마 문명권 안에서 일찍부터 발전했다.

문명사적 견지에서 볼 때, 서양의 중세는 하나의 문명으로서 유럽의 탄생기라고 할 수 있다. 바로 이 시기에 게르만족이라는 새로운 주체 세력이 고전 고대의 유산과 기독교를 결합시켜 신생 유럽의 문명적 토대를 빚어 냈던 것이다.

먼저 드는 의문은 과연 중세 유럽인들이 그러한 전환의 의미를 막연하게나마 느꼈는가 하는 점이다. 사실 한 개인이 아무리 뛰어나다고 하더라도 한 세대의 경험에 의지하여 천 년이 넘는 시간의 무게를 미리 가늠하기란 쉽지 않은 법이다. 게다가 '지혜와 학식'이 소수의 수도원에 갇혀 있었던 중세 초에는 더 말할 나위도 없다. 비록 연대기 작가들이 예컨대 클로비스가 정통 가톨릭으로 개종했다거나(507) 샤를마뉴가 로마 황제의 관을 받은(800) 사건을 강조하기는 했지만, 이는 기본적으로 호교론적 입장을 반영한 것으로서 그럴수록 로마로부터 멀리 떨어져 있다는 낭패감을 돋보이게 할 뿐이다. 중세인들이 '유럽인'이라는 자의식을 가졌음을 보여 주는 예외적인 자료들이 8세기 초(732년 샤를 마르텔이 푸아티에 근처에서 이슬람 세력에 대해 거둔 승리)와 십자군 전쟁기(11세기 말~13세기)에 발견되기는 하지만, 이는 대외적인 위협에 대한 반사 작용이었을 뿐, 사실상 이들은 중세가 끝나 가는 15세기에 들어서야 자기 문화의 독자성과 고유성에 대한 명확한 인식에 도달할 수 있었다.

서양 중세의 지식인들은 고대로 복귀하고 싶은 향수를 떨쳐 버릴 수 없었고 이슬람과 비잔티움으로부터 문헌과 지식을 끊임없이 받아들여야 했다. 현대의 사가들이 "카롤링거조의 르네상스"(8세기 말~9세기 초)니 "10세기의 르네상스"니 혹은 "12세기의 르네상스"라고 불렀던 문예부흥 운동은 기실 중세가 탈진 상태를 갓 벗어난 8세기 이후 나타난 부단한 현상으로서 특정 시대에 국한된 것이 결코 아니었다.

이러한 '선진 문명 따라잡기'의 가장 두드러진 본보기로서 가히 중세의 절정이라고 할 수 있는 15~16세기의 르네상스는 역설적이게도 중세를 철저하게 부정했다. '중세'라는 경멸적인 신조어를 만들어 낸 장본인이 바로 이 르네상스의 인문주의자들이었다. 자신들의 시기가 고대에 버금가는 문화와 문명의 수준에 도달했음을 만족스럽게 확인한 그들은 두 개의 높은

아를에 위치한 '레잘리스캉(les Alyscamps)'.
'영웅들의 죽음의 거소(엘리시움의 들판)'라는 뜻으로 '샹젤리제'와 같은 말이다.
실제로 로마 제국 말부터 중세 말까지 거의 1천 년에 걸쳐 서구에서 최고의 묘지 터로
이름이 높았다. '석관의 산책로'는 지금도 중세적인 퇴락의 분위기를 물씬 풍긴다.

봉우리 사이에 끼여 있는 낮은 단계의 중간 지대를 하나의 장기적인 시간 단위로 설정하여 고대-중세-근대라는 유서 깊은 시대 구분법을 만들어 냈던 것이다.

3구분법은 역사가 변증법적인 계기를 통해 발전한다는 설득력 있는 설명을 제시하고 또 3분할이 지니게 마련인 심미적인 아름다움을 보여 주지만 몇 가지 문제점을 갖는다. 하나는 중세를 '암흑 시기'로 그려냄으로써 그 시기가 이룩한 새로움과 풍요로움을 간과하고 훼손한다. 이런 파악으로는 어떻게 유럽의 근대가 가능했는지 이해하기 어렵다. 다른 하나는 모든 시대 구분이 그러하듯이 새로운 시기로 이행하는 것을 하나의 단절로 보게 만들며, 유럽이 얼마나 지루하고 지난한 과정을 통해 형성되었는가 하는 점을 놓치게 한다. 서로마 제국의 멸망(476)은 적어도 3세기 이상 지속된 '게르만족의 이동'이라는 일련의 흐름 속에서 거의 주목받지 못했던 삽화적 사건의 하나에 불과하며, 서유럽에 봉건제라는 지속적인 제도적 틀이 그 윤곽을 드러낸 것은 겨우 9세기 말엽의 일이었다. 또 다른 하나는 3구분법의 작자들이 의도한 것은 아니지만, 그것은 서양의 중세가 고대의 적통임을 암묵적으로 전제하고 있다. 사실 3구분법이 나타났을 때만 해도 왜곡 가능성은 잠재적인 것에 불과했다. 당시 유럽이 지중해 세계의 여러 문명에 대해서 자신이 우월하다는 것을 결코 입증할 수 없었기 때문이다.

하지만 서구가 산업혁명과 시민혁명이라는 '이중 혁명'을 통해 전지구에 걸쳐 패권을 장악하게 되면서 사태는 달라졌다. 오직 유럽에만 적용될 법한 3구분법이 보편적인 시대 구분으로 탈바꿈하면서 유럽중심주의의 한 축이 되었던 것이다. 그것이 지닌 중세에 대한 편견은 거의 그대로 근대주의적인 거대 담론에 살아남아 전통 사회와 근대 사회를 선명하게 대조시켰다. 마르크스는 서구가 대두하게 된 비결이 16세기 영국 농촌에서의 생산력 발전과 이에 따른 생산 관계의 재편에 있다고 보고 봉건적 중세와 자본적 근대를 대비시켰고, 베버는 칼뱅주의가 내거는 철저하게 신본주의적인 윤리가 어떻게 세속적인 자본주의 정신을 빚어낼 수 있었는가를 절묘하게 설명하여 근대화를 기본적으로 합리화 과정으로 파악했으며, 애덤 스미스는 교환 관계의 정치적 맥락에 주목하여 '시장'이 등장하기 위한 조건으로 '법의 지배'(17세기 헌정 질서의 등장)를 제시하였다. 이러한 설명 틀에서 중세는 근대의 요소들을 결여하고 있는 소극적인 상태로 묘사되었고, 그 요소들이 사실상 거의 없었던 중세 초기는 여전히 굳건하게 '암흑기'에 머물러 있었다.

하지만 과연 그러한 근대는 어떻게 해서 가능해졌을까? 사실 생산력이 해방되기 위해서는 생산 관계가 먼저 변해야 했다. '근대 유럽'의 대두를 설명하기 위해서는 유럽 내부에서 특정 국가, 특정 사회 세력에 주목하여 근대성의 역사적 형성 과정을 추적하는 일 못지않게, 하나의 문명으로서 유럽이 중국이나 이슬람 또는 인도를 추월할 수 있었던 중세적 배경에 유의해야 한다. 그렇다고 중세의 유럽이 앞섰다는 말은 아니다. 그러기는커녕 오히려 여러 가지 점에서 뒤졌지만, 돌이켜볼 때 이러한 상대적 후진성이 역동성의 발판이 되었던 것이다.

이렇게 볼 때, 우리는 중세가 유럽에 남겨 준 몇 가지 풍성한 유산에 주목할 필요가 있다. 첫째는 중세 천년기 유럽에서는 강인한 농민들의 촌락 공동체가 형성되어 잉여 생산물을 놓고 지주들과 치열한 각축전을 벌였다. 이에 힘입어 인구는 예컨대 프랑스 지역에서 이미 1300년에 1900년의 수준에 도달하였으며, 국가의 힘이 약해 토지 경영 이외의 곳에서 마땅한 잉여를 발견하기 어려웠던 지배층은 결국 농민들에게 경작권에 관한 자유를 주고 세금이나 지대를 걷는 것이 더 낫다는 '내포적 수취 방식'을 추구하였다. 12~13세기에 이미 노동 효율을 올리는 방안을 고민한 유럽이기에 근대 시민 사회에서 앞서 나갈 토대가 마련되었다고 볼 수도 있다. 둘째는 기독교 유럽의 형성이다. 350~800년을 거쳐 각기 상이한 삶의 구조와 색조를 지녔던 지중해 유럽과 북부 유럽이 기독교를 매개로 하여 하나의 보편 세계로 결합하였다. 기독교는 유럽에 공통의 규범적 틀을 제공하였는데, 800년 이후로 유럽의 무게 중심은 지중해 지역에서 북서 지역으로 이동하였다. 셋째로 교회의 역할에 힘입어 부족과 씨족의 유대 관계가 약화되고 핵가족이 가정 생활의 기본 단위가 되었다. 중세적 '개인주의'가 나타났던 것이다. 마지막으로 게르만족의 이동과 낮은 생산력으로 말미암아 로마 제국의 이념은 실현 불가능한 꿈이 된 반면, 유럽은 만성적인 '춘추전국'이라는 독특한 국가 형성 과정을 경험하게 되었다.

이런 중세의 유럽에서 중국의 우월적인 문화주의나 유목민들의 다원주의 또는 러시아의 세속적인 지배자에 의한 정교 합일을 찾아보기는 힘들다. 상대적으로 빈약한 생산력, 약한 국가와 정치적 분할 구조, 이것이 무정부 상태로 전락하는 것을 막았던 국가 안의 국가이자 국가 밖의 국가였던 보편 교회, 공동체에 기반하면서도 종족의 굴레를 일찌감치 벗어던졌던 핵가족 구조, 바로 이것이 이후의 유럽에 행운이 찾아왔을 때 그것을 기회로 만들어 주었던 요인들이다.

이러한 유럽에 대해 세계 지배의 역사적 필연을 운위한다면, 그것은 분명 논리의 비약이요 상상력의 지나친 발동이다. 고딕 성당의 첨탑을 우월한 문명의 표지로 보았다면, 이는 우리가 서구의 세계화를 겪었기 때문이지 그 유럽이 문명의 정상에 올랐기 때문은 아니다.

_ 최 갑 수

3

중세의 도시들 _ 일상의 삶과 정치, 중세 도시의 모습

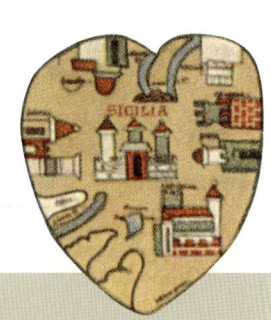

- 모든 길은 장안으로 통하고 있었다
- 사마르칸드의 영광
- 샹파뉴 지방의 정기시들
- 키예프 시대의 도시들

● 유 라 시 아 대 륙 (3 장 참 고 지 도)

모든 길은 장안으로 통하고 있었다

서양에 로마가 있었다면 동양에는 장안(長安)이 있었다. 7~10세기 세계의 모든 길은 장안을 향하여 달리고 있었고, 그 길은 "장안으로! 장안으로!"를 외치는 외국인들에 의해 메워졌다. 한반도와 일본으로부터 유학생과 불승들이, 돌궐·위구르로부터 부족장과 무사들이, 중앙아시아의 오아시스 왕국으로부터 사신과 화가 그리고 음악가들이, 사마르칸드·인도·페르시아, 그리고 아랍 등지로부터 상인들이 당으로 몰려들었다. 장안은 단순히 당 왕조의 수도만이 아니었다. 장안은 100만의 인구를 가진 당시 세계 최고의 국제 도시였을 뿐만 아니라, 빛나는 문명의 중심이었다. 가장 최신의 불교 교리, 최신의 시(詩) 형식, 모범적인 각종 제도들뿐 아니라, 심지어 가장 새로운 복식과 헤어스타일까지 그곳으로부터 나왔다. 그렇다면 세계 각 나라 사람들은 왜 장안으로 몰려들 수밖에 없었던가?

　수천 년에 이르는 중국 제국의 역사 가운데 당대는 위대한 시대 중 하나였다. 역사상 전례없는 물질적 풍요, 제도의 발전, 사상과 종교의 새로운 시작, 그리고 모든 예술 부문에서 창조성을 이룩한 시대였다. 무엇이 당으로 하여금 이런 엄청난 생동력을 갖게 하였던가? 무엇보다 당 왕조가 채용한 절충주의 덕분이다. 이전 4백 년 간의 혼란스런 역사를 거치면서 다양한 문화의 가닥들을 한데 끌어모으는 능력을 획득한 결과였다. 북위(北魏)의 수도 낙양의 번영을 그린 『낙양 가람기』라는 책은 당시 낙양의 모습을 다음과 같이 묘사하고 있다.

"파미르 고원에서 동로마 제국에 이르는 수백 나라에서 온 대상(隊商)이나 행상들이 북위 국경을 향해서 밀어닥쳤다. 북위는 세상 구석구석에 살던 어떤 사람들도 다 받아들이는 나라였다. 중국을 사모하여 살려고 찾아온 자는 그 수를 헤아릴 수가 없었으니 당시 귀화한 외국인만 1만여 가(家)나 되었고, 천하에 얻기 어려운 진귀한 물건들이 없는 것이 없을 정도였다."

당의 장안은 북위 낙양의 모습을 그대로 이어받았다. 이런 전통의 계승이 바로 당의 국제성, 즉 외국의 여하한 인적·물적 요소도 다 수용하는 개방성을 갖게 한 것이다. 이런 개방성은 당 문명으로 하여금 지역과 민족을 초월한 보편적인 호소력을 갖게 하였다. 장안은 각종 이질 문화를 수용하여 배양·육성하는 문화 재창조의 거대한 공장이었던 것이다.

시인 위장(韋莊)은 "장안의 봄을 그 누군들 독점할 수 있으랴. 장안의 춘색은 본래 주인이 없는 것"이라고 읊었다. 장안의 봄은 화려하기 짝이 없었다. 음력 정월 장안에 봄기운이 돌더니 우수(雨水)가 되면 각종 꽃들이 망울을 터뜨리기 시작하고 훈훈한 봄바람이 불어온다. 황성문 앞에 쭉 뻗은 주작대로를 따라 세워진 작은 탑들 사이로 멀리 남쪽 자은사(慈恩寺) 탑[大雁塔]이 우뚝 솟아 있다. 탑 둘레에 불그레한 땅거미가 내리는 저녁 나절이 되면 장안성은 온통 상춘 인파로 출렁였는데, 새벽이 되어도 좀체 줄어들지 않았다. 장안 사람들은 특히 모란을 사랑했다. 3월 15일 전후 모란이 피는 약 20일 간의 장안은 꽃놀이꾼으로 시끌벅적했다. 모란이 마침내 지고 춘색이 사라져 갈 때 장안 시민들은 떨어진 모란과 덧없는 인생에 대한 이야기로 날이 가는 줄 몰랐다. 사냥에서 금방 돌아온 귀공자도, 신라나 발해에서 온 유학생도, 낙타에서 막 내린 호인들도, 장안 서시(西市)에서 보석을 팔던 이란계의 아주머니도 그 인파 속에 섞여 있었다.

그들은 꽃 향기에 취해 술을 마셨다. 천재 시인 이백의 시에는 "웃으며 들어간다. 꽃 같은 호희(胡姬)가 기다리고 있는 술집으로"라는 구절이 있다. 당시 장안의 연흥문과 춘명문 주변은 이란계 호스티스가 손님을 맞는 술집들로 불야성을 이루고 있었다. 장안산 명주 외에 실크로드를 통해 수입된 페르시아산 술도 인기를 끌었다. 그 술집에는 어김없이 소그드 출신의 댄서와 관현악을 연주하는, 곱슬머리에 녹색 눈동자를 가진 소년도 있었다.

그렇다고 당으로 몰려든 외국 사람들이 환락에만 빠져 있었던 것은 아니었다. 그들은 당으로부터 자신들의 고유 문화를 변형시킬 수 있는 선진 문화를 습득하기에 바빴다. 동아시아 각국의 법률·제도·종교·문자 그 어느 것인들 당대 장안에서 발효되지 않았던 것이 있었던가? 당대 장안은 한대 장안 분위기와는 달랐다. 살고 싶어 한대의 장안으로 찾아온 외국인은 별로 없었다. 외국 사절도 한나라 조정이 주는 회사품을 챙겨 고국으로 돌아가기에 바빴다. 그러나 당대 장안 거리에는 불법 체류 외국인들이 그득했다. 당 왕조는 외국인에게 관대했다. 외국인 출신 공무원을 뽑기 위한 과거인 빈공과(賓貢科)를 두었던 나라가 바로 당나라였다. 외국인 가운데는 장군으로 출세한 사람들이 특히 많았다. 이들을 번장(蕃將)이라 했는데, 고선지(高仙芝) 장군도, 양귀비(楊貴妃)를 사모했던 안녹산(安祿山)도 이 번장 출신이었다. 법률도 내·외국인에게 평등했다. 근대 서구 법

1971년 섬서성(陝西省) 건현(乾縣) 장회태자(章懷太子 : 高宗의 자) 묘에서
발굴된 벽화「예빈도」는 당대 외교 사절을 접대하는 모습을 묘사하고 있다.
왼쪽의 세 사람은 당대 홍려시(鴻臚寺 : 朝貢과 來聘을 管掌)의 관원인데
관모를 쓰고 관복을 입고 있다. 오른쪽의 세 사람은 외국에서 온 사신으로 추측되는데,
이 가운데 조우관(鳥羽冠)을 쓴 자는 고구려나 신라 사자로서,
이들은 묘주의 죽음을 조문하는 사절이었던 것으로 여겨지고 있다.

체계에서 비로소 등장하는 속지법·속인법주의가 채택된 시대 또한 당대였다. 종교의 자유도 보장되어 마니교·경교·조로아스터교 등 소위 삼이교(三夷敎)가 민간에 크게 유행했다.

그렇다고 당 왕조가 내·외국인들에게 무한한 자유만을 허용한 것은 아니었다. 자유를 준 만큼 통제 장치도 준비하고 있었다. 장안은 자유와 통제가 병립하는 공간이었다. 장안은 110개의 '방(坊)'으로 구획된 격자형 계획 도시였다. 지방에도 외국인의 방이 건설되었다. 신라방이 바로 그것이다. 방은 사면이 높고 견고한 벽으로 둘러싸여 있었고 지정된 문을 통해서만 출입이 허용되었다. 새벽과 밤에 울리는 북소리에 따라 방의 문이 개폐됨으로써 장안 시민의 하루 시간표는 황제의 철저한 통제 하에 짜여졌다. 야금을 범했을 때에는 엄벌이 내려졌다. 당 왕조의 법률은 행정과 형벌, 모든 면을 규제하는 고도의 치밀성을 보였다. 장안인들이 만끽하던 자유란 것도 알고 보면 '우리[檻]' 속에 갇혀 있는 '가축의 자유'였던 것이다. 단지 사람들은 이 교묘한 통제를 느끼지 못하고 자유를 향유하고 있다고 믿고 있었을 뿐이었다.

인민 통제 장치였던 높은 벽의 방도, 치밀한 법률도 폭발적인 인구 증가와 상업의 발달을 감당하기는 어려웠다. 더구나 번장 안녹산이 주도한 '안사(安史)의 난'이 일어나자, 당 왕조는 당황했다. 곧 외국인의 활동에 규제를 가하고, 삼이교의 신앙도 금지했다. 민간에서도 중국식 국풍 운동이 일어났다. 이런 흐름은 중국으로 하여금 내외 인식을 재조정하는 계기를 마련해 주었지만, 당이 추구한 개방성은 이후로도 크게 손상되지는 않았다. 당 왕조는 거대한 대륙, 수많은 인종들을 묶는 고도의 행정 기구를 구축하는 한편, '세계화'를 성취한 대제국이었다. 그 중심에 장안이 자리하고 있었던 것이다.

이렇게 이룩된 정치적 통일을 뒷받침하는 행정 기구와 내외 인식은 이후 왕조의 성쇠나 교체, 이민족의 정복에도 불구하고 의연히 유지되었다. 최근 100년 간 서양의 무력과 사상을 통한 파괴적 침략에도 중국이 살아남을 수 있었던 것은 당 왕조가 구축한 행정 기구의 힘이라 할 수 있다. 예컨대 소련에 비해 중국의 소수 민족 정책은 우대를 통한 자연 동화 정책이라 할 수 있다. 중국에 모여든 다양한 민족들이 장기적으로 밀접한 교류를 가지면서 상호 영향을 주고받아 자연스럽게 통합시킨다는 것이니, 이것은 당 왕조가 견지했던 민족 정책의 계승이라 할 만하다. 오늘날 중국인 가운데 92%를 차지하는 한족은 역사상 출현했던 90여 개 소수 민족이 융합하여 만들어진 것이다. 현재 중국 땅에 실재하는 55개 소수 민족도 장차 이 한족이라는 이름으로 통합될 것이다. '조선족' 동포들을 중국에 남겨 둔 우리가 바라든 바라지 않든 이것은 역사적·필연적 귀결로 보인다.

— 박 한 제

사마르칸드의 영광

사마르칸드는 우즈베키스탄의 수도인 타슈켄트에서 서남쪽으로 270km 정도 떨어진 곳에 있다. 옛날 같으면 낙타를 타고 일주일은 걸려야 도달할 수 있는 거리이지만, 이제는 아스팔트로 길이 잘 포장되어 있어 우리 일행은 네 시간 만에 주파할 수 있었다. 처음 3분의 2 정도의 구간은 평지를 달리다가 지작(Jizzaq)이라는 도시를 지나면서부터는 구릉 지대로 접어드는데, 파미르 고원의 서쪽 끝자락인 셈이다. 여러 차례 고개를 넘다 보면 산기슭에 뽀얀 먼지를 일으키며 이동하는 가축들의 모습도 눈에 들어온다. 그러다가 자라프샨(Zarafshan) 강이 흐르는 계곡으로 접어드는데, 이곳에 바로 사마르칸드가 위치해 있다. 자라프샨은 '황금을 뿌리는 강'이라는 뜻으로, 일년 내내 비가 거의 내리지 않는 이곳에 물이 얼마나 중요한가를 잘 말해 준다.

시내로 들어서면 코발트 블루나 녹황색 타일로 덮인 커다란 돔들이 눈에 띈다. 이것은 티무르 제국 시대의 대표적인 건축 형태이지만, 현대식 건물에도 이러한 전통적 양식을 적용하고 있음을 알 수 있다. 사람들의 입에 오르내리는 이른바 '사마르칸드의 영광'이란 바로 이곳을 도읍으로 삼은 정복자 티무르(1336~1405)와 그의 후손들에 의해 만들어진 것이다. 오늘날 사마르칸드를 화려하게 보이게 하는 구리미르(티무르의 무덤), 샤히진다(귀족들의 공동묘지), 레기스탄(모스크로 둘러싸인 중앙 광장)도 모두 이때 세워진 것이다. 옛 소련에서 독립한 우즈베키스탄 정부는 자신들의 민족적 정체성을 회복·강화하려는 '역사 찾기'의 하나로 지난 몇 년 동안 이들 유적지를 대대적으로 보수했다.

주민들로서는 상상조차 하기 힘든 내부 장식이 된 일류급 호텔도 세워져 이제는 외국인을 맞을 준비까지 갖추었다. 아쉬운 점은 이와 함께 과거의 고졸한 모습도 영원히 사라져 버렸다는 사실이다. 그러나 사마르칸드는 티무르의 도시만은 아니었다. 이 도시는 우리가 쉽게 볼 수 있는 것말고도 또 다른 모습들을 지니고 있다. 지금으로부터 몇 해 전 도시 창건 2500주년을 기념하는 행사를 벌였으니 그만큼 역사가 오랜 도시이기도 하다.

흔히 '오랜 전통'을 자랑하기 위해 가능하면 옛날로 끌어올리는 일도 드물지 않지만, 사마르칸드의 경우 2500년이라는 숫자는 결코 허구가 아니다. 왜냐하면 이 도시는 이미 기원전 500년경 다리우스 대제(BC 522~486)에게 정복된 뒤 오랫동안 페르시아 제국의 일부가 되었고, 기원전 329년에는 마케도니아 출신인 알렉산더 대왕에 의해 다시 정복되었기 때문이다.

원래의 이름은 '마라칸다(Marakanda)'였지만 훗날 사마르칸드라는 이름으로 불렸고, 고대 중국인들은 이 도시의 중간 음을 따서 '강국(康國)'이라 칭했다. 이 도시 출신으로 당나라에서 활동하던 상인이나 관리들이 강(康)이라는 중국식 성을 채용한 것도 이러한 사정이 있었기 때문이다.

사마르칸드는 이처럼 오랜 역사를 지닌 도시, 그것도 동서 문명이 교차하는 중앙아시아 한가운데 위치한 도시이기에 지난 2천여 년의 시간이 남긴 굵은 흔적들을 고스란히 간직하고 있다. 도시 가운데 이제는 폐허가

사마르칸드는 고대 페르시아 제국 시대부터 그 존재가 확인되는 매우 오래된 도시다. 중앙아시아 최대의 오아시스인 이곳의 바자르는 예로부터 실크로드를 통한 국제 교역의 중심이었고, 도시 중앙에 위치한 레기스탄 광장은 이 도시의 영화와 부를 단적으로 보여 준다.

된 채 남아 있는 아프라시압이라는 이름의 언덕이 그 좋은 예다. 학자들의 발굴로 이 언덕이 1220년 칭기즈칸이 이끄는 몽골군에 의해 파괴된 사마르칸드 옛 도시가 있던 자리라는 사실이 밝혀졌다. 오늘날의 사마르칸드는 말하자면 몽골의 침입이 있은 뒤 그 옆에 세워진 신도시인 셈이다.

당시 이 도시의 파괴를 생생하게 기록한『세계 정복자의 역사』라는 문헌이 있다. 이에 따르면 칭기즈칸은 사마르칸드에 도착하여 하루 이틀 성벽을 둘러보며 적의 취약점을 살핀 뒤 사흘째 되는 날에 공격을 개시했다고 한다. 시민들은 용감하게 저항했고 심지어 코끼리까지 동원해서 막아 보려 했지만, 단 하루의 전투만으로도 이미 승산이 없는 싸움임을 깨달았다. 그들은 항복하여 목숨을 부지했다. 그러나 끝까지 저항하던 성채 안의 병사 3만 명은 결국 몰살되고 말았다. 주민들은 성 밖으로 물러났고 몽골군은 더 이상 저항하지 못하도록 성벽을 완전히 파괴해 버렸다. 이렇게 해서 국제 교역으로 번영을 구가하던 중세 도시 사마르칸드는 하루아침에 흙더미로 변하고 말았다.

그러나 아프라시압 언덕을 발굴하던 학자들은 그곳에서 7~8세기경의 것으로 추정되는 궁전과 거기에 그려진 벽화들을 발견했고, 이를 통해 당시의 모습을 어느 정도나마 짐작할 수 있게 되었다. 벽화에는 여러 지역 사신들의 모습이 묘사되고 있는데, 그 가운데에서도 특히 흥미로운 것은 한반도에서 건너간 사신이 두 사람 등장하고 있다는 사실이다. 발굴 당시에는 보다 분명한 채색을 띠었던 것 같지만, 지금은 색이 많이 바래서 그 희미한 자국만 확인할 수 있을 뿐이다. 그래도 머리에 쓴 깃털이 달린 모자, 허리에 찬 긴 칼, 가지런히 두 손을 모아 공수한 모습을 통해 우리의 조상임을 알 수 있다. 이 사신도가 나오게 된 역사적인 상황에 관해서는 아직도 많은 수수께끼가 남아 있지만, 이것이 당시 사마르칸드가 누렸던 명성과 영광을 단적으로 말해 주는 자료임은 분명하다.

『대당서역기』의 주인공 현장 법사의 기록도 사마르칸드의 번영을 입증해 주고 있다. 629년 당나라 수도 장안을 출발하여 인도로 향하다가 이곳을 통과한 현장은 이 도시국가의 영역이 600~700km에 달했고, 도성의 성벽 둘레도 8km가 넘었다고 기록하고 있다. 또한 주민의 숫자가 많고 물품을 만드는 기교가 뛰어났으며, 여러 나라의 보화들이 모여들었다고 적었다. 뿐만 아니라 '자갈(赭羯)'이라는 이름으로 불린 병사들은 용맹하기 짝이 없어 죽음도 두려워하지 않을 정도였다고 한다. 이는 '용사'를 뜻하는 페르시아어 '차카르(chakar)'를 옮긴 말인데, 그들은 당시 당나라와 압바스조의 궁정에서 근위병으로 이름을 날리기도 했다.

중세 도시 사마르칸드가 번영한 토대는 무엇보다도 국제 무역에 있었다. 소그드(Soghd)라는 이름으로 알려진 중앙아시아 도시 출신의 상인들은 실크로드를 무대로 동으로는 중국에서, 서로는 지중해에 이르기까지 넓은 교역망을 운영하며 활약했다. 그리하여 "한푼을 두고 서로 다투며 이익이 있다면 가지 않는 곳이 없다"는 말을 들을 정도였다. 사마르칸드는 교역의 중심지인 동시에 문화의 합류점이기도 했다. 또한 여러 가지 종교가 유입되어 각기 독자적인 사원과 교회를 갖고 있었다. 페르시아의 국교였던 조로아스터교, 선악의 투쟁을 중심으로 이원론적 우주관을 표방했던 마니교, 로마 영내에서 이단으로 몰려 박해를 피해 나왔던 동방 기독교, 아랍인들의 팽창과 함께 등장한 신흥 종교 이슬람. 이런 종교들이 모두 경쟁하며 공존했던 것이다.

그러나 시간이 흐르면서 점차 이슬람이 우위를 확보해 가자, 다른 종교는 더 이상 발붙일 곳을 잃어버리게 되어 티무르 시대에 이슬람의 우위는 결정적인 것이 되었다. 아울러 사마르칸드는 무한 권력을 추구하는 정복자의 과시욕의 무대가 되었다. 그런 의미에서 문화적 다양성과 활력으로 충만하던 중세 도시 사마르칸드의 종지부를 찍은 장본인은 역설적이지만 이 도시의 성벽을 파괴하고 주민들을 학살했던 몽골인들이 아니라 이곳을 도읍으로 삼고 엄청난 건축물로 채워 놓은 티무르 제국이었던 것이다.

— 김 호 동

샹파뉴 지방의 정기시들

흔히 서양 중세의 도시 하면 으레 "도시의 공기는 자유를 만든다"는 격언을 떠올린다. 부자유스러운 예속 신분이 일반적인 중세 사회에서 도시만이 자치권을 누려 도시민들은 농민과 달리 자유로운 신분이었다는 것이다. 즉, 중세 도시의 시민들은 서약 단체로서 자치 공동체를 형성하여 독자적인 사법권과 행정 기관, 심지어 시민군을 갖고 있었다. 서양의 사가들은 공동체적인 자치체로서의 이러한 특징이 중세 유럽에서 독특할 뿐만 아니라 유럽 문명의 한 원류를 이룬다고 강조한다. 도시민들의 자유로운 정신이 유럽 문명에 다른 문명들과 명확히 구분되는 특징을 부여했다는 것이다.

필자가 중세에 샹파뉴의 정기시가 열렸던 트루아와 프로뱅을 찾은 것은 7월 30일이었다. 열흘 넘게 찌푸렸던 날씨가 오랜만에 활짝 개었다. 파리 시내를 빠져나와 달리자마자 곧 넓게 펼쳐진 농촌 풍경이 나타났다. 치즈로 이름 높은 브리 지방이다. 프로뱅은 일드프랑스 지방이 끝나고 샹파뉴 지방이 시작되는 접경 지역 야트막한 언덕에 위치해 있다. 파리에서 19번 국도를 따라 동남쪽으로 84km 되는 거리다. 지금도 12~13세기에 돌과 벽돌로 만든 성곽이 남아 있고 구시가는 중세 도시의 특징들, 예컨대 중심부에 유사시를 위한 높은 망루, 견고하고 높은 성채와 깊은 외호, 이중의 성문, 중앙의 광장, 교회와 부속 건물, 꼬불꼬불한 마을길 등을 그대로 간직하고 있다. 프로뱅은 13세기 중엽 활발한 교역의 중심지로서 1만 명이 넘는 주민을 거느렸다. 그런데 오늘날에도 인구가 1만 명이 조금 넘는다고 하니 그간의 쇠퇴가 실감난다.

프로뱅에서 점심을 먹고 19번 국도를 따라 한 시간 남짓 달려 도착한 곳이 트루아다. 트루아는 랭스와 더불어 샹파뉴를 대표하는 도시이며, 랭스에 결코 뒤지지 않는 고도다. 한때 고대 로마 군대가 주둔했고, 5세기 중엽에 훈족의 우두머리인 아틸라가 침입했을 때 그를 설득한 성 루(Saint Loup)가 주교로 있었던 곳이 바로 이곳이다. 트루아가 번영을 누리게 된 것은 11세기 초 샹파뉴 백작령의 수도가 되면서부터이다. 당시 유럽은 오랜 침체기를 벗어나 활력을 되찾고 있었다. 흔히 역사가들이 "상업의 부활"이라고 부르는 현상이다. 여기에는 두 가지 요인이 작용하였다. 하나는 '중세의 농업 혁명'이다. 중쟁기·삼포제·물레방아로 대표되는 농업 기술의 개선과 대규모 개간 사업으로 말미암아 농업 생산량이 크게 늘어났고, 이것이 인구의 증가를 가능케 했다. 중세의 절정인 13세기 중엽에 서유럽 인구는 6천만 명에 달했는데, 이 가운데 프랑스 인구가 3분의 1이 넘는 2200만 명이었다. 다른 하나는 화폐, 특히 은화의 주조다. 그 결과 도시가 부활하거나 새로이 생겨나기 시작했다.

물론 중세 도시의 규모는 작았다. 13세기 중엽 당시 유럽 최대의 도시는 베네치아로서 인구가 10만 명에 불과했다. 1백만 명이 넘는 대도시를 거느렸던 비잔티움이나 중국과 비교하여 당시 유럽의 생산력 수준은 아직 미미했기 때문이다. 제노바와 밀라노가 5만~10만 명이었고, 이탈리아 이외

● 일드프랑스와 샹파뉴 경계에 있는 프로뱅의 서쪽 성벽. 12세기에 만들어진 것으로서, 외호(外濠)·성문·망루·포대 등 중세의 군사 건축을 잘 보여 준다. 앞서 로마 제국에 의해 전초 기지로 세워졌으며, 지금도 여전히 중세적 정취를 잘 간직하고 있다.

●● 트루아 구시가에 있는 좁은 골목의 대표적인 예 '고양이 골목'. 골목이 매우 좁아 고양이가 쉽게 지붕을 넘어 다닐 수 있다고 해서 그렇게 불렸다. 트루아의 전형적인 반목조 건물도 특이하며, 16세기의 것이기는 하지만 중세의 체취를 느낄 수 있다.

의 지역에서 가장 큰 도시는 5만 명의 인구를 가진 파리였다. 이에 비해 런던의 인구는 2만 5천 명에 불과했다. 따라서 트루아와 프로뱅의 인구가 1만 명을 넘었다면, 당시로서는 대단한 수치인 셈이다.

지금도 트루아 도심에 있는 구시가를 가보면 중세 도시의 규모가 작은데도 불구하고 얼마나 밀집되어 있었던가를 알 수 있다. 1524년의 대화재와 2차 세계대전 당시의 참혹한 피해에도 불구하고 트루아는 옛 도시의 원형을 잘 보존하고 있다. 성벽이 있던 자리는 이미 대로로 바뀐 지 오래지만, 폭 2.1m로 두 사람이 겨우 지나갈 수 있는 '고양이 골목'이나 작은 운하, 옛 상인들이 통행의 안전을 빌었음직한 작은 교회들, 그리고 아직도 가게에 내걸린 수공업자들의 문장 등은 중세 도시의 체취를 느끼게 하기에 충분하다.

지방 단위의 소규모 경제 활동의 부활보다 더 중요했던 것이 원거리 통상의 부활이다. 11세기부터 남쪽에서는 지중해, 북쪽에서는 북해와 발트해를 중심으로 장거리 교역이 되살아났던 것이다. 이에 따라 유럽의 무게중심이 북서부로 옮겨감에 따라 두 무역로가 자연스럽게 결합되었다. 지중해 무역은 기본적으로 동서 교역이었다. 동방 물산으로서 가장 중요했던 것은 후추를 비롯한 각종 향신료였으며, 그 밖에 비단·설탕·명반 등도 있었다. 이에 대한 서방의 상품은 모직물이었는데, 모자라는 것은 은화로 지불할 수밖에 없었다. 문제는 양모와 모직물의 주생산지가 각각 영국과 네덜란드였다는 점이다. 모직물의 판로는 지중해였고, 동방 향료의 소비지는 서유럽이었다. 이탈리아 상인들은 플랑드르의 모직물을 구하기 위해 론 강을 거치거나 알프스 산맥을 넘어야 했다. 급기야 11세기 후반부터 플랑드르의 상인들이 중도에서 그들을 만나기 시작했다. 만나는 지점은 양지역의 가운데쯤인 부르고뉴가 아니라 플랑드르에 좀더 가까운 샹파뉴 지방이었다.

왜 그랬을까? 그것은 정치적인 이유 때문이었다. 샹파뉴 백작들은 정기시가 제공하는 경제적 이익을 재빨리 알아차리고 샹파뉴 정기시를 보호하기 시작했다. 샹파뉴는 12세기 들어 유럽 최대의 상품 및 화폐 교환을 위한 정기시가 열리면서, 매년 여섯 차례 시장이 개설되었다. 1~2월의 '라니(파리 동쪽 30km) 정기시', 3~4월의 '바르(트루아 동쪽의 52km) 정기시', 5~6월의 '프로뱅 5월 정기시', 7~8월의 '트루아 여름 정기시', 9~10월의 '프로뱅 정기시', 11~12월의 '트루아 겨울 정기시'가 그것이다. 각 정기시로 보자면 1년에 한두 달 정도의 기간에 불과하지만, 샹파뉴 정기시 전체로 보면 일년 내내 시장이 열리는 셈이다. 이것은 아직 상설 시장을 형성할 단계에 이르지 못했던 당시 유럽의 교역 수준을 보여 주는 것이라고 할 수 있다.

정기시가 다가오면 텅 비다시피 하던 장터에 사람들이 몰려들고 가게들이 문을 연다. 샹파뉴 백작은 감독관을 임명하고, 거래가 이루어질 수 있도록 제반 조치를 취하는 한편, 특히 치안 유지를 위해 재판소를 설치한다. 처음 2주에 걸쳐 '옷시장'이 열리는데, 그것이 문을 닫으면 '무게를 재는' 향료 시장이 개설된다. 이러한 모든 거래에는 계약서가 작성되는데, 이때 화폐와 어음도 함께 교환된다. 또한 상인들은 모든 거래와 인신의 자유를 백작으로부터 보장받는 대신, 그 대가로 통상 거래 대금의 60분의 1 정도를 거래세로 낸다. 그러면 백작은 샹파뉴에서의 자유만이 아니라, 예컨대 프랑스 국왕이나 다른 제후들과도 조약을 맺어 샹파뉴로의 자유로운 출입을 보장한다.

트루아에 자치 행정이 나타난 것은 12세기 말~13세기 초였지만, 백작으로부터 특허장을 부여받은 것은 1230년의 일이었다. 이는 물론 자치권이 백작의 호의에서 비롯됐기 때문이다. 그렇다고 모든 도시가 그러했던 것은 아니다. 일부 도시는 특히 성직자가 영주였을 때는 자치권을 얻기 위해 치열한 투쟁을 전개해야만 했다. 하지만 대부분의 도시는 국왕이나 영주의 용인 아래 상당한 세금을 납부하는 대가로 자유를 얻었다. 따라서 그 자유란 봉건제의 틀 속에서 왕권이 상대적으로 약했던 시대적 상황을 반영하는 것이었다. 더욱이 그 자유는 흔히 도시의 행정권을 장악하고 있던 소수 과두 체제의 그것에 불과하기 십상이었다. 그런 까닭에 중세 말 유럽 도시들은 격렬한 계급 투쟁에 휩싸이기 일쑤였다.

13세기 말부터 샹파뉴의 정기시는 쇠퇴하기 시작했다. 계급 투쟁과 높은 세금, 그리고 샹파뉴 백작 가문의 종식과 국왕 직영지로의 편입을 그 요인으로 꼽을 수 있다. 하지만 무엇보다도 정기시의 성공이 몰락을 가져다 준 가장 중요한 요인이다. 2세기에 가까운 오랜 기간에 걸쳐 유럽은 정기시를 통해 새로운 경제 기법을 배워 13세기 말~14세기 초에 이르면 더 이상 정기시를 필요로 하지 않게 되었다. 지중해와 북해 사이에 직항로가 13세기 말에 개통되면서, 상관 제도가 상설 시장의 기능을 맡게 되었던 것이다. 그리고 이때쯤이면 왕권이 강해져 새로운 영방국가 변두리의 도시들을 제외한 거의 모든 도시들이 자치권을 상실하게 되었다. 중세 도시의 자유란 사실상 신화에 불과하며, 유럽인들의 '근대적 자유'는 결코 중세적 자유의 직접적인 유산은 아닌 것이다.

— 최 갑 수

키예프 시대의 도시들

보통 우리가 안다고 생각하는 러시아, 곧 제정러시아와 공산주의 하의 러시아는 결코 러시아의 전부가 아니다. 18세기 초 표트르 대제 이전으로 거슬러 올라가면 전혀 다른 러시아가 나타난다. 이 다른 러시아를 가장 내밀하게 만나기 위해서는 키예프와 노브고로드, 그리고 이른바 '황금의 고리'를 찾아가야 한다. 이 세 곳은 몽골 지배 이전, 이른바 키예프 러시아에서 각기 서남 지역, 서북 지역 및 (루시 땅이 우랄 산맥 서쪽까지만을 포함하고 있던 그 당시의 기준으로) 동북부 지역의 중심지를 이루었는데, 각 지역마다 정치·경제적으로 다른 특징들을 보여 주고 있었다.

    우선 키예프와 주변 남서 지역 도시들은 유목민들과의 잦은 전쟁 속에서도 동서(비잔티움과 서유럽, 발칸 반도, 아랍권 및 흑해·카스피 해 연안의 유목민들)를 잇는 상업의 발달로 번성하였으나 귀족 세력이 비교적 강성하였던 곳이다. 이에 반해 노브고로드는 도시 상인들의 세력이 강하고 한자 동맹 도시들과 활발하게 교역하면서 생활 방식에서도 서로 영향을 주고받아 러시아의 다른 어느 지역보다 서유럽 중세 도시와 유사한 성격을 보여 주었던 곳이다. 그와 달리 모스크바 동북쪽에 원 모양으로 둘러선 일련의 도시들을 가리키는 '황금의 고리'(이 말은 역사학 용어는 아니고 관광 용어다)는 지배자인 공(公, Kniaz)이 주민들의 정착을 주도하면서 상대적으로 강력한 통치권을 행사하고 있었던 지역으로서, 지금도 아름다운 정교회 건축물을 비롯하여 옛 도시의 흔적을 비교적 원상에 가깝게 잘 보존하고 있다. 이곳은 숨겨진 보석과도 같은, 옛 러시아 문화의 정수를 보여 준다.

키예프 러시아는 류리크 가문의 지배자들이 다스리는 여러 공령(公領)들의 느슨한 연합체로 되어 있었는데, 그 최대 판도는 서남쪽으로는 키예프와 그 서남쪽 흑해 연안까지, 서북쪽으로는 발트 해 연안, 북쪽으로는 백해와 북극해까지, 동북쪽으로는 볼가 강과 오카 강 유역까지 뻗어 있었다. 10세기 중반 야로슬라프 현공(賢公)은 다섯 아들에게 키예프 러시아의 각 지역들을 나누어주고 그 후손들로 하여금 중요한 지역들을 서열에 따라 차례대로 통치하게 하되, 최우선권자가 키예프의 대공 자리를 차지하게 하였다. 공들의 영토가 분할되다 보니 자연히 공들 사이에서 영토와 대공 자리를 둘러싼 골육상쟁이 끊이지 않았다. 이것이 궁극적으로 키예프 러시아가 쇠퇴하게 된 원인 가운데 하나라고 흔히 이야기된다.

각 공령들마다 공이 거주하는 도시가 정치적 중심지가 되었는데, 공들이 도시를 건설할 때 가장 먼저 착수한 것은 시의 경계이자 방어 시설인 시벽(市壁), 곧 크레믈을 쌓는 일이었다. 이를 영어로는 크렘린이라고 하는데, 소련 체제를 상징하는 용어처럼 된 크렘린은 오늘날 붉은 벽돌로 개축되어 압도적인 위용을 자랑하는 모스크바의 시벽에서 비롯된 것이지만 이 말 자체는 사실 러시아의 수많은 도시들에서 볼 수 있는 시벽을 의미하는 보통 명사다.

시벽은 처음에는 흔히 목재로 세워졌다가 도시 세력이 번성하면 돌로 개축되었다. 이민족들과의 잦은 교전 때문에 방어 시설을 구축해야만 했던 러시아인들은 목재를 이용하여 3주일에서 한 달 정도이면 유목민들의 창과 활을 얼마든지 막아낼 수 있는 아주 견고한 시벽을 쌓을 수 있었다고 한다. 옹이 하나 없이 쭉쭉 뻗은 통나무 목재들을 마음만 먹으면 손쉽게 구할 수 있는 주변 여건이 이를 가능하게 했을 것이다. 이 같은 목조 방벽 시설의 흔적은 모스크바 시내 콜로멘스코예에 옮겨 전시되고 있는 러시아 동북부 및 시베리아 지역 옛 건물들에서도 찾아볼 수 있다. 하지만 16세기경부터는 시벽 대부분이 석조로 바뀐 것으로 보인다. 우리 일행이 찾아간 도시들 가운데 특히 붉은 벽돌로 된 노브고로드의 웅장한 시벽은 세 겹으로 되어 있어서 한때 발트 해 무역의 한 축을 담당했던 대공화국 노브고로드의 세력을 잘 대변하고 있었다. '황금의 고리' 도시들 중에서는 로스토프의 네로 호숫가에 서 있는 부서진 석벽이 특히 예스러운 분위기를 자아낸다.

키예프 시대 각 공령에서는 통치자인 공들의 주변에 그의 무장 수행인 드루지나(druzhina)를 주축으로 토지 소유 귀족층이 형성되었다. 농업을 생업으로 한 대다수 주민들은 시벽 바깥에 거주하면서 통치자에게 세금을 납부하였다. 시벽 안쪽에는 공의 궁정과 교회, 귀족과 상인, 수공업자들의 거주지가 있었고 시장이 있었다. 도시 주민들은 민회(베체)를 형성하여 시정을 논했는데, 노브고로드와 같은 서북쪽 도시에서는 민회가 공의 옹립과 폐위를 결정하기도 했다. 그러나 다른 대부분의 도시에서는 자치 도시 같은 강력한 도시 공동체가 형성되지는 않았다.

키예프는 오늘날 우크라이나의 수도다. 소련 체제의 해체 후 우크라이나가 독립국이 됨에 따라 이 도시는 러시아 역사의 출발점이면서 동시에 우크라이나 역사의 출발점으로 여겨지고 있다. 이 때문에 오늘날에도 이 도시의 긍지는 높을 수밖에 없지만, 키예프국 시대에는 실로 러시아 전체의 정치·학문·종교의 중심지로서 자부심이 대단했으며, 그 같은 자부심은 기념비적 건축물의 축조, 법전과 연대기의 편찬으로 나타났다. 키예프에는 성벽과 황금의 대문이 축조되었고, 비잔티움의 소피아 사원을 건축양식과 명칭에서 그대로 본뜬 사원도 축조되었다.

그러나 키예프의 절대 우위를 허용하고 싶지 않았던 다른 공령의 통치자들도 경쟁적으로 화려한 건축물들을 지었다. 노브고로드에도 키예프의 것에 버금가는 소피아 사원이 지어졌는가 하면, 12세기 중반에는 대공의 자리를 키예프로부터 빼앗아 올 정도로 세력이 성장한 블라디미르-수즈달 공령의 통치자들도 명예욕과 권력욕을 아름다운 교회 건축물로 표현하려 했다. 블라디미르의 성벽은 무너졌지만 서쪽 성문이었던 황금의 문은 아직 남아 있는데, 그곳을 지나 시내로 들어서면 수많은 교회 건물들이 길손을 맞이한다.

블라디미르를 상징하는 건물로는 황금빛 돔이 찬란한 우스펜스키(성모승천) 사원을 들 수 있을 것이다(이 사원은 우스페니예 사원이라 불러야 하겠지만, 일반적으로는 형용사형인 이 '우스펜스키'라는 말이 더 친숙하다). 이 도시의 통치자 안드레이 보골륩스키 공은 키예프의 소피아 사원보다 4m 높게 건물을 지으라고 명령했다고 한다. 모스크바 크레믈 안에 있는 유명한 우스펜스키 사원은 바로 이 사원을 본떠 지은 것이다.

그러나 화려한 것보다 단정하고 우미(優美)한 것을 사랑하는 사람들은 우스펜스키 사원에서 동쪽으로 5분 정도 걸어가면 있는 드미트리 사원과, 네를 강 언덕에 백조처럼 날씬한 모습으로 서 있는 포크로바 나 네를리(네를 강변의 수호자) 사원을 더 좋아한다. 12세기에 지어진 이 하얀 석조 건축물들은 둘 다 돔이 하나밖에 없는 단출한 모습이지만, 공의 궁정 교회였던 드미트리 사원은 매우 정교한 양각 부조 장식이 사면 외벽을 둘러싸고 있어 외벽이 수수한 포크로바 나 네를리와 대조된다. 그 화려함이 서구의

네를 강변 작은 언덕 위에 한 마리 백조처럼 서 있는 포크로바 나 네를리 사원은
아무리 강물이 불어나도 침수된 적이 한 번도 없다고,
내가 아는 러시아인들은 경외감을 가지고 자랑스럽게 이야기하곤 한다.

로코코 양식을 연상케 해서인지 방문객들은 외벽 부조는 후대에 덧붙인 것 아니냐고 되묻기도 한다. 그러나 다윗 왕, 솔로몬 왕의 모습을 비롯해서 모든 부조는 창건 당시의 것이다. 포크로바 사원은 볼가 강 너머의 유목민인 불가르인들과의 전쟁에서 승리한 기념으로 지어진 것인데, 전승 기념물이 이렇게 우아할 수 있다는 사실이 경이롭다. 나는 언젠가 드미트리 사원에서 출발하여 초원에 난 좁은 길을 따라 포크로바 나 네를리까지 지친 다리를 터덜거리며 한 시간 가까이를 걸어간 적이 있는데, 저 멀리 어렴풋이 보이던 건물이 가까이 다가갈수록 뚜렷한 모습을 드러내는 것을 보면서 제법 경건한 순례자가 된 듯한 느낌에 빠졌었다. '사원으로 가는 길'을 간절한 심정으로 찾고 있는 러시아인이 된 듯한 그런 느낌 말이다. 수즈달의 숙소에서 만난 젊은 도예가 발레리 곤차로프와 그의 아내 타냐는 블라디미르에서 볼 곳은 이 두 곳뿐이라고까지 단언하였다. 도시 전체가 박물관이라고 할 정도로 많은 고건축물이 남아 있으면서 옛 정취를 고스란히 지니고 있는 수즈달에 비해, 공업 도시가 되는 바람에 화학 공장의 굴뚝이 경관을 해치고 있는 블라디미르의 모습이 그들에게는 못마땅했는지도 모른다.

　　오늘날의 작은 도시 수즈달은 한때 러시아에서 가장 강력한 대공 칭호의 소재지인 블라디미르–수즈달 공령의 수도였다. 1차 십자군 전쟁으로 인해 동서 교역로가 단절됨에 따라 쇠퇴해 가던 키예프 대신 러시아의 정치적 중심지로 떠올랐고, 심지어 러시아 정교회 수장의 소재지가 블라디미르로 옮겨지면서부터는 러시아 전체의 종교적 중심지로까지 되었던 이곳—그러나 블라디미르와 수즈달은 같은 공령 내에 위치한 하찮은 인근 도시 모스크바에 제1인자의 자리를 내놓을 운명에 있었다. 몽골의 지배가 그 결정적 계기가 되었다.

— 한 정 숙

몽골 제국의 출현과 그 충격

4

● 몽골 세계 제국의 탄생

● 몽골의 중국 지배가 남긴 것

● 모노마흐의 왕관

● 몽골 제국의 출현과 로마 교회의 대응

● 유 라 시 아   대 륙 (4 장   참 고   지 도)

몽골 세계 제국의 탄생

1246년 7월. 몽골 제국의 수도 카라코룸에서는 새로운 군주의 즉위를 축하하기 위한 연회 준비가 한창이었다. 세계 각지에 주둔하고 있던 몽골의 귀족과 장군들이 속속 도착했고, 제국의 지배를 받아들인 속국의 군주들 역시 하나 둘씩 모이기 시작했다. 이때 초대받지 않은 손님이 한 명 도착했다. 그는 프란체스코파 수도회에 속하는 카르피니라는 신부로서, 로마 교황 인노켄티우스 4세의 사신으로 온 것이었다. 목적은 대칸을 만나 유럽에 대한 장래 계획, 즉 침략할 의도가 있는지 없는지를 알아보고, 가능하다면 그를 기독교로 개종시켜 십자군 전쟁에서 도움을 받을 수 있는지 알아보기 위해서였다.

  그러나 수도사 카르피니는 대칸의 즉위식에 참석하지 못했을 뿐 아니라 대칸을 만나는 것조차 허락받지 못했다. 대신 그는 대칸이 교황에게 보내는 편지 한 통을 받아서 귀로에 오를 수밖에 없었다. 돌아온 뒤 카르피니는 자신의 방문을 소상하게 기록한 글을 적어 교황에게 보고했다. 그것이 다름아닌 『몽골인의 역사』라는 이름으로 지금까지 전해지고 있는 책이다.

이 책의 말미에는 그가 받아 온 편지의 라틴어 번역본이 실려 있어 당시 몽골의 대칸이 교황에게 어떤 내용의 전갈을 보냈는지 알 수 있었지만, 이 편지의 원본은 소재 불명인 상태로 남아 있었다.

그런데 놀랍게도 2차 대전이 끝난 뒤 로마 교황청에 부속된 비밀 문서고에서 우연히 이 편지가 발견되면서, 그 사진과 내용이 소개·연구되기에 이르렀다. 그러나 이 편지는 교황청이 소유한 자료 가운데에서도 특히 오래된 것이어서 일반에게는 결코 쉽사리 공개되지 않는 문건이다. 따라서 우리 일행은 이를 열람하기 위해 사전에 교황청 주재 한국 대사관측에 협조 요청을 해놓았다. 로마에 도착한 직후, 배양일 대사는 우리 일행을 차에 태우고 교황청 비밀 문서고로 직행했다.

담당자들과 간단한 인사를 마친 뒤 우리는 조그만 접견실에서 기다렸다. 잠시 후 흰 가운을 입고 면장갑을 낀 문서관리인이 나타나더니 우리에게 문제의 편지를 펼쳐 보여 주었다. 페르시아어로 쓰인 이 편지에서 몽골의 군주는 교황과 서구의 군주들에게 즉시 자신에게로 와서 무릎을 꿇고 조아리라고 촉구하면서, 만약 그렇지 않는다면 어떤 일이 벌어질지는 "신만이 아신다"고 경고하고 있다.

지금도 편지의 하단에는 "영원한 하늘의 힘에 기대어. 대몽골 제국의 바다와 같은 군주의 칙령. 복종하지 않는 백성들이여, 이를 경외하라!"는 내용이 새겨진 붉은 인장이 선명하게 남아 있다. 이 편지를 쓴 장본인은 칭기즈칸의 손자이자 몽골 제국의 3대 군주였던 구육이라는 사람이었다.

테무친이라는 이름의 수령이 몽골리아를 통일하고 '칭기즈칸'을 칭한 것이 1206년의 일이니, 이 편지는 그로부터 꼭 40년 뒤에 쓰여진 셈이다. 이 40년 동안 칭기즈칸과 그의 후계자들은 북중국을 침공하여 금나라를 무너뜨리고 한반도를 초토화시켰을 뿐 아니라, 중앙아시아와 중동으로 원정

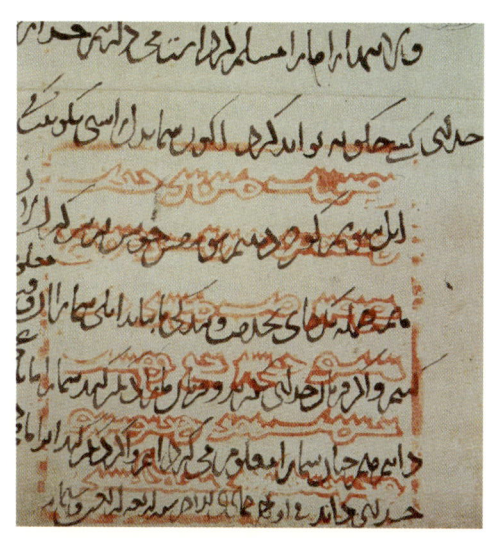

위 사진은 바티칸 비밀 문서고에 보관된 몽골 제3대 군주 구육이 교황에게 보낸 친서와 거기에 찍힌 그의 인장이다. 후대 중국인의 손에 의해 그려진 아래의 칭기즈칸 초상화에 보이는 눈매는 위기의 상황에서도 침착하고 예리한 판단을 잃지 않는 그의 성격의 일면을 잘 보여 준다.

군을 보내 수많은 도시를 파괴하고 그 주민을 학살했다. 바투가 이끄는 10만 명 이상의 병력은 러시아를 거쳐 헝가리와 폴란드로 들어가 유럽의 중무장 기병들을 괴멸시켜 버렸다. 이처럼 수많은 전쟁을 수행하면서도 몽골의 기마 군단은 패배를 모르는 무적의 군대였다. 이들을 직접 관찰한 수도사 카르피니는 신속한 기동력, 엄격한 군율, 다양한 전술과 무기를 승리의 요인으로 꼽았다.

몽골인들의 세계 정복전은 그 후에도 계속되었다. 중동으로 파견된 군대는 이란을 거쳐 바그다드로 들어가 바그다드의 압바스조를 무너뜨림으로써 서아시아를 장악하기에 이르렀고, 중국으로 내려간 몽골인들은 바다와 같은 양자강을 방패막이로 끈질기게 항전하던 남송을 넘어뜨리고 말았다. 남송의 해군을 접수한 몽골 제국은 이제 해상으로까지 진출하려 했다. 비록 태풍으로 인해 일본 원정은 실패로 돌아갔지만, 당시 그들은 3500척의 선박에 10만 명을 태우고 출정할 정도의 해군력을 갖고 있었던 것이다.

"사냥과 목축으로 살아가던 미개하고 가난하며 수적으로 얼마 되지 않던 민족이 어떻게 해서 무한한 자원을 갖고 있던 강력한 문명 국가들을 정복할 수 있었는가?" 한 학자의 이러한 의문처럼 몽골 제국 출현은 세계 역사상 하나의 경이로운 현상이다. 일개 유목 부족으로 출발한 그들이 거대한 기마 군단을 앞세워 농경 국가들을 차례로 정복하고 마지막에는 해양까지 장악하기에 이르렀기 때문이다.

당시 그들의 출현과 정복전을 목격했던 사람들은 자신들의 도덕적 타락을 징벌하기 위해 신이 보낸 채찍이거나, 아니면 사탄의 저주가 현실로 나타난 것이 아닐까 생각했다. 그래서 '몽골'의 별칭이기도 했던 '타타르(Tatar)'라는 말과 비슷한 음을 지닌, 그러나 지옥이라는 뜻을 가진 라틴어 '타르타르(Tartar)'라는 이름으로 그들을 부르기도 했다. 반면 오늘날 학자들은 몽골 제국이 성공한 근본적인 요인을 유목민의 탁월한 기마 전술에서 찾기도 하고, 혹은 정치적으로 분열되어 있었던 당시의 정치 정세에서 찾기도 한다. 모두 근거가 있는 주장들이다.

그러나 우리가 잊지 말아야 할 사실은 몽골 제국과 같은 지구적인 규모의 거대한 정치 조직이 단순히 '무력'과 '정복'에 의해서만 성취되고 유지될 수는 도저히 없다는 점이다. 몽골 제국이란 결국 몽골인들을 핵심으로 하는 거대한 하나의 통합력의 표현이라고 할 수 있다. 그래서 나는 13세기 몽골인들이 인류 역사상 미증유의 성취를 할 수 있었던 것은 바로 그러한 통합력을 갖고 있었기 때문이라고 생각한다. 그 통합력은 단지 몽골인들만의 내적인 결속이 아니라 비몽골인들까지 끌어들이고 제국의 일원으로 만드는 힘이다.

그러면 몽골인들은 어떻게 그 같은 통합력을 발휘할 수 있었을까. 그들이 다른 어느 민족도 갖지 못한 독특한 능력을 가졌기 때문에 그러했다고는 생각하지 않는다. 차라리 그것은 시대적인 요구, 즉 그들에게 그러한 역할을 수행할 수 있도록 만든 역사적인 상황이 있었기 때문이었을 것이다. 9세기 중반 이후 몽골 제국이 등장하기에 이르기까지 약 200년 동안 세계사는 미증유의 분열기를 경험했다. 동아시아도 금나라와 남송 그리고 서하로 나뉘어서 서로 대립했고, 서아시아는 압바스조의 약화로 각지에서 지방 정권들이 발호했다. 또한 유럽도 왕권과 교황권이 대립하면서 정치적 혼란이 극에 달했다.

이 같은 정치적 혼란은 유라시아 전역의 교통과 상품 유통을 교란시키는 결과를 낳아 국제 교역이 크게 위축되었다. 따라서 국제 상인들은 이러한 혼란을 넘어선 안정과 통합의 시대를 희구하게 되었는데, 그들이 몽골 제국의 등장을 누구보다 환영한 것도 그 때문이다. 그들은 초기에는 몽골 제국의 사신으로 혹은 원정군의 향도로 커다란 기여를 했으며, 제국이 확립된 뒤에는 재정 분야의 전문가로 활약을 했다.

    정치적 혼란을 극복하고 새로운 통합과 안정을 지향하는 시대적 분위기와 몽골인들의 내재적인 능력이 결합되면서 놀라운 통합력이 분출되기에 이르렀고, 마침내 그들은 고립된 여러 지역들을 연결짓고 통합한 '팍스 몽골리카'의 시대를 탄생시켰던 것이다. 신속한 기동력, 엄격한 군율, 다양한 전술과 무기로 유라시아 문명국들을 정복한 몽골. 그 배경에는 안정과 통합을 바라는 시대적 욕구가 있었던 것이다.

— 김 호 동

몽골의 중국 지배가 남긴 것

중국의 수도는 왜 중국 땅 북동 끝 변경 지대인 북경에 자리잡게 되었을까? 중국 지도를 볼 때마다 느끼는 의문이다. 1996년 1년 동안 나는 북경에서 생활하였다. 북경 생활 반 달을 겨우 넘긴 2월 어느 날, 양 허벅지가 온통 튼 것을 발견하고는 기겁을 하였다. 병원을 찾은 나에게 의사는 연고 하나를 주며 북경에서 반 달만 더 생활하면 깨끗하게 없어질 거라며 빙긋이 웃었다. 북경은 그렇게 건조하다.

  수도 북경은 몽골족의 원나라가 중국인에게 남겨준 유산의 하나다. 아무것도 없던 빈터에 돌연 거대 도시가 들어선 것은 원나라가 이곳에 수도를 정한 이후부터였다. 북경의 기후는 여름 한철을 빼면 몽골 고원의 날씨와 몇 달의 시차를 두고 있다. 북경의 가을 기후는 7~9월 몽골을 덮었던 대기가 그대로 옮겨와 만든 것이다. 북경의 겨울을 온통 덮어 버리는 흙바람은 모두 몽골 고비 사막에서 날아온 흙먼지들이다.

  2000년 여름 유라시아 답사팀은 북경을 출발하여 원 세조 쿠빌라이가 대칸[大汗] 위에 올랐던 상도(上都) 개평부(開平府)의 옛 터가 있는 내몽골 자치구 다륜(多倫)으로 향하였다. 북경이 몽골 초원에서 그렇게 가깝다는 사실을 비로소 알았다. 북경을 떠나 금세 연산(燕山) 산맥을 넘게 되었는데, 눈앞에는 온통 스님의 머리처럼 반들반들한 초원이 끝없이 펼쳐져 있었다. 유목민인 몽골족이 중원에 세운 왕조인 원이 왜 북경(당시의 명칭은 大都)에 수도를 정했는가 쉽게 짐작이 갔다.

원은 이민족이 세운 국가로서 전 중국을 통치한 최초의 왕조였다. 북송 이래 쓰이지 않던 대운하가 재건된 것은 물론, 다시 북경까지 확장되었다. 그것은 수탈을 위한 물자 유통로였지만 남북 지역 간의 정치·경제·사회적 통일에도 상당히 기여했다. 북경에는 지금도 시내 곳곳에 호수와 수로가 많다. 남방 물자를 수도로 수송했던 조운로(漕運路) 북단(北端)의 일부다. 오늘날 자금성 서쪽에 있는 북해 중남해와 적수담(積水潭) 등이 그것이다. 원의 지방 조직의 잔재도 상당수 남아 있다. 하남(河南)·섬서(陝西)·감숙(甘肅)·강서(江西)·사천(四川)·운남(雲南)의 6성은 원대의 행중서성(行中書省, 行省)의 이름을 그대로 사용하고 있다.

몽골인이 세계를 정복한 것은 역사상 유례를 찾을 수 없는 대사건이었다. 100만 정도의 인구에 불과하였던 그들의 말발굽 앞에 유라시아 거의 대부분 지역에 있던 정권들이 허무하게 쓰러졌다. 그들이 가는 곳에서는 대학살이 감행되었다. 그들은 도시와 도시인들을 싫어했다. 칭기즈칸의 출현은 중국인에게는 일찍이 경험해 보지 못한 야만인의 출현이었다. 칭기즈칸이 1212~1213년 북중국 평원을 가로지르는 대행진을 감행하자 90여 개의 도시가 초토화되어 남은 것은 깨진 벽돌 조각뿐이었고, 1215년 금(金)의 수도 중도(中都)를 약탈했을 때에는 한 달 이상이나 불탔다.

몽골 시대의 경험과 기억은 유라시아 대부분을 전혀 다른 차원의 세계로 나아가게 했다. 아시아를 주축으로 하여 유럽과 아프리카 일부를 포

장강 남쪽의 강남하(江南河)와 북쪽의 산양독(山陽瀆)·통제거(通濟渠)를 연결하는 기점인 양주(揚州) 지역의 운하 풍경. 대운하가 개착된 것은 수나라 때이지만, 가장 잘 운용된 것은 송대 이후다. 특히 북경이 원나라의 수도가 됨에 따라 기존의 낙양과 장안으로 향하던 운하의 길이 달라지게 되었다.

함하는 지역에 동서남북으로 네 개의 제국이 탄생하여 오랫동안 병립했다. 동에는 명과 청 제국이, 서에는 오스만 투르크 제국, 남에는 티무르 제국, 북에는 300여 년 몽골 지배를 받은 후에 등장한 러시아 제국이 그것이다. 동의 명·청 제국을 제외하면 대제국의 출현은 기존에는 볼 수 없었던 새로운 현상이었다.

네 개 제국의 출현은 각각 연관되는 부분이 다르지만, 직·간접으로 몽골 제국과 무관하지 않다. 한편 몽골 멸망 이후 세계의 흐름은 '육지에서 바다로', '지구의 세계화'를 향해 천천히, 그리고 크게 움직임을 시작하는 대전기를 맞고 있었다. 무엇이 그런 대전환을 가져오게 하였는가? 그것은 유라시아 전역을 거대한 교역 통상권으로 만든 몽골 시대 후반의 유산인지도 모른다. 특히 원조(元朝)에는 시대를 앞서가는 몽골의 제도들이 도입됐다. 은을 축으로 지폐 등을 교용(交用)하는 화폐 경제가 자리잡았으며, 통상로는 육지와 바다를 관통하며 확장됐다. 500톤급의 배까지 건조할 정도로 조선술이 발전하고 해양에 대한 지식과 시야가 넓고 깊어졌으며, 왜구가 민간 무역을 주도함으로써 해양 무역이 병행해서 발전했다.

그러나 동시에 몽골은 전 중국을 목초지로 바꾸려 했던 것처럼 당대(當代) 최고의 문명국을 제대로 대접할 줄 몰랐다. 인구도 적고 문화 수준도 열등한 몽골족으로서는 주도권 상실을 가져올 중국화의 길을 거부할 수밖에 없었을 것이다. 출세 길이 막힌 중국인들은 다른 방면에서 재능을 발휘했다.

그중의 하나가 희곡을 쓰는 일이었다. 역설적으로 중국 문학의 새로운 분야가 열렸으며, 무대 예술의 황금 시대가 시작된 것이다. 이 때문에 중국인들은 몽골이 다스린 90년을 암흑기로 생각했다. 몽골이 중국에 남긴 것은 결국 그 '반작용'이 더 크다 해도 과언이 아니다.

원나라 대부분의 땅을 인수한 명(明) 제국은 사실 쿠빌라이 시대 이후 싹터 성장해 가던 엄청난 전환적 요소들을 대부분 압살했다. 이것은 나중에 세계사에서 동양과 서양의 힘이 역전하고 서유럽이 동방과 세계를 침략하는 두 가지 결정적 전환을 빚는 동인이 됐다.

명 왕조는 '내부지향적'인 존재였다. 경제 운용과 통화 관리에 무지한 명 정권 하에서 은과 지폐 교용제가 제대로 작동될 리 없었다. 해금(海禁)과 감합무역(勘合貿易) 정책으로 일반 백성은 바다를 외면해야 했고, 무역은 국가가 정한 통상 단체에게만 한정되었다. 조선술과 해양 지식은 위축되고 왜구는 정권의 압살로 해도(海盜)로 변했다. 마치 중국 문화가 외부인에 의해 조금이라도 오염되는 것을 막으려 하는 것과 같은 명 왕조의 이런 풍조는 당대(唐代)의 세계주의적인 개방과는 뚜렷하게 구별된다.

쿠빌라이의 정신적 계승자인 성조(成祖) 영락제(永樂帝) 때 대규모 선단의 파견이나 후반기 서양 선교사들의 입국 등, 또 다른 일면이 보이기는 하였지만 명(明)이라는 왕조 이름과 달리 그 실태는 '암(暗)' 혹 제국이었다. 명 태조는 더 이상 영토를 확장하지 않으려 했다. 그는 중국 내지만을 고수하고 더 이상 발전해 나가지 않음으로써 불필요한 문제가 일어나는 것을 피하려 했다. 그의 유훈(遺訓)에도 영원히 침범하지 말아야 할 나라 열다섯을 들고 있는데, 그 속에 다행스럽게 조선도 포함되어 있었다. 또한 만리장성은 어느 때보다 더욱 거대하게 재건되었다.

명 제국에는 이전의 대원울루스의 중핵을 형성한 사람들의 절반 정도가 잔류했다고 한다. 그러나 몽골 지배가 중국 사회에 남긴 것이 진정 어떤 것인가는 원 왕조의 마지막 황제인 순제(順帝)의 최후의 모습에서 상징적으로 보인다. 그의 퇴장 모습은 중국 역사상 선례가 없는 것이었다. 사직을 따라 자결하지도 않았을 뿐만 아니라, 적에 의해 처형되거나 제 손으로 제위를 넘겨주지도 않았다. 궁문을 빠져나가 자기 조상들이 살던 북방 초원지대로 도주했던 것이다. 중국 역사에서 원이 가지는 위치를 이렇게 평가하는 것은 필자만의 독단일까?

— 박 한 제

모노마흐의 왕관

러시아의 국민 시인인 알렉산드르 푸쉬킨이 쓴 「보리스 고두노프」라는 희곡이 있다. 무소르그스키의 동명 오페라의 저본이 되기도 했던 이 작품은 16세기 말 러시아에서 짜르의 계승자로 지목되고 있던 아홉 살 난 드미트리 왕자의 살해를 사주하고, 정통성도 없으면서 지배자의 자리에 올랐다는 혐의를 받고 있는 보리스 고두노프의 고뇌와 몰락을 그린 역사물이다. 이 극에서 내우외환에 시달리며 개인적인 양심의 가책에도 짓눌리고 있는 고두노프는 "아아 그대는 참으로 무겁구나, 모노마흐의 왕관이여!"라고 탄식한다. 여기서 '모노마흐의 왕관'이란 16세기 중반부터 17세기 말까지 모스크바의 짜르들이 대관식 때 썼던 왕관인데, 12세기의 키예프 대공이었던 블라디미르 모노마흐의 유품이라고 오랫동안 이야기되어 왔으며, 짜르 권력의 상징 가운데 하나로 여겨져 오던 것이다.

15세기 말 몽골 지배를 극복한 이후, 러시아의 짜르들은 그들의 통치권의 근거를 비잔티움 황제권에서 찾고자 하였다. 그런데 선조였던 블라디미르 모노마흐는 강력한 통치자이기도 했지만, 바로 비잔티움 황제였던 콘

모노마흐의 왕관은 통치권의 상징이었지만, 때로는 무거운 짐이 되어 권력자를 내리누르기도 하였다. 러시아의 통치자들에게 절대권력의 그 엄청난 위력을 가르쳐 준 것은 비잔티움 황제들이 아니라 몽골 제국의 칸들이었다.

스탄티노스 9세 모노마코스 황제의 피를 이어받았기 때문에(그의 외손자였다고 한다) 러시아 군주들의 특별한 선망의 대상이 되었다. 따라서 통치자들의 주변에서는 그가 콘스탄티노스 모노마코스로부터 의관을 선물로 받았다는 이야기도 생겨났다. 짜르들은 이 의관을 착용하고 대관식을 올림으로써 비잔티움 황제권을 계승할 수 있다고 자부한 것이리라.

그러나 '모노마흐의 왕관'은 실제로는 콘스탄티노스 모노마코스 황제의 선물도 아니고, 12세기에 제작된 것도 아니라고 한다. 모스크바 크레믈 내 특별전시실에 소장되어 있는 이 관은 둥그스름한 형태로, 보석으로 장식되어 있고 꼭대기에 십자가가 붙어 있으며 아래쪽은 테두리 전체가 모피로 덮여 있다(십자가를 포함한 상단부 장식과 테두리 모피는 후대에 덧붙인 것이라고 한다).

이스탄불의 하기아 소피아 사원 벽화에 그려진, 그리스도에게 선물을 바치는 모습의 콘스탄티노스 모노마코스 황제는 전혀 다른 형태의 제관을 쓰고 있다. 오늘날 크레믈을 소개하는 공식 안내 책자는 '모노마흐의 왕관'이 동방에서 만들어진 것은 확실하지만, 비잔티움 제품인지, 몽골 제품인지, 아랍 제품인지에 대해서는 여전히 논란이 계속되고 있다고 적고 있다.

그러나 다수의 영향력 있는 학자들은 이 왕관이 비잔티움적-키예프 루시적 전통의 소산이 아니라 바로 몽골 제국 지배의 유산일 것이라고 말한다. 다시 말해 이 왕관은 13세기 말 혹은 14세기 초에 제작된 것으로, 당시 러시아를 지배하고 있던 킵차크한국의 칸인 우즈벡이 14세기 초에 모스크바의 통치자인 이반 1세(칼리타)에게 내린 선물일 것이라는 이야기다.

러시아인들이 몽골인들의 침입을 처음 받게 된 것은 1222~1223년, 서쪽으로 원정 가던 몽골 군대가 도중에 러시아 남부 지역을 휩쓸면서였다. 이때 몽골 군대는 유목민들이었던 폴로베츠(킵차크)인들과 러시아인들로 구성된 연합군을 칼카 강변에서 격파하고 서쪽으로 사라졌으나, 그 후 1237년에 다시 나타나 러시아 땅을 공격하기 시작하였다. 그동안 여러 공령으로 분열되어 내부적으로 상쟁하면서 역량을 소진하고 있었던 러시아인들은 압도적인 몽골 기마 군대의 무력 앞에 저항을 시도해 보았지만 속수무책이었다. 러시아 군대는 지배 계급 출신으로 구성된 소수의 기마 무인들과 농민들로부터 차출한 보병들로 이루어졌는데, 몽골군 특유의 압축 포위 작전에 대해서는 전혀 효과적인 대응을 할 수가 없었다. 랴잔을 시작으로 블라디미르 · 수즈달 · 모스크바 등 러시아 동북부의 도시들이 몽골군의 침입을 받고 짧게는 며칠 만에, 길게는 몇 주일 만에 모두 함락되었고 1240년에는 마침내 키예프도 함락되었다. 이른바 키예프 시대가 막을 내리고 1480년까지 계속되는 몽골—타타르 지배기가 시작된 것이다(러시아인들은 흔히 몽골인을 타타르인으로 통칭하였다).

러시아인들 자신도 키예프 시대 내내 평화로운 삶을 살기만 했던 것은 아니었고 키예프 루시의 무인들도 때로는 매우 무자비하였지만, 몽골 군대는 정복 전쟁 중 자신에게 저항하는 세력에게는 정말 잔인한 군대였다. 그들은 남녀노소를 막론하고 항복하지 않는 주민들은 몰살해 버렸다. 키예프 함락 당시 상황에 대해서도 당대인들은 키예프인들의 "피가 강물처럼 흘렀다"고 표현하고 있다.

당대 러시아인들은 사회과학적인 원인 분석에 익숙하지 않았던 탓도 있고, 몽골인들로 인한 피해가 너무나 엄청나 이를 인간적인 원인에 의해서는 설명할 수 없다고 생각한 탓도 있었겠지만, 러시아의 연대기 작가들은 몽골인들의 습격을 자신들의 죄 때문에 신이 징벌을 내린 것이라고 기록하였다. 외부 세력의 침입을 자신들의 부도덕과 타락에 대한 신의 징벌로 여기는 것은 멀리는 구약 시대 이스라엘 예언자들이나 알라릭의 로마 유린을 대하는 아우구스티누스로부터 좀더 아래로는 노르만인들의 침입을 접한 서유럽인들의 반응에 이르기까지 유대-기독교권에서 흔히 찾아볼 수 있는 현상이기는 하지만, 바람처럼 나타난 몽골 군대를 처음 대했을 때 러시아인들은 그야말로 세상의 종말을 맞이하는 심정에 빠졌던 것으로 보인다.

대제국을 수립한 칭기즈칸의 후예들이 광대한 제국의 분국을 나누어 맡아 통치한 것은 잘 알려진 사실인데, 러시아를 지배하게 된 것은 동남쪽 초원 지대에 자리한 킵차크한국이었다. 이 나라의 칸들은 러시아인 공 및 대공의 즉위에 대한 인준권을 가진 것은 물론이고 초기에는 러시아 땅에 직접 징세관(다루가: 이는 고려에 파견된 몽골인 다루가치와 같은 말이다)을 파견하여 몽골 군대에 복무할 병사들을 징집하고 세금을 거두어들였다.

그러나 러시아인들의 저항에 부딪친 후로는 다루가들은 물러나고, 징병제는 철폐되었으며, 러시아인 대공이 정해진 액수의 세금을 거두어 칸에게 바쳤다. 몽골인들은 러시아인들에게 종교의 자유를 보장하였고, 평화가 회복된 후에는 러시아인들과 몽골인들 사이에 활발한 교역도 이루어졌으므로 몽골인들의 지배 자체는 전체적으로 보면 그렇게 가혹한 것은 아니었다.

하지만 러시아인들에게 몽골-타타르의 지배는 기본적으로 극복해야 할 대상일 수밖에 없었다. 몽골인들에 대한 저항을 전개하기 시작한 것은 러시아의 공들이 아니라 바로 고난에 신음하던 민중이었다. 공들은 처음에는 마지못해 민중의 저항을 추인하는 정도였지만, 내부 분열로 인해 킵차크한국의 세력이 약해지기 시작하자 그들 스스로도 본격적인 저항에 나서게 되었다. 민중의 저항에 지배층이 합세했을 때 비로소 이 저항은 진정으로 위력을 발휘할 수 있었다. 모스크바 대공인 드미트리 돈스코이가 1380년 쿨리코보 평원 전투에서 타타르 군대를 격파한 것을 러시아인들이 민족적 대사건으로 기리고 있는 것은 그 때문이다.

그런데 모노마흐의 왕관이 우즈벡 칸의 선물이었다는 설을 받아들인다면, 그처럼 증오의 대상이었던 타타르 칸이 선사한 왕관을 그들 세력을 극복한 러시아의 짜르들이 대대로 대관식 때 사용했던 것을 어떻게 설명할 수 있을까? 왜 러시아의 군주들은 독립 후 새로운 왕관을 제작하거나, 키예프 시대 대공의 관을 사용하지 않았을까?

여기에서 우리가 생각할 수 있는 것은 러시아의 군주들은 몽골-타타르인들의 지배를 받는 동안 그들을 증오하면서도 그들이 세운 강력한 국가, 그들의 강력한 군주권을 몹시 부러워하였음에 틀림없다는 점이다. 분열되어 있었던 과거의 키예프 루시는 영토의 통일과 확대를 지향하고 있던 새 러시아 군주들에게는 더 이상 모범이 아니었다. 그리고 러시아인들에게 종교와 고급 문화를 전해 준 비잔티움 제국은 이념적으로 지향해야 할 곳이기는 하였으나, 13세기 이후에는 사실상 영락한 소국에 불과하였고, 더구나 1453년에는 결국 멸망하고 말았다. 이에 비해 몽골 제국 군주의 강력한 통치권은 러시아 군주들이 직접 경험할 수 있었고 제국의 행정 체계도 관찰할 수 있었다. 러시아 군주들이 타타르 군주가 내려준 관을 사용한 것은 자신들도 그들처럼 되기를 바랐기 때문일 것이다. 그러나 명분상 그것을 표방할 수는 없기 때문에 이 관이 비잔티움 황제의 선물이라는 이야기를 지어냈을 것이다.

주관적으로 보았을 때, 몽골 지배는 분명히 러시아인들의 자존심에 깊은 상처를 남겨 놓았다. 그러나 객관적으로 볼 때, 적어도 외적인 면에서 러시아는 원하건 원치 않건 몽골 제국으로부터 적어도 두 가지 강력한 유산을 물려받았다. 그 하나는 강력한 군주권의 형성이었고, 다른 하나는 유라시아 대륙을 포괄하는 통일 제국의 수립과 유지라는 과제였다. 이로써 러시아인들은 그들이 증오하고 극복하고자 하였던 몽골 제국을 어느 정도는 닮아 가게 되었던 것이다. '모노마흐의 왕관'은 이념적으로는 비잔티움의 정신성을 계승하고자 하면서도, 현실적으로는 몽골 제국의 대세력을 이어받고자 했던 러시아 군주들이 품고 있던 야심의 이율배반성을 잘 상징하고 있다.

— 한 정 숙

몽골 제국의 출현과 로마 교회의 대응

탐사팀이 로마에 도착한 것은 7월 21일이었다. 다빈치 공항에 바티칸 주재 대사관 직원이 마중나와 있었다. 김포 공항을 떠난 지가 보름이 지나서인지 무척 반가웠다. 몸이 피곤할 때는 사소한 익숙함도 큰 위안이 되는 법이다. 세 번째 찾는 로마는 어느덧 뜨내기 여행객에게도 낯설지만은 않은 친숙한 존재가 되어 있었다.

로마는 건설된 지 3천 년이 가까운 '영원의 도시'라고 하지만, 중세에는 고대의 광채를 상실하고 있었다. 제국의 수도가 콘스탄티노플로 옮겨진 뒤로 중세 초에 로마의 인구는 수천 명을 넘지 못했고 많은 유적들이 잡초에 휩싸였다. 8세기 이후 교황의 권위가 높아지면서 중요성을 되찾았지만 10~12세기에조차 인구가 1만 명을 넘지 못했다. 사라센이나 노르만으로부터 자주 침입을 받았고, 지방 세력들 간의 다툼은 유혈 사태를 빚곤 하였다. 이 시기 교황의 궁전은 로마 동쪽의 산 지오바니 대성당 옆에 있었고, 로마 서쪽에 있는 바티칸에는 당시에는 베드로의 순교를 기리는 바실리카 양식의 성당이 있었지만 쇠락하였다. 우리에게 익숙한 산 피에트로(성 베드로) 대성당을 비롯한 엄청난 규모의 건조물은 교황이 아비뇽에서 옮겨온 이후인 르네상스 시기에 만들어진 것들이다.

로마는 이번 탐사의 맨 서쪽에 위치한다. 우리가 로마를 유럽의 기착지로 택한 이유는 몽골 제국의 시기에 로마 교황이 유럽을 대표할 만한 자격을 지녔다고 판단했기 때문이다. 실제로 14세기 초에 라시드 앗 딘이 쓴 몽골 제국의 세계사인 『집사(集史)』의 「프랑크사」편은 로마 교황을 단연 유럽 최대의 권력자로, '프랑크 왕'인 루이 9세를 그 다음 가는 권력자로 그리고 있다. 서구 유일의 황제였던 신성로마제국 황제의 힘은 몽골인의 눈에는 보잘것없는 존재로 비쳐졌던 것이다.

하지만 칭기즈칸의 손자인 바투가 러시아를 점령하고 폴란드·독일 기사단의 연합군과 헝가리군을 연파하던 1240년 당시의 유럽은 분열되어 있었다. 13세기 초 인노켄티우스 3세(1198~1216)에 이르러 교황권은 모든 면에서 권력의 절정에 도달했지만, 새로이 황제위에 오른 프리드리히 2세(1215~1250)는 여러 면에서 걸출한 인물로서 교황의 가장 무서운 적이 되었다. 그는 당시로는 드물게 종교적 관용을 알았던 매우 근대적인 사고방식의 소유자로서 시칠리아에 절대군주제를 수립하고는 이를 바탕으로 정력적인 이탈리아 정책을 추진하였다. 교황 인노켄티우스 4세(1243~1254)가 '타타르족의 위험'에 대비하고 황제의 폐위를 결정하기 위하여 소집했던 공의회를 리옹에서 개최할 수밖에 없었던 것도 프리드리히의 영향력 때문이었다. 황제와 교황의 대립에서 교황이 승리를 거두고 호헨슈타우펜 가문이 종말을 고했지만, 교황의 '바빌론 유수'(1309~1376)가 보여 주듯이 최종적인 승자는 새로이 등장한 영방국가(領邦國家: 중세 유럽에서 국왕이 일정한 영역에서 적어도 이론적으로 단일한 지배권을 행사하던 나라)였다. 프랑스의 루이 9세는 이 세력을 대변하였다.

로마 시내를 관통하는 테베레 강가에서 바라본 '산 피에트로 대성당'.
4세기에 콘스탄티누스 황제가 대규모의 성당을 지었으나, 16세기 초에 교황이 허물고 새로 건축했다.
과도한 건축 비용이 종교개혁을 야기했지만, 르네상스 말기의 대표적인 건축물이다.

1237년 바투의 서방 원정군이 러시아에 나타났을 때, 이 소식은 유럽에 엄청난 충격을 주었다. 헝가리의 벨라 4세는 교황 그레고리우스 9세(1217~1241)에게 원군을 청했지만, 그가 바라는 유럽 연합군은 실현될 수 없었다. 당시 영국인 매튜 패리스의 『대연대기』는 유럽인들이 받았던 충격과 공포를 생생하게 전하고 있다. 기독교 세계에 행운이라면 서유럽이 유라시아의 극서에 위치하여 파국을 면할 수 있었다는 점이다. 하지만 몽골인들이 언제 다시 침입할지 알 수 없었고, 게다가 도대체 그들이 누구이고 어디에서 왔는지조차 알 수 없었다.

몽골 제국의 등장이 유럽에 악몽만을 가져다 준 것은 아니었다. 기독교 세계는 일단 몽골로부터 받은 충격에서 회복하자 그것에서 새로운 전망을 발견하였다. 로마 교회와 여러 군주들은 몽골족이 세계사 무대에 등장한 것을 아시아를 기독교로 귀의시키고, 특히 협공 작전에 의해 이슬람교와 투르크족을 괴멸시켜 성지를 회복할 수 있는 절호의 기회로 보았던 것이다.

이들의 기대는 두 가지 확신에 근거하였다. 하나는 역사적 사실로서 몽골인들이 실제 바그다드의 칼리프를 멸망시키고 500년에 걸친 압바스조를 무너뜨렸던 것이다. 적의 적은 동지라는 발상이다. 다른 하나는 이른바 '사제 요한(Prester John)의 전설'이다. 적인 이슬람의 뒤쪽 저 멀리 아득한 동방에 기독교도의 나라가 있는데, 그 우두머리인 요한이 페르시아의 수도를 함락하고 예루살렘을 향해 오고 있다는 것이었다. 기독교인들에게는 놀랍게도 몽골의 지배층이 종교적으로 퍽 관대하다는 점이 그들의 기대를 더욱 높였다.

이리하여 로마 교황은 몽골의 위협에 대처하고 성지를 탈환하기 위하여, 즉 적정을 살피고 아시아를 개종시키기 위하여 여러 차례 공의회를 소집하는 한편 사절단을 파견하였다. 종교심에 불타 올랐던 루이 9세도 몽골의 지원을 바라고 적어도 두 차례나 몽골의 칸에게 사람을 보냈다. 동방에 파견되었던 이들은 주로 13세기 초에 탄생한 두 탁발 교단인 프란체스코회와 도미니크회의 수사들로부터 충원되었다. 교황 인노켄티우스 4세의 공식 사절 카르피니(여행 기간 1245~1247), 루이 9세의 비공식 사절 기욤 드 루브룩(1253~1255), 중국에 파견되어 대도의 대주교가 된 몬테코르비노(여행 기간 1291~1294, 대주교 1307~1328), 또 다른 교황 사절 마리뇰리(1338~1342) 등은 프란체스코 수사였고, 인노켄티우스의 또 다른 공식 사절 아스켈리누스(1247~1248), 루이 9세의 공식 사절 롱쥐모(1249~1251) 등은 도미니크 수사였다. 두 수도회의 선교 지역이 각각 동유럽과 중동이었기 때문에 전자는 주로 흑해와 남부 러시아를 통해, 후자는 지중해와 이란을 통해 몽골과 중국에 이르렀다. 다만 몬테코르비노와 마리뇰리는 몽골 세계의 주도권 다툼으로 중앙아시아의 길이 막히자, 인도와 남지나해를 거치는 해상로를 이용하였다.

기독교 세계의 접촉 노력에 대해 몽골 역시 무감각하지 않았다. 비록 몽골이 이들 사절을 조공을 드리는 사신으로 보는 우월감을 갖고는 있었지만 이들에게 호감을 보였고, 심지어는 포교 활동을 지원하기도 했다. 게다가 몽골은 여러 차례 답방의 형식으로 교황과 군주들에게 사절을 보냈다. 그리하여 랍반 사우마(1287~1288)는 교황 니콜라스 4세, 프랑스의 필립 4세, 영국의 에드워드 1세 등을 만나고 마르코 폴로의 여행기에 걸맞은 일종의 『서방견문록』을 저술하기도 했다.

크게 보아 기독교 세계의 의도는 대부분 실현되지 못했다. 몽골 지배층은 기독교로 개종하지도 않았고, 몽골의 지원을 받아 성지를 탈환하기는 커녕 1291년에는 팔레스타인 지방의 마지막 거점인 아크레마저 상실하였다. 애초 여러 종교의 공존과 상생을 전혀 이해할 수 없었던 서방으로서는 개종 가능성을 과신하였으며, 이후 킵차크한국과 일한국의 지배층이 이슬람으로 개종함에 따라 성지 수복의 꿈은 결정적으로 사라졌다.

하지만 '몽골의 평화'는 동서 교류의 새로운 장을 열었다. 서구는 전설로만 접해 오던 동방을 직접 만나면서 인식의 지평을 크게 확대하였다. '사제 요한'을 아시아에서 발견하는 데 실패한 그들은 그가 아프리카의 에티오피아에 있을 것이라고 여기게 되었다. 14세기 중엽에 몽골 세계가 파편화하고 극서의 유럽과 극동의 중국이 이슬람이라는 중간 지대를 놓고 각기 '닫힌' 세계로 돌아선 뒤에도 동경과 공포의 대상으로서의 동방의 이미지는 살아남았다. 또한 몽골 시대는 갔어도 동방의 부(富)라는 매력은 여전히 유럽을 사로잡았다. 1492년 콜럼버스가 대서양을 건너 서방 항해에 올랐을 때, 그는 '지팡구(일본)'나 '인도'가 아니라 대칸인 쿠빌라이가 지배하는 동방의 대제국을 찾아 나섰던 것이다.

— 최 갑 수

유라시아를 잇는 교통망의 변화_ 13세기의 세계 체제

- 몽골 제국의 출현과 해상 교통
- 몽골의 역참제, 유라시아를 연결한 '점(點)'의 네트워크
- 공간의 확대와 연결
- 중세 유럽에서 지리적 지식과 지도

● 유 라 시 아 대 륙 (5장 참고 지도)

몽골 제국의 출현과 해상 교통

인류 역사상 최대의 영역을 자랑했던 몽골 제국의 출현으로 유라시아 대륙은 하나의 교역권 망 속에 들어가게 되었다. 두 대륙을 연결하는 육로나 해로가 이 시대에 와서 비로소 뚫린 것은 아니었지만, 두 세계 간의 거리는 크게 단축되었고, 왕래자도 크게 늘어났다.

몽골 제국의 역사는 1260년을 경계로 양분된다. 무적의 기마병을 통해 동쪽 한반도에서부터 서쪽 도나우 강 하구, 동지중해 연안에 이르기까지 그 영역을 넓혔던 시기를 전기로 본다면, 제위 계승 전쟁의 결과로 5대 몽골 대칸으로 등장한 쿠빌라이(世祖, 재위 1260~1294)와 그 이후의 시기는 새로운 시대였다. 쿠빌라이는 점차 독립 영역화 경향을 보이고 있던 서방의 3대 지역을 묶어 세계 연방을 구축해야 할 필요성을 느꼈다. 그는 경제와 유통을 통제함으로써 그의 명령에 일률적으로 움직이지 않는 몽골 제국 전체를 연결하려 했다. 즉 1260년을 기점으로 유라시아 세계는 군사적 확장 시대로부터 다극화되었지만, 안정화를 이룩한 몽골 제국을 축으로 서서히 경제를 중시하는 시대로 들어서게 된 것이다.

몽골 지배 근간의 하나인 역참제는 당초의 군사·정치 목적만의 특급 역전(驛傳)의 범위를 훨씬 넘어서 중국 내지와 유라시아 전역의 육상·수상·해상에 이르는 각종 편의를 제공하여 이제는 없어서는 안 될 경제·유통 수단이 되어 있었다. 게다가 그것은 초광역으로 네트워크화되어 있었다. 이 길을 통해 마르코 폴로가 중국을 찾았던 것이다. 쿠빌라이는 역참제를 중심으로 하는 육로만으로 만족하지 않았다.

쿠빌라이가 남송을 그 영역에 넣고 중국의 주인이 된 것은 두 가지 의미를 갖는다. 첫째 남중국, 즉 강남이 기존에 갖고 있던 거대한 유산의 획득이다. 야콥 단코나가 방문했던 13세기 중국의 무역 도시 '짜이툰〔刺桐: 泉州인 듯〕'은 불빛이 꺼지지 않는 '빛의 도시'였고, 마르코 폴로가 쿠빌라이 칸의 신하로 활약하면서 방문한 후 "하늘의 도시 킨사이〔行在〕"라 불렀던 항주(杭州)는 당시 인구 100만 명이 사는 꿈같이 화려한 도시였다. 당시 10만의 베네치아, 25만의 파리 인구에 비해 강남의 번영은 그 인구수만큼이나 차이가 컸다. 이런 경제력에 상당한 전력의 해상 함대, 그에 수반한 나침반, 조선술·항해술에 관한 지식 정보 모두가 바로 남송의 유산이었다. 그런데 이런 재산들은 대개 당대(唐代)에 이미 성취되었거나 그 단초가 열렸던 것들이다. 당대로부터 이런 재산들을 물려받았으면서도 수동적이고 민간 의존적이었던 남송 정부는 정부 스스로 솔선해서 해단(海團)을 조직하거나 스스로 교역으로 나가지는 않았다.

둘째, 남송을 수중에 넣고 나니 습윤 아시아의 열대해가 시야에 들어왔다. 능동적이고 정부 주도적이고 해양 지향적 경제관을 가진 쿠빌라이에겐 당연한 것이었다. 몽골 제국이라는 하나의 큰 순환 체계로 연결시키기 위해서는 유라시아를 꿰뚫는 해상 교통상의 거점과 진로 확보가 선결 과제였기 때문이다. 이 지역에 대한 군사적 행진은 크게 성공하지 않았다 할지라도 해상로는 확보되었다. 동쪽 천주(泉州)·광주(廣州)를 떠난 경덕진(景德鎭)의 도자기가 동남아시아의 팔렘방·브루네이, 인도 남단의 여러 항구를 거쳐 서쪽 페르시아 만에 임한 호르무즈에 도착했다. 그리고 북쪽 흑해 연안의 수다크, 지중해의 베네치아·제노바 등 항구 도시로 다시 운반되었다. 마르코 폴로가 돌아간 길도 바로 이 항로였다.

쿠빌라이는 몽골이 가진 초원의 군사력에다 유라시아 최대의 '중화 경제력'을 합체시키고 종래 몽골과 공생 관계에 있었던 무슬림 상업권을 전면적으로 활용하는 새로운 방식의 경제 지배를 구상하고 있었다. 쿠빌라이는 이 과정에서 뜻밖의 걸물을 얻게 되었다. 다름아닌 아랍계 내지 이란계로 여겨지는 포수경(蒲壽庚)이란 자로, 그는 남송 정부로부터 제거시박(制擧市舶)으로 임명되어 천주를 거점으로 무려 30년 동안 무역과 선박 관리 부분을 장악해 왔던 해양 상업의 전문가였다. 포수경이 그의 능력을 알아주는 쿠빌라이에게 헌신한 것은 당연했다.

포수경이 근무했던 시박사(市舶司)도 당 현종(玄宗) 때 만들어진 것이고, 당말 '황소(黃巢)의 난' 당시(879) 광주에서 학살된 이방인이 12만 명이었다는 사실은 당시 남중국이 이미 유라시아 해상로의 중심지 역할을 하고 있었다는 것을 의미한다. 또한 몽골 경제의 주된 담당자였던 이란계 무슬림과 위구르 상인 그룹도 당대 내륙 통상에서 활약한 소그드 상인의 전통과 혈맥을 계승한 사람들이었다. 그들은 '동료 조합'이란 뜻을 지닌 오르톡(Ortoq: 斡脫)이라는 기업 조직을 형성하고 있었다. 쿠빌라이는 이 무리의 사업 집단을 국가 경영에 끌어들였다. 그 결과 이들 무리가 가진 정치·문화·정보의 능력과 연줄이 유라시아 넓은 지역에서 유효하게 발휘되었다.

쿠빌라이의 경제 시스템에서 보여지는 하나의 특징은, 중앙 재정이 농업 생산물에 바탕을 둔 세수에 거의 의존하지 않고 전매와 통상의 상업

원의 수도 대도(현재의 북경)는 바다와 육지를 연결하는 터미널이었다.
대도 안에 항구를 가지고 있었는데, 이것이 바로 적수담이다.
이곳에서 운하를 통해 통주(通州)로, 다시 해항 직고(直沽 : 현재의 천진)를 통해
강남의 항구 도시로 연결되었다.
중국의 남북이 해로를 통해 연결되었던 것은 '통상 입국'의 자세를 띤 원대부터였다.

이윤으로 세입의 8~9할을 거두어들였다는 점이다. 중상주의적 재정 운영이라 할 수 있다. 당시 최대 수입원은 전매품이 된 소금의 교환권인 염인(鹽引)의 판매 대금이었다. 염인은 은화를 보조하는 화폐가 되었다.

수도 대도(大都)는 바다와 육지를 연결하는 터미널이었다. 대도는 현재의 북경과는 달리 도시 안에 항구를 안고 있었다. 지금은 북경 시민의 낚시터로 변한 적수담이 그것이다. 수로는 적수담에서 운하를 통해 통주(通州)로, 다시 해항 직고(直沽:天津)로 연결되었다. 남송의 수도 항주를 비롯하여 영파(寧波)·복주(福州)·천주(泉州)·광주(廣州)등의 항만 도시로부터 동남아시아 인도양까지 무역선이 항해했다. 중국의 남북이 해로를 통해 연결되었던 것은 몽골 시대부터이다. 이런 남북 항로의 개설 때문에 상해(上海)가 비로소 역사에 그 모습을 드러내게 되었다. 내가 방문할 때마다 달라지는 스카이라인에 놀라움을 금치 못했던, 아니 김정일이 "천지개벽"이라 놀라워했던 상해도 몽골 제국이 아니었다면 아예 탄생하지 않았을지도 모른다.

'통상 입국'의 자세를 띤 몽골의 해양 진출이 중국에 남긴 영향은, 기간은 짧았지만 그 정도는 매우 컸다. 명의 성조 영락제는, 아버지가 정한 남경(南京)에서 북경으로 수도를 바꾼 업적이 상징하듯이, 태조 주원장의 충실한 후계자가 아니라 원 세조 쿠빌라이의 재현이었다. 그는 여러 차례 스스로 몽골 사막을 넘어 북방 민족과 싸운 유일한 한족 출신 중국 천자였다. 남방으로 베트남을 정복했고, 남아시아의 여러 나라를 초무하기 위해 정화를 지휘관으로 하는 대함대를 파견하여 아프리카 동쪽 해안까지 진출했다. 그는 마치 몽골 대제국의 재건을 꿈꾸었던 것처럼 보였다.

— 박 한 제

몽골의 역참제,
유라시아를 연결한 '점(點)'의 네트워크

몽골의 수도 울란바토르의 시외버스 터미널에서 매우 흥미로운 장면을 하나 목격했다. 어떤 사람이 손에는 전화기를 들고 모자에는 무엇이라고 써 붙인 채 터미널 주위를 돌아다니고 있었다. 우리 일행은 그가 무엇 때문에 그러고 있는지 몰랐다. 그런데 갑자기 어떤 여자가 그에게 다가가더니 수화기를 들고는 전화를 하는 것이 아닌가. 통화를 마친 뒤 그녀는 그에게 돈을 지불하고 유유히 제 갈 길을 가는 것이었다. 우리 일행은 서로 얼굴을 쳐다보며 일제히 소리질렀다. "공중전화!"

그렇다. 그것은 '이동식 공중전화', 아니 몽골인다운 '유목적 공중전화'였던 것이다. 통신 발달이 지체되어 거리 곳곳에 공중전화가 있는 것도 아니요, 그렇다고 모두 휴대폰을 살 만한 처지도 아니니 충분히 이해가 갔다. 그리고 보면 텐트에서 살며 이동 생활을 하는 몽골인들이 우리처럼 집에 전화기를 설치하기도 어려울 테니 앞으로 휴대폰이 보편화되면 얼마나 편리해질까. 더구나 평평한 초원의 연속이니 기지국 몇 개만 세워도 엄청나게 넓은 지역을 커버할 수 있지 않겠는가. 말을 타고 달리며 휴대폰으로 다른 곳에서 유목하는 가족에게 전화하는 몽골인. 생각만 해도 신이 난다.

이처럼 몽골 초원과 같은 특수한 지리적 조건 아래에서는 농경민이 도저히 상상하기 어려운 상황들이 생겨난다. 그중의 하나가 '길'이다. 울란바토르와 같은 큰 도시, 혹은 이들 도시를 연결하는 간선 도로들을 제외하고는, 우리가 생각하듯이 특별히 정비된 길이라는 것이 있을 수 없다. 대체로 차나 사람들이 많이 다니는 길이 있는 것은 사실이지만, 반드시 그 길이 아니더라도 다른 길로도 얼마든지 갈 수 있다. 우리와 다른 초원의 특수성이다. 차가 아니라 말을 타고 다니던 과거에는 더 그러했을 것이다.

몽골인들에게 '길'의 개념이 희박하다는 것은 주소를 통해서도 잘 드러난다. 우리가 이동식 텐트에 사는 어떤 몽골인 친구에게 편지를 쓴다고 가정해 보자. 편지 겉봉에 무엇이라고 주소를 쓸 것인가. 어느 지점에 붙박이로 있는 것도 아니니 도로의 이름이나 번지수를 댈 수도 없는 노릇이 아닌가. 나는 이 문제가 궁금해서 한번은 몽골 학자에게 물어 본 적이 있었는데, 그의 대답은 "××군 ××면 아무개"라고 쓰면 들어간다는 것이다.

교통은 길을 전제로 한다. 도로망이 없는 교통은 생각하기 어렵다. "모든 길은 로마로 통한다"는 유명한 말도 있지만, 이는 사실 로마 제국의 도로망이 얼마나 잘 정비되어 있었는가를 말해 주는 것이다. 고대 페르시아 제국은 지중해에서 수도까지 연결하는 '제왕의 길'을 건설하기도 했다. 동서고금을 막론하고 거대한 영역을 통치한 제국들이 도로망을 정비했던 것은 널리 알려진 사실이다. 그렇다면 몽골 제국도 이 점에서 예외일 수는 없었을 것이다.

그러나 몽골인들은 고정된 '길'이라는 개념이 희박했던 유목민이었다. 과연 이들이 유라시아 대륙을 정복하고 역사상 전무후무한 대제국을 건설했을 때 제국의 각 부분을 어떻게 연결했을까. 초원 깊숙한 곳에 위치한 제국의 수도로부터 북경까지는 1500km, 타슈켄트까지는 3천km, 바그다드나 모스크바까지는 5천km나 떨어져 있었다. 훗날 수도는 현재의 북경 부근, 즉 제국의 동쪽 끝으로 옮겨졌으니 다른 지역과의 교통은 더욱 힘들어진 셈이다. 당시의 기록에 따르면 제국의 동쪽 끝에서 서쪽 끝까지 가는 데 말을 타고 아무리 빨리 달려도 최소한 200일 정도 걸렸다고 한다.

그럼에도 불구하고 당시 몽골인들이 열심히 도로를 건설했다는 기록을 찾아보기는 어렵다. 물론 기존의 도로를 정비하고 보수한 흔적은 있지만 단편적인 것에 불과했다. 예를 들어 도로 주변에 가로수를 심는다든가 도적떼의 출몰을 막는다든가 하는 것이지, 제국의 역량을 기울여 체계적인 도로망을 건설했다는 기록은 없다.

이 점에서 흥미로운 사실은 제국의 교통을 위해 그들이 건설했던 것이 도로가 아니라 역참이었다는 사실이다. 칭기즈칸의 뒤를 이어 2대 군주가 된 우구데이는 자신의 3대 치적 가운데 하나로 역참제의 확립을 꼽을 정도였다. 엄청나게 확대된 제국의 각 지점에서 자신의 수도가 있는 카라코룸까지 신속하게 교통이 가능할 수 있도록 중요한 노선을 따라 일정한 간격으로 역참을 배치한 것이다. 이 역참을 몽골어로는 '잠(jam)'이라고 불렀는데, 여기에는 간단한 숙박 시설, 수레나 말, 필요한 식량 등이 준비되어 있었고, '잠치(jamchi)'라 불리는 관리인이 운영했다. 그렇다고 해서 요즈음의 여관처럼 아무나 돈을 내면 사용할 수 있는 것은 아니었다. 국가의 공무로 여행하는 전령이나 관리 혹은 외국의 사신들에게만 사용이 허가되었고, 이들은 반드시 패자(牌子)라는 증명서를 보여 주어야만 했다.

몽골인들은 중국과 중동 그리고 러시아를 정복한 뒤 이들 지역에 대해서도 역참제를 광범위하게 확대해 나갔다. 현재 몽골 제국 전역에 얼마나 많은 수의 역참이 설치되어 있었는지를 알려주는 자료는 없다. 다만 중

"영원한 하늘의 힘에 기대어. 이를 두려워하라!"는 내용의 글귀가 새겨진 이 패자는 몽골 군주가 파견한 사신이나 고관들이 차고 다니던 일종의 공식 통행증이었다. 그들의 지위에 따라 패자의 종류도 다양했고, 역참에서의 대우나 지급 물품에도 차이가 있었다.

국 안에 두어진 숫자를 보여 주는 통계는 남아 있는데, 이에 따르면 역참의 숫자가 1519개소에 이르렀고 그곳에 비치된 말과 노새가 5만 마리, 소가 9천 마리, 수레가 4천 량, 배가 6천 척을 헤아렸다고 한다. 오늘날 중국에서는 정거장을 '짠'이라 부르고 한자로는 '站(참)'이라고 표기하는데, 실제로 이 말은 바로 몽골어 '잠'에서 기원한 것으로 원대에 이처럼 많은 '잠'이 두어졌기 때문에 중국어로 차입되게 된 것이다.

몽골 제국의 역참제는 동방을 방문했던 유럽인들에게도 깊은 인상을 남겼던 것 같다. 13세기 후반 몽골 지배 하의 중국을 방문했던 마르코 폴로는 이를 '얌(iamb)'이라고 부르면서 도로를 따라 25마일이나 30마일에 하나씩 설치된 "매우 크고 멋있는 숙사"는 물론, "도로에서 벗어나 집도 숙박소도 찾아볼 수 없는" 즉 초원이나 사막에도 "마찬가지로 숙사와 말과 마구 등 모든 물건들"이 갖추어져 있는 '잠'이 배치되어 있었다고 적고 있다. 마르코 폴로와 거의 같은 시기에 몽골의 대칸을 찾아갔던 교황의 사신들은 실제로 이 '잠'을 이용하여 신속하게 여행할 수 있었고, 이것이 얼마나 효율적으로 운영되고 있었는지에 대해 한입으로 증언하고 있다.

몽골인들이 만들어 낸 이러한 역참 제도가 표면상으로는 다른 제국들이 실시했던 역참 제도와 유사해 보일지도 모른다. 사실 중국에서는 이미 오래전부터 역참제를 실시했고 패부(牌符)를 발행했다. 그러나 몽골 제국의 역참제와 다른 중국 왕조의 역참제는 근본적인 차이가 있다. 후자의 경우 기본적으로 도로를 전제로 성립한 것이고 역참은 도로망의 효율적인 이용을 위해 고안된 것에 불과한 반면, 전자의 경우는 원래 도로가 존재하지 않는 초원에서 처음 도입된 것이기 때문에 도로는 이차적인 중요성밖에 지니지 않는다.

그런 점에서 다른 국가의 역참제가 도로를 근간으로 한 '선(線)'의 네트워크였다면, 몽골 제국의 역참제는 도로가 존재하는 농경 지역은 물론 도로가 존재하지 않는 사막과 초원까지도 포함하는 '점(點)'의 네트워크였던 것이다. 몽골인들이 만들어 낸 이 체제는 상황의 변화에 적응할 수 있는 유연성을 지니고 있었다. 예를 들어 어느 지역에 전쟁이 벌어졌을 경우 그곳을 피해 우회하는 곳에 역참들을 배치함으로써 새로운 교통망을 구축할 수 있었던 것이다. 이처럼 몽골인들은 자신의 독특한 유목적 환경에서 생겨난 역참제를 통해 거대한 제국을 연결하는 교통망을 확립할 수 있었다.

이런 점에서 이 제도는 오늘날 우리들에게도 시사하는 바가 적지 않다. 21세기의 기술과 정보 혁명을 주도하는 인터넷과 이동통신이야말로 '점'의 네트워크의 현대적 구현이기 때문이다. 어떻게 보면 우리는 말과 활이 아니라 휴대폰과 노트북으로 무장한 현대적 유목민이 아닐까?

_ 김 호 동

공간의 확대와 연결

"초원은 넓고 넓어 / 길은 아득히 먼데 / 이 깊은 초원에서 / 마부는 죽어 갔네"(러시아 민요, 「초원은 넓고 넓어」 중). 러시아 민요에서 병사와 더불어 가장 자주 등장하는 인물 가운데 하나가 아마도 마부일 것이다. 때로는 무작정 어디론가 달려가야 하는 실연한 젊은이의 하소연을 들어 주는 상대로, 때로는 트로이카를 몰고 와서 편지를 전해 주는 반가운 우편배달부로, 또 때로는 눈보라치는 초원에서 죽어 가며 가족에게 안부를 전해 달라고 애절하게 부탁하는 인물로 그려지는 마부……. 먼 거리를 이어 주는 가장 중요한 교통수단인 마차를 모는 마부는 러시아인들의 일상에서 빼놓을 수 없는 존재였고, 그만큼 삶의 애환이 마부를 통해 잘 드러났다고 할 수 있다.

　우리가 러시아를 생각할 때 체제 문제를 떠나서 가장 먼저 머리에 떠올리는 것이 광대한 영토일 것이다. 드넓은 러시아 땅은 주로 숲과 초원, 그리고 그 점이(漸移) 지대로 이루어져 있다. 그런데 이 초원도, 마부라는 존재도 우리에게 다시 몽골 지배기를 떠올리게 한다. 왜냐하면 러시아가 유라시아 초원의 상당 부분을 차지하게 된 것은 몽골 제국의 지배를 극복한 후 역으로 그들의 영토를 정복하는 과정에서였고, 러시아어로 마부를 뜻하는 '얌쉭(yamshchik)'은 몽골 제국의 교통 체제였던 '잠', 곧 역참의 러시아어형인 '얌(yam)'에서 나온 말이기 때문이다. 얌쉭은 철도와 자동차의 이용이 대중화되기 전까지 초원을 포함한 광대한 공간을 이어 주는 필요불가결한 존재였다.

러시아인들은 선사 시대부터 초원 지대 유목 민족들과의 전쟁과 교류를 운명처럼 여기며 살아왔다. 러시아 문학사에서 최고의 보물 가운데 하나인 서사시 「이고리 원정기」는 바로 키예프 시대 남부의 공령인 노브고로드 세베르스크의 통치자 이고리 공이 1185년에 동남쪽의 유목 민족인 폴로베츠(킵차크 혹은 쿠만)인들에 대한 원정에 나서서 포로가 되었다가 탈출해 나온 역사적 사실을 소재로 한 것이다.

그러나 동쪽 지역에 대한 러시아인들의 인문지리학적 지식은 볼가 강 동북쪽의 유목 민족인 불가르인들의 거주 지역까지로 국한되어 있었다. 더 동쪽의 세계에 대해서는 아무것도 몰랐다. 그렇기 때문에 몽골인들이 도래했을 때 연대기 기록자들은 "우리는 이들이 누구인지, 어디서 왔는지 모른다"는 말을 몇 번이고 숨가쁘게 되풀이했던 것이다.

몽골인들은 과거에 러시아인들이 상대했던 유목민들과 달랐다. 이전의 유목민들은 국경을 자주 침범하기는 하였으나 러시아 영토를 지배한 적은 없었으며, 정치 체제에 영향을 미친 적도 없었다. 정착 농경 민족에 대한 그들의 무력 행사는 정복과 지배가 아니라 약탈을 목적으로 했기 때문이다. 세력 관계에서 어느 한쪽이 우세하고 다른 한쪽이 일방적으로 열세에 몰리는 일도 없었다.

이에 반해 몽골인들은 지배자로 군림하면서 러시아 정치에 깊이 간여하였다. 또한 그들은 러시아인들에게 그때까지 전혀 모르던 세계에 대한

광활한 땅에서 살기 때문일까.
러시아인들의 공간 감각은 확실히 우리의 그것과는 다르다.
기차로 대여섯 시간 걸리는 거리도 그들에게는 '가까운 곳'이다.
그들은 이 광활한 공간을 연결하기 위해
몽골인들에게서 배운 역참제를 활용하였다.

인식을 일깨워 주었다. 러시아의 통치자들은 이제 칸에게서 공의 지위를 인정받기 위해 킵차크한국의 수도까지 다녀와야 했고, 심지어 어떤 이들은 카라코룸까지 가서 대칸을 알현해야 했다. 세계가 얼마나 넓은지 러시아인들이 처음으로 인식하는 순간이었다.

킵차크한국의 수도 사라이는 처음에는 오늘날의 아스트라한, 곧 볼가 강이 카스피 해로 흘러들어가는 입구에 있었으나 나중에는 약간 더 북쪽, 오늘날의 볼고그라드 맞은편으로 옮겨졌다. 이 새로운 사라이는 정착민들의 도시처럼 건설된 것이었다. 이곳으로의 여행만도 먼 길이었는데, 몇 개월씩 걸리는 카라코룸까지의 왕래는 더 고된 일이 아닐 수 없었다. 그때까지 그 같은 장거리 육로 여행에 익숙하지 않았던 러시아인들은 여독에 지쳐 도중에 사망하기도 했다. 13세기 중엽 블라디미르의 대공이었던 야로슬라프와 그의 아들 알렉산드르 넵스키는 모두 대칸을 만나러 차례로 카라코룸까지 가야만 했는데, 야로슬라프는 카라코룸에서 병사했고(독살당했다는 설도 있다) 알렉산드르 넵스키는 사라이에 갔다가 귀환하는 도중에 사망하였다.

지배자들뿐 아니라 러시아의 일반 백성도 몽골 제국의 영내로 흘러 들어갔다. 러시아인들은 병사로서 몽골 군대에 복무했고, 정교회 선교사, 상인들이 사라이를 드나들었으며, 금은 세공사를 비롯한 수공업자들이 카라코룸·북경까지 끌려가 정착했다. 북경에 살던 러시아인들 가운데 누군가는 어느 거리에선가 그곳에 끌려간 고려인들과 마주쳤을지도 모른다.

기마 민족인 몽골인들이 광대한 공간을 잇는 교통수단으로 발전시킨 역참제는 러시아인의 삶에도 큰 영향을 미쳤다. 물론 그 전에도 말이나 마차가 사용되지 않았던 것은 아니다. 그러나 원래 러시아인들에게 공간을 잇는 교통망으로 중요했던 것은 수로였다. 스칸디나비아 반도에서 콘스탄티노플까지 남북으로 이어지는 교역로도, 발트 해 연안 지역과 노브고로드 ~러시아 동북부~볼가 불가르인 거주지를 동서로 잇는 모피 무역로도 바다와 강 그리고 호수를 연결하는 길이었다. 육로 교통은 강과 강 사이를 이어 주는 짤막한 막간에 지나지 않았다. 수로가 훨씬 빠르고 값도 더 쌌기 때문이다.

몽골의 지배를 받게 되었다고 해서 러시아에 곧바로 역참제가 도입된 것은 아니다. 몽골인들은 러시아에 무엇인가를 건설하면서 통치의 가시적인 흔적을 남겨 놓은 지배자들은 아니었다. 러시아인들은 몽골 지배자들에게 '얌'이라는 명칭의 세금을 내기는 했지만, 이는 제국 내 다른 지역에 만들어 놓은 역참제를 유지하기 위한 비용이었을 뿐이라고 보는 연구자도 있다. 몽골 지배기에 러시아 자체 내에서는 광대한 공간을 연결하는 수단으로서의 역참제의 효율성은 숙지되었으나, 이처럼 거대한 '교통 혁명'을 주도할 만큼 재정 능력을 갖춘 권력이 아직 존재하지는 않았다.

정작 러시아에 본격적으로 역참제가 도입된 것은 몽골 지배를 극복한 직후의 일이었다고 한다. 대내외적으로 러시아의 명실상부한 독립적 통일 군주가 된 모스크바 대공 이반 3세는 몽골 지배 종식을 선언한 1480년 무렵부터 역참을 건설하기 시작했다. 노브고로드처럼 중앙정부에 반항적인 지역과 모스크바를 잇는 구간에 먼저 역참제가 도입되었다. 16세기 초 러시아를 방문한 오스트리아 귀족 폰 헤르베르슈타인은 약 640km 거리에 이르는 노브고로드~모스크바 사이를 72시간 만에 여행하고 나서(하루 평균 214km 속도), 이는 놀라운 일이라고 러시아 역참제의 효율성을 찬양하는 글을 남겼다.

몽골 제국의 영향을 받은 지역에서 역참제의 기본 원리는 동일했다. 국가의 역참 이용 허가증을 지닌 공무 담당자가 곳곳의 역참에서 말을 바꾸어 타고 갈 수 있었는데, 역참지기는 그에게 숙식을 제공하고 새로운 말을 공급할 의무가 있었다. 국가의 공문서를 전달하는 파발꾼·관리·군주의 사신들이 역참제의 가장 중요한 이용자들이었다. 러시아의 역참제는 곧 신속히 확대되어 나갔다. 러시아가 킵차크한국의 옛 영토를 차지하고, 나아가 시베리아까지 정복한 후에는 새로운 영토에도 속속 역참이 설치되었다. 이제 수로는 역참이 없거나 육로 교통이 지나치게 비효율적인 지역에서나 이용되기에 이르렀다. 얌쉭이란 말은 역참제에서 비롯되었지만, 역참과 무관하게 사적으로 말을 모는 마부도 모두 이 이름으로 불리게 되었다. 우리 일행은 수즈달에서 야로슬라블로 가던 길에서 '가브릴로프 얌'이라고 쓰인 이정표를 발견하였다. 혹시 가브릴이라는 역참지기가 일하던 얌을 의미하는 것은 아닐까 하여 일부러 그 마을로 차를 몰아갔으나, 우리 물음에 현지 주민들은 그렇지 않을 것이라고 대답했다. 하지만 그들의 대답에는 왠지 확신이 없어 보였다. 하긴 교통수단으로서 마차가 무의미해진 오늘날 그들에게는 얌이라는 역사적 제도 자체가 관심의 대상이 아닐 수도 있다.

그러나 러시아인들은 "평원 위로 쓸쓸한 노랫소리 울리며 먼 길을 가는 얌쉭"(러시아 민요, 「방울소리는 단조롭게 울리고」 중)에 관한 민요를 부를 때, 그 옛날 몽골인들이 자기네 선조들에게 이 세계는 이렇게도 광대하다는 것과 이를 연결하는 효율적인 방법이 있다는 것을 가르쳐 주었다는 사실을 무의식적으로 되살려 내고 있는지도 모른다.

___ 한 정 숙

중세 유럽에서 지리적 지식과 지도

1375년의 일이다. 중국에서 원나라가 망하고 유라시아 대륙에서 '몽골인의 평화'가 사라지고, 유럽에서는 중세 말의 위기가 나타나고 영국과 프랑스 사이에 '백년전쟁'(1337~1453)이 벌어지던 때였다. 이 당시 프랑스 왕은 샤를 5세(재위 1364~1380)였다. 몸이 쇠약한 그는 기사로서 이렇다 할 신체적 자질을 갖추진 못했지만 '현명왕'이라는 이름에 걸맞게 사려 깊은 인물로서 백년전쟁 초기의 패배를 만회하고 격렬한 내전을 극복하여 일시적으로 프랑스 군주제의 위신을 회복하였다. 음악과 독서 애호가였던 그는 이때, 이베리아 반도에 위치한 아라곤의 국왕 페드로 4세(1336~1387)에게 지도 제작을 의뢰했다. 당시 카탈루냐의 지도 제작술은 절정에 있어서, 페드로는 그 일을 최고의 지도 제작자로 이름 높았던 유태인 아브라함 크레스크에게 맡겼다. 이렇게 해서 탄생한 '카탈루냐 지도'는 남아 있는 중세 지도 가운데 가장 광범위한 지리적 지식을 담고 있는 것으로 평판이 높다.

현재 이 지도는 파리에 있는 프랑스 '국립도서관'에 보관되어 있다. 샤를 5세가 문예의 후원자답게 '왕립도서관'을 만들어 지도를 보관한 것이 현재에까지 이르고 있는 것이다. 카탈루냐 지도는 모두 12쪽으로 되어 있다. 앞부분의 4쪽은 달력·태양·달·별자리·황도의 경로 등 천문학에 관한 정보를 담고 있고, 나머지 8쪽이 '세계 지도(Mappamundi)'다. 한쪽의 크기가 69×49cm이니 지도만도 69cm×3.9m에 이르는 거작이다. 지도 가운데 앞부분의 4쪽은 지중해를 중심으로 하여 유럽과 소아시아 반도, 지중해 연안의 중동과 아프리카 지역을 꽤 자세하고 정확하게 보여 준다. 나머지 4쪽은 중동에서 중국·인도에 이르는 지역을 보여 주며, 동쪽 끝에 '카올리(Kao-li)'를 표기하여 고려의 존재를 알려주지만 일본을 말하는 '지팡구(Zipangu)'는 언급하고 있지 않다. 유럽이 14세기 말에 카올리나마 알게 되었다는 사실은 몽골 제국을 통한 지리 지식의 확대를 입증해 준다.

이 지도는 여러 가지 특징을 갖고 있다. 우선 눈에 띄는 것은 요즈음의 지도와 달리 일종의 회화와 같은 느낌을 준다는 점이다. 무엇보다도 채색이 호화롭다. 바다가 푸른 줄무늬, '홍해'가 붉은색, 강이 진한 청색의 톱니 자국, 산맥은 황색 바위산, 큰 도시는 성곽, 그 밖의 도시는 점으로 표시되어 있으며, 바탕은 옅은 황금색이다. 각 지역에는 지배자들의 형상이나 문장(紋章)이 그려져 있으며, 여백은 많은 글귀로 채워져 있다.

다음으로 아시아가 '세계'의 절반을 차지하고 나머지 절반은 지중해를 경계로 유럽과 아프리카로 나뉘어져 있다. 하지만 전체적으로 유럽 중심적이다. 유럽이 유라시아 대륙의 작은 부분임에도 불구하고 '전세계'의 4분의 1에 달하고, 지중해의 윤곽은 실제에 가깝고 사실적인 반면에 나머지 지역은 추상적이고 동쪽 끝은 아예 둥그렇게 처리되어 있다. 뿐만 아니라 기본적으로 기독교적이어서 많은 신화와 설화를 전해 준다. 예루살렘이 세계의 중심적 위치를 차지하며, 북동쪽 끝에는 '낙원'이, 사탄에 미혹되어 하늘 나라에 대항하는 '곡과 마곡'은 낙원 위쪽에 자리하고 있고, 많은 기독

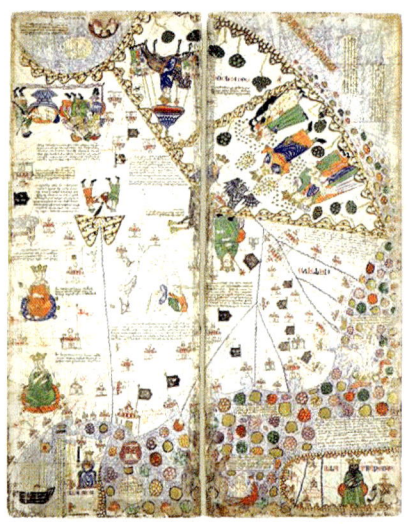

프랑스의 샤를 5세가 1375년에 아라곤의 국왕 페드로 4세에게 부탁하여 만든 '카탈루냐 지도'.
당대 최고의 지도 제작가인 유태인 아브라함 크레스크의 작품이다.
유럽 중심의 '세계 지도'이지만 차라리 '세계에 관한 형상'이라고 하는 것이 더 정확한 표현이다.

교 왕들이 인도나 그 밖의 지역에 있는 것으로 묘사되어 있다.

또 다른 특징은 지도 전면에 '항정선(航程線)'이 정교하게 그어져 있다는 점이다. 주요 도시나 섬을 중심으로 방사선이 교차하고 있으며, 바다나 육지의 항로에는 배나 낙타, 나귀의 행렬이 사실적으로 그려져 있다.

어떻게 해서 크레스크는 이런 지도를 만들 수 있었을까? 그는 결코 진공 상태에서 일한 것은 아니었다. 중세 유럽에는 크게 지도 제작의 네 가지 전통이 있었다. 많이 남아 있는 순서대로 꼽자면 '세계 지도', 해도, 지방도, 천문도 등이다. 이 네 가지는 뚜렷하게 구분되는데, 14세기에 와서야 서로 영향을 주고받았다.

오늘날 지도는 정확한 방위와 위치를 알려주는 용도로 쓰인다. 즉 정확한 지리적 정보야말로 좋은 지도의 요체다. 하지만 과거에는 하늘 지도인 천문도를 제외하고, 세 범주 가운데 해도만이 이러한 의미의 지도였다. 해도가 선원들의 경험에 입각해서 실제 항해를 위해 제작되었기 때문이다. 카탈루냐 지도가 비교적 정확하게 지중해를 표기한 것도 이런 해도 전통의 영향을 받았기 때문이다. 하지만 나침반 사용을 입증하는 '항정선' 말고는 '투사법'이나 프톨레마이오스 지도에 보이는 좌표대와 같은 높은 수준의 지도 제작술은 15세기에 들어와서야 사용되기 시작했으며, 게다가 일반화된 것은 16세기의 일이었다.

'세계 지도'와 지방도는 정확한 정보를 제공하기 위한 것이 아니었다. 전자는 기독교의 세계관을 보여 주기 위한 것으로 기본적으로 도덕적이고 교훈적이었다. 따라서 '세계 지도'는 '세계에 관한 형상'이라고 할 수 있다. 중세 대부분의 시기에 그것은 흔히 T-O 지도로 알려진 일종의 도해였다. 이것은 여러 변종을 갖지만, 기본적으로 원형의 세계가 반구 모양의 아시아와, 지중해를 경계로 하는 유럽과 아프리카의 반구를 구성하고, 그 밖을 바다가 둘러싸며, 돈 강과 나일 강이 아시아와 유럽, 아시아와 아프리카를 나누고 있다. 고대에는 단순히 지리적 명칭에 불과했던 이 세 대륙에 기독교는 노아의 세 아들인 셈, 햄, 야벳의 이름을 덧붙여 가치와 계서제를 부과했다. 뿐만 아니라 기독교 세계사의 3대 사건인 세계의 창조, 예수에 의한 구원, 최후의 심판이 상징 체계를 통해 '세계 지도'에 각인되었다. 세계 자체가 예수의 육신이 아니던가! 중세 말이 가까워지면서 '세계 지도'는 훨씬 풍부한 내용을 갖게 되는데, 카탈루냐 지도는 그 점을 웅변하고 있다.

이에 비해 지방도는 대개 주요 건축물, 예컨대 대성당 같은 것을 과장해 그림으로써 특정 도시나 지역의 정체성을 확인하기 위한 조감도였다. 중세에 만들어진 지도가 보편 종교인 기독교에 걸맞게 '세계' 전체를 다루거나 실생활의 공간인 국부적인 지역에 국한했음은 서양 중세의 이중적인 구조, 즉 보편 세계의 이념과 폐쇄적인 생활 공간이 교착하였던 결과다. 아직 거기에는 영방국가 규모의 지리적 경계와 공간이 들어설 여지가 없었다. 그러기에 지도는 사실적일 필요가 없었다. '세계 지도'가 통제할 수 없는 이승의 우주를 표상하는 것이었다면, 지방도는 친숙한 세계의 징표였던 것이다.

하지만 카탈루냐 지도는 '세계 지도'의 전통과 해도의 사실성을 결합함으로써 르네상스를 예고하였다. 사하라 사막을 '황금의 강'이 관통하고 있고 동남아시아에 '반인반조(半人半鳥)'의 인어가 살고 있다는 전통적인 설화에 얽매여 있기는 했지만, 전체적으로 카르피니, 루브룩, 마르크 폴로와 같은 13~14세기의 여행기를 반영하여 특히 아시아의 지리적 표상을 크게 변모시켰다. '몽골의 평화'로 말미암은 유라시아 교역권의 등장 자체가 이미 새로운 세계로의 이행을 보여 주고 있었던 것이다. 아직 그것은 문화적으로 세련된 지배층의 심미안을 만족시켜 주는 것으로 그쳤지만, 아시아라는 것을 인식함으로써 유럽은 스스로를 아시아와 대별되는 기독교 세계 그 자체와 동일시했고 이로써 새로운 문화적 도약을 준비하고 있었다는 사실을 카탈루냐 지도는 잘 보여 준다.

— 최 갑 수

6

일상생활의 변화와 도시 문화 _ 유라시아 도시들의 과거와 오늘

● 사라진 초원 도시 카라코룸

● 대원 제국의 수도권 운영과 상도(上都)와 대도(大都)

● 부역(附逆)과 저항 사이 : 모스크바와 노브고로드

● 아드리아 해의 여왕, 베네치아

● 유라시아 대륙 (6장 참고 지도)

사라진 초원 도시 카라코룸

우리 일행은 새벽 2시 반이 넘은 한밤중이 되어서야 카라코룸에 도착했다. 포장도 안 된 흙길을 열 시간 가까이 덜컹거리며 달렸으니 온통 먼지와 땀으로 뒤범벅이 된 몸은 이미 곤죽이 되어 감각조차 무디어진 상태였다. 그렇지만 누구를 탓할 수도 없었다. 서쪽으로 300km가 넘는 거리를 가야 한다는 것을 알면서도, 울란바토르에서 오후 5시가 다 되어서야 떠난 우리가 잘못이었기 때문이다. 워낙 빡빡한 일정이었기에 오전에 울란바토르 시내를, 그리고 이른 오후에는 근처에 있는 톤유쿡 비문을 보느라고 그랬으니, 어찌 다른 방도도 없었다.

밤 12시가 넘어서 우리를 실은 차가 카라코룸 근처까지 오긴 했지만, 이제는 그 흙길마저 없어져 그냥 풀밭 위를 달려야만 했다. 낮에는 그렇게도 길을 잘 찾아다니면서 엄청난 시력을 과시하던 몽골인 운전기사도 밤에는 전혀 맥을 추지 못했다. 초원 멀리서 반짝이는 불빛이 보여 달려가 보면 다른 곳이었다. 번번이 이렇게 허탕치며 초원을 헤매기를 거의 두 시간. 마침내 우리가 묵을 숙소를 알리는 간판을 찾아내었다. 우구데이 호텔!

아무것도 없는 초원 한가운데 서 있는 호텔 앞에 선 자동차의 헤드라이트마저 꺼지자, 우리 머리 위를 덮고 있던 밤하늘이 갑자기 수도 없이 많은 별들로 빛나기 시작했다. 정말로 "입추의 여지도 없다"는 구절의 본래 뜻이 실감날 정도로 빽빽하게 들어찬 모습이었다. 몇 년 전 텐산 산맥 기슭에 있던 카자흐족 천막에서 잤을 때 보았던 바로 그 하늘의 별들이었다. 칭기즈칸의 등장을 기록한 몽골인들의 서사시 「몽골 비사」에 "별이 총총한 하늘이 곤두박질치고……"라는 구절이 저절로 입에서 흘러나왔다.

'카라코룸(Qaraqorum)'. 이 말은 몽골어로 '검은 자갈밭'을 뜻하는데, 오늘날 그들의 발음으로는 '하르호린'에 가깝게 들린다. 13세기 몽골 제국의 시대에는 '하르'라는 말을 빼고 '호린'이라고만 부르기도 했으니, 중국 사람들은 그 음을 듣고 '화림(和林 : 중국식 발음으로는 '허린')'이라고 표기한 것이다. 칭기즈칸 시대에 제국의 중심은 케룰렌 상류였지만, 거기서 더 서쪽의 오르콘 강가 카라코룸으로 수도를 정한 것은 그의 둘째 아들이자 2대 대칸이 된 우구데이의 치세(1229~1241) 때였다. 아마 우리가 머물렀던 천막식 호텔에 '우구데이'라는 이름이 붙여진 것도 바로 카라코룸과 그와의 뗄 수 없는 밀접한 인연 때문임이 분명했다.

1235년 늦봄, 대칸 우구데이는 오늘날 카라코룸 부근에 있는 '달란다바스(일흔 고개)'에서 거대한 집회를 열었다. 몽골어로 '쿠릴타이'라고 불리는 이 회의에서 그는 이곳을 제국의 새로운 수도로 선포하고 공사를 착수시켰다. 그가 북중국을 정복했을 때 데리고 온 기술자들이 대거 투입되어 공사가 시작된 지 불과 일 년 만에 궁전이 완성되었다. 중국인들의 글에는 이 궁전의 이름이 '만안궁(萬安宮)'이라고 되어 있지만, 당시 몽골인들이 그런 중국식 이름으로 불렀을 리는 만무하다. 페르시아측 자료에는 그들이 이를 '카르시(궁전)'라고 불렀다고 명시되어 있다. 나아가 우구데이는 왕자들과 귀족들에게도 그 주변에 높은 건물들을 지으라고 명령했고, 이렇게 해서 궁전을 중심으로 하나의 거대한 초원 도시가 생겨나게 된 것이다.

현재 이곳을 찾는 사람들은 어디에서도 도시의 흔적을 찾아볼 수 없다. 성벽과 궁전은 완전히 무너져 사라져 버렸고, 대신 그것이 서 있던 부근에 '에르데니 조'라는 라마교 사원이 웅장한 모습으로 서 있을 뿐이다. 그러나 13세기 당시 이곳을 찾았던 사람들이 남긴 기록은 궁전과 그 주변의 모습이 세계 제국의 수도다운 위용을 갖추고 있었음을 보여 준다.

예를 들어 1240년대에 이곳을 방문하고 돌아간 프란체스코파 수도사 기욤 루브룩은 여행기를 통해 그 모습을 생생하게 전해 주고 있다. 즉 궁전 입구에는 은으로 만든 거대한 나무가 서 있었는데, 그 밑둥치에는 은제 사자 네 마리가 조각되어 있고 그 입에서는 말젖이 흘러나왔다고 한다. 또한 이 나무의 몸통 속에는 긴 대롱이 꼭대기까지 이어지고 거기에서 다시 늘어진 나뭇가지를 통해 포도주(葡萄酒)·마유주(馬乳酒)·봉밀주(蜂蜜酒)·미주(米酒) 등 네 가지의 서로 다른 음료수들이 흘러 나왔다고 한다. 이 장식품을 제작한 사람은 프랑스 파리 출신의 한 기술자였다.

성벽 안팎에는 많은 주민들이 거주했는데, 이들은 몽골인·중국인·페르시아인·위구르인 등 민족적으로 다양했을 뿐 아니라, 종교적으로도 기독교·불교·도교·이슬람 등 갖가지였다. 한 기록에 따르면 이 도시에는 무슬림 거주 구역과 중국인 거주 구역이 별도로 설정되어 있었고, 불교 사원이 12개소, 모스크가 2개소, 교회당이 1개소 있었다고 한다. 카라코룸에서는 이처럼 다양하고 상이한 민족과 종교가 서로 공존하며 번영을 했는데, 이는 몽골 제국이 지향했던 다원주의를 잘 상징해 주고 있다.

그러나 이러한 초원 도시는 자생력을 가질 수 없었다. 왜냐하면 하나의 도시가 계속 번영하려면 그것이 필요로 하는 물자를 공급해 줄 수 있는

몽골 제국 초기의 수도였던 카라코룸은 지금 흔적도 없이 사라져 버리고,
한때 비신(碑身)을 받치고 있었던 것으로 보이는 귀부 하나만이 남아 있을 뿐이다.
멀리 보이는 것은 후일 건설된 라마 사원 '에르데니 조'의 모습이다.

주변의 배후 지역이 전제되어야 하기 때문이다. 그러나 평균 기온이 낮고 강우량도 충분치 않은 이곳에 농촌 지역이 있을 리 없었다. 따라서 카라코룸의 주민들이 필요로 하는 물자들은 항상 멀리 중앙아시아나 중국에서 운반해 와야만 했다. 우구데이가 '잠(역참)'이라는 교통 시설을 힘써 정비한 까닭도 실은 제국의 수도 카라코룸과 다른 지역과의 원활한 연계망을 확보하기 위해서였다.

따라서 이러한 인공적인 초원 도시는 마치 산소 마스크를 달고 있는 환자와 같아서 만약 외부로부터 물자 공급이 끊기면 생존 자체가 불가능해지며, 이 도시를 지탱하는 거대한 국가 권력이 사라지면 더 이상 도시로서의 정상적인 기능도 어려워진다. 몽골 제국의 4대 군주인 뭉케(재위 1251~1259)가 죽자, 그의 두 동생인 쿠빌라이와 아릭 부케 사이에서 치열한 계승 분쟁이 벌어졌다. 쿠빌라이는 자신의 근거지를 현재의 북경 부근에 두었고, 아릭 부케는 몽골 초원을 본거지로 삼았다. 이 싸움에서 승리한 사람은 쿠빌라이였다. 그러나 그는 승리한 뒤에도 선조들의 고향인 몽골리아로 돌아가지 않고, 북경 근처에 거대한 궁전을 건립하고 이를 '대도(大都)'라고 부르며 자신의 새로운 수도로 삼았다.

중국 역사상 이른바 원나라의 건립으로 불리는 쿠빌라이의 즉위는 카라코룸의 쇠퇴에 결정적인 타격을 가했다. 그래도 원 제국이 존속할 때까지는 도시로서의 명맥을 그나마 유지할 수 있었지만, 14세기 후반 원나라가 붕괴하면서 카라코룸도 서서히 폐허로 변하여 지상에서 자취를 감추게 되었다. 오늘날 이곳을 찾는 사람들이 옛 카라코룸의 흔적을 발견할 수 있다면, 그것은 에르데니 조 사원 바깥에 덩그러니 쭈그리고 앉아 있는 돌거북 한 마리가 고작일 뿐이다.

_ 김 호 동

대원 제국의 수도권 운영과 상도(上都)와 대도(大都)

북경이 중국 왕조의 수도 지역으로 등장한 것은 오래전의 일이지만, 현재의 북경과 직접 연결된 것은 원의 대도(大都)부터다. 대도는 쿠빌라이에 의해 건설되었다. 그가 1271년 '대몽골국'이라는 국명 대신 유교 경전에 기초한 추상적인 의미를 가진 국호인 '대원(大元)'을 채용한 것은 초원과 농경 지대를 포괄하는 다민족 국가의 통일적 지배자로서 스스로의 위치를 자각한 것임과 동시에 중국 본토를 기반으로 한 왕조를 지향하겠다는 뜻을 분명히 한 것이다. 그는 국호를 채용한 다음 해(1272) 신축 중인 도성을 '대도'라 명명하였다. 대도를 건설하는 것에 대해 일부 몽골 귀족들이 강력하게 반대하였지만, 쿠빌라이는 의연히 '한법(漢法 : 중국의 법)'을 채용하고 '한지(漢地 : 화북 농업 지대)'에 수도를 두는 길을 택했다.

쿠빌라이는 다시 초원으로 돌아가기에는 한지에 너무 깊이 발을 내디디고 있었다. 그는 대도 건설과 병행해서 대남송 전쟁을 수행하고 있었는데 그 휘하에는 한지에서 징용한 한인이 20만 명이나 되었으며, 당시 그의 군대의 통제 하에 있었던 한지의 인구도 140~150만 호로 추산된다.

금나라 중도(中都)였던 연경(燕京)은 여러 차례 전쟁으로 황폐화되어 있었다. 대도 건설의 영이 반포된 것이 1266년이고 완공된 것이 1293년의 일이니 28년 간의 대역사였다. 중도 동북쪽에 완전한 계획 도시로 건설된 대도는 완벽한 중화식 도성의 모습을 갖추었다. 그제까지 한 번도 제대로 실현되지 못했던, 『주례(周禮)』가 규정한 도성 구조의 이상형이 이방인인 쿠빌라이에 의해 지상에 실현된 것이다. 바둑판 같은 도시 구조를 가진 도성의 중앙에 있는 두 개의 교차점 위에는 고루(鼓樓)와 종루(鐘樓)가 세워졌다. 황제가 정한 시간에 따라 울리는 종과 북소리에 따라 인민의 생활은 통제되었다.

쿠빌라이가 대도를 그 자신이 직접 '살기 위한' 도시로 만든 것은 아니었다. 철저하게 '보기 위한' 도시였다. 쿠빌라이와 그 궁정 군단은 특별한 의식이 있다거나 상당히 춥다거나 하지 않으면 대도 성 안에 거의 입성하지 않았다. 성 안의 생활보다는 교외의 야영지에 세워진 장대한 천막 궁전에서 지내는 것을 즐겼다. 도성의 주인인 몽골인들은 항상 이동하고 있었는 데 비해, 움직이지 않는 대도는 지배와 통치에 필요한 사람과 물건을 수용하는 큰 '그릇'인 동시에 '창고'였다.

원나라에는 수도가 한 개 더 있었다. 상도(上都)가 그것이다. 왜 그들에게는 수도가 두 개나 필요하였던가? 우리는 그 의문을 풀기 위해 답사길에 나섰다. 7월의 북경, 찌는 듯한 더위로 사람도 가로수도 축 처져 있었다. 간혹 소매깃을 스치는 바람은 어김없이 북쪽 옌산 산맥 쪽에서 불어오고 있었다. 그래서 우리 답사반은 바람이 불어오는 쪽을 향해 전세 버스를 타고 산맥을 넘었다. 북경에서 북쪽으로 뚫린 간선 도로는 여러 개 있지만, 그 대부분은 원 황제의 피서 여행지인 옌산 산맥 너머 상도(현재 내몽골 다륜의 서방)로 향해 뚫린 길들이다.

상도도 몽골 제국의 4대 군주인 뭉케(재위 1251~1259)로부터 막남(漠南 : 고비 사막 남쪽)의 초원과 한지의 통제를 위임받은 쿠빌라이에 의해 건설되었다. 쿠빌라이는 뭉케의 명령을 받고 본거지를 한지에 가까운 금련천(金蓮川)으로 이동하여 새로운 도시를 건설하고는 개평(開平)이라 이름 붙이고, 거기에 궁전을 지었다. 형인 뭉케가 죽자, 동생인 쿠빌라이와 아릭부케 사이에 치열한 계승 전쟁이 벌어졌다. 막남과 한지에 근거를 둔 쿠빌라이는 1260년 상도에서 제위에 올랐는데, 막북(漠北)에 근거지를 둔 아릭부케는 한지의 풍부한 물자를 장악한 쿠빌라이에게 당할 수 없었다. 연경은 이 전쟁에서 다량의 군대, 군용 식량과 병참 물자를 집적하는 군사기지로서 중요한 역할을 수행하였다. 연경은 전략적 중요성과 수도로서의 중요 조건을 두루 갖추고 있었다. 특히 초원과 농경 지역을 동시에 통치할 수 있는 가장 적당한 장소였다. 당초 부도(副都)였던 연경은 대도로 그 이름을 바꾼 후, 정치 중심이 남하함에 따라 상도를 부도로 밀어내고 주도(主都)로서의 위치를 굳혀 갔다.

하지만 상도는 수도로서의 지위를 여전히 잃지 않았다. 그곳에 대도에 버금가는 정부 관서가 설치·유지되었고, 일년의 반은 황제가 그곳에 머물렀기 때문이다. 중국 왕조 가운데 복수의 수도를 둔 왕조는 원나라말고도 많지만, 그것을 둔 목적이나 운용 방법은 크게 달랐다. 원의 양경제(兩京制)는 명나라의 '북경-남경'식의 이중 수도(dual capital)가 아니었다. 즉 '점'으로서 두 개의 도읍이 아니라, 긴 지름이 350km나 되는 타원형의 영역 전체가 의미를 갖는 '면'으로서의 '수도권'이었다. 이 면 안에다 궁전 도시, 공예 도시, 창고 도시, 군사 도시 등 각종 기능 도시를 점재시켰다.

황제의 지방 행차를 '순행'이라 하지만, 이런 양경 순행제는 동영지·하영지로 계절 이동하는 유목 민족 생활 양식의 연장이다. 원 황제의 양경

원 거용관의 운대. 원나라는 대도와 상도, 양경제를 운영하였다. 원 황제는 3월에 대도를 떠나 상도로 갔다가 9월에 상도를 떠나 다시 대도로 돌아오는 형식을 취하였다. 96년 간 계속된 양경 순행제는 동영지·하영지로 계절 이동하는 유목 생활의 연장인 셈이다. 순행로는 네 가닥으로 되어 있지만 세 길은 모두 거용관을 거쳐야 했다. 이곳을 왕래하는 각종 인민들을 종교적으로 세뇌시키기 위하여 그 석벽에 사천왕상 및 산스크리트 문자 등 6종의 문자로 된 다라니주를 새겨 넣었다.

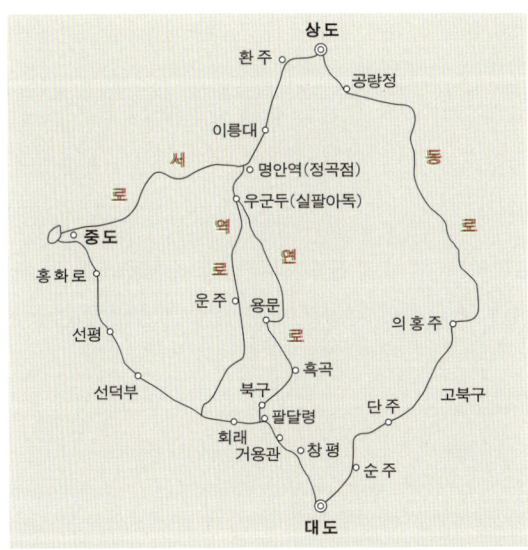

원대 상도-대도 교통로

순행 제도는 96년 동안 지속되었는데, 대개 3월 대도에 더위가 오기 전에 북으로, 9월 상도에 추위가 오기 전에 남으로 가는〔未暑而至 先寒而南〕식이었다. 원 황제가 상도로 갈 때는 가장 짧은 거리인 동쪽의 연로(輦路)를 택하지만, 돌아올 때는 현재의 장가구(張家口)를 거치는 서쪽 패노로(孛老路)를 택하였다. 즉 동로로 갔다 서로로 돌아오는 방식〔東出西還〕이다. 감찰어사나 군대의 전용로인 고북구(古北口)를 경유하는 동로(東路)를 제외한 세 길은 거용관(居庸關)을 반드시 거쳐야 했다. 거용관에는 유목민 출신의 정예군이 주둔하고 있었을 뿐만 아니라 운대(雲臺)라 불리는 관문 위에 과가탑(過街塔)이 세워져 있었다. 한편 왕래하는 각종 인민들을 종교적으로 세뇌·마취시키기 위해 그 석벽에 사천왕상(四天王像) 및 산스크리트〔梵〕자 등 6종의 문자로 된 다라니주(陀羅尼咒) 등을 새겼다. 상도와 대도의 2대 거점을 왕래하는 데 길에서 소비되는 시간만 각각 20~25일 가량 걸렸다. 매년 2개월 정도를 노상에 머무는 셈이다. 황제의 순행에는 후비·태자·종실 등과 관원·황제의 호위병 등 10여만 명이 따랐는데, 이들이 머무는 곳이 바로 수도였다.

　　원 제국은 이와 같이 군사와 경제 기능 등을 동시에 겸비한 '다기능의 수도권'을 중원 지배의 중핵으로 삼았다. 새외(塞外)에서 들어온 이방인이 큰 대륙을 통치하기 위해서는 수도권이 '근거지'로서 강력한 힘을 가지는 것이 반드시 필요했기 때문이다. 이처럼 원 황제의 양경 순행은 단순히 피서만을 위한 것이 아니었다. 수도권에 산재한 이들 기능 도시를 점검하기 위한 것이기도 했다.

― 박 한 제

부역(附逆)과 저항 사이 :
모스크바와 노브고로드

1990년대 후반 이후로 모스크바를 방문하는 이들은 1990년대 초에 비해 이 도시가 엄청나게 밝아지고 정비되었음을 목격할 수 있다. 제정 시대에 건립된 화려한 건물들이 수리되어 당당함을 과시하고 있고 야간 조명 시설이 현저하게 늘어났는가 하면, 대규모 현대식 쇼핑센터와 국제 수준의 고급 호텔이 세워지는 등, 900만 인구를 헤아리는 러시아 연방 수도는 체제 전환기의 혼란에 따른 어려움에도 불구하고 적어도 외형적으로는 손색없는 국제 도시로서 용약(勇躍)하고 있다. 이 같은 모스크바의 번영은 노브고로드의 퇴조와 비교할 때 더욱 대조적으로 보인다.

    2000년 7월 17일 아침, '새로운 도시'라는 뜻을 가진 이 고도(古都)에 도착했을 때 잔뜩 흐려 있던 하늘은 끝내 빗줄기를 뿌리기 시작했다. 우산 아래 돌아다녀 본 노브고로드는 굳이 날씨 때문이 아니더라도 사람이고 건물이고 왠지 풀 죽어 있는 듯한, 뚜렷한 산업 기반도 없는 인구 20만 명 남짓의 소도시였다. 그러나 러시아 역사 초기만 해도 두 도시의 위상은 정반대였다. 러시아 최초의 도시 가운데 하나인 노브고로드는 종횡으로 이어지는 수로 교역망의 중심지로 수세기 동안 번성했으며, 러시아 북부 및 동북부(시베리아 정복 전이므로 이때의 러시아는 물론 우랄 산맥 서쪽까지를 말한다)에 걸쳐 광범한 세력권을 형성했다. 이 도시는 발트 해에 가까이 위치한 덕에 독일·스웨덴 등 서유럽 사회들과도 활발히 교류했다. 볼호프 강을 사이에 두고 소피아 성당과 마주 보는 지역에는 스칸디나비아 상인들의 거주지뿐 아니라 그들의 독자적인 교회(로마 교회 소속)까지 허용되었다.

앞에서도 이야기했듯이 노브고로드는 민회(베체)의 권한이 강하여, 공(公)과 행정관이 모두 민회에서 선출되었다. 민회는 주로 토착 귀족과 거상(巨商)인 세력가들이 좌우했기 때문에 노브고로드는 일종의 상인 과두정을 형성하고 있던 도시 국가라 할 수 있었다. 그래서 역사학계에서는 도시 노브고로드와 이 도시 지배 아래 있던 지역 일대를 '노브고로드 공화국'이라 칭한다. 당시 노브고로드인들의 자부심은 대단하여 '주권국 대(大)노브고로드'라 자칭했다. 공의 권한이 약했던 만큼 도시 유력 집단 사이의 권력 투쟁이 빈발했는데, 행정관이 쫓겨나고 시가전이 벌어지는가 하면 민회 결정 사항에 승복하지 않는 자를 볼호프 강물에 처넣어 죽이기도 하는 등, 전반적인 정치 분위기는 떠들썩하고 역동적이었다.

이에 반해 모스크바는 1147년 수즈달 공령의 통치자였던 유리 돌고루키의 별장촌으로 세워진 이래, 오랫동안 한산한 시골로 머물러 있었다. 이 도시가 비약적인 발전의 기회를 잡은 것은 몽골 지배기에 들어서였다. 여기에는 역시 수로를 통해 사통팔달 연결되는 모스크바의 유리한 지리적 위치도 한몫 했지만, 이 도시의 성장은 킵차크한국 칸들에 대한 모스크바 공들의 적극적인 협력 정책을 빼놓고는 생각할 수 없다.

13세기 후반부터 모스크바는 블라디미르 대공인 알렉산드르 넵스키의 막내아들(다닐)의 영지가 되었으며, '돈주머니(칼리타)'라는 별칭을 가진 이반 1세 이래 영토가 크게 확장되었고, 1432년에는 마침내 대공령의 수도가 블라디미르에서 모스크바로 옮겨졌다. 모스크바 군주들은 이렇게 세력이 성장하는 동안 몽골 지배에 대한 일체의 저항을 억압하면서 몽골 칸들에게 철저하게 굴신(屈身)하는 자세를 취했다. 대공·공이 되려면 킵차크한국 칸의 인가를 받아야 했기 때문에, 러시아의 통치자 계급은 자기네 사이에서는 물고 뜯고 싸우면서도 칸에게는 최대한의 아부를 바쳤다. 블라디미르 대공이라 불리다가 모스크바 대공을 칭하게 된 통치자는 이 과정에서 칸의 군사력을 빌려 대공 지위를 굳히는 데 성공했다. 모스크바 대공은 나아가 당시 킵차크한국의 지배권 아래 있던 러시아 땅 전체로부터 칸에게 바칠 세금의 징수권을 획득했다. 이것이 대공의 위신을 크게 높여 주었던 것은 말할 필요도 없거니와, 더 큰 소득은 모스크바의 경제력이 강화되었다는 것이다. 대공들은 칸의 신임을 바탕으로 군사력·행정력을 강화하면서 영토 확대 정책을 계속해 나갔다.

그러나 모스크바 대공들은 러시아 내에서 확고한 1인자가 되고부터는 킵차크한국에 대해 도전하기 시작했고, 첫 도전(1380년 쿨리코보 전투) 후 꼭 1세기 만에 이반 3세는 몽골 지배 종식을 선언했다. 칸의 도움으로 성장하여 칸을 타도하게 된 것이다. 기회주의도 이만저만한 기회주의가 아닐 수 없는데, 물론 모스크바 대공들이 처음부터 이 모든 과정을 예견하고 사태를 그 방향으로 주도해 간 것은 아닐 테지만 그러나 알렉산드르 넵스키 가문의 유전자에 들어 있는 철저한 권력 본능이 마침내 모스크바를 전 러시아의 통일과 독립의 주역으로 만드는 데 한몫한 것은 분명한 것 같다. 하지만 그 대가로 모스크바는 그 후 오직 전제적인 군주만을 받들게 되었다.

노브고로드는 몽골군의 직접적인 침략은 겪지 않았지만 역시 세금을 납부해야 하는 간접 지배 상태에 있었다. 이에 대한 노브고로드인들의 저

노브고로드의 옛 민회 종루에는 종이 달려 있어야 할 자리가 비어 있다.
이반 3세가 무너뜨린 자치의 전통을 노브고로드인들은 여전히 소중하게 기억하고 있다.
그 기억이 있다면 잃어버린 꿈의 재현도 마냥 불가능하기만 한 것은 아니리라.

항은 만만치 않아서 그들은 몽골 지배 초기이던 1257년 세금을 징수하러 온 몽골인 관리에 대한 봉기를 조직하기도 했다. 이 봉기를 진압하고 킵차크한국의 세금 징수 편의를 적극 도모해 주었던 사람은 역설적이게도 러시아인들이 구국의 영웅으로 떠받드는 알렉산드르 넵스키였다. 당시 블라디미르 대공이면서 노브고로드 공을 겸했던 그는 1240년 네바 강가에서 스웨덴군의 침공을 격퇴한 공로 덕에 넵스키('네바 강의'라는 뜻)라는 칭호를 얻기는 했지만, 몽골에 대한 자세에서는 굴신의 전형이었다. 모스크바 쪽에서 엄청나게 미화하는 것과 달리, 그는 오늘날 노브고로드에서 그다지 인기 없는 역사적 인물이다.

노브고로드는 저항이 분쇄된 뒤에도 경제적으로 계속 번성하였고, 자치의 전통도 여전히 살려 갈 수 있었다. 그러나 '몽골의 평화'가 확립된 후 유라시아 남부 초원 지대를 중심으로 형성된 동서 교역권에서 변방으로 밀려난 까닭에 러시아 전체의 정국을 주도할 세력 기반은 상실하고 말았다.

가장 근본적인 문제는 세력 강화에 성공한 모스크바 대공이 노브고로드의 자치권을 박탈하려 들면서 발생했다. 이때부터 양자 간의 갈등은 필연적인 것이 되었다. 이반 3세는 가톨릭 국가인 리투아니아의 지원을 얻어 저항하고자 했던 노브고로드 자치파를 군사력으로 분쇄하고, 이 도시를 자신의 군주권 아래 강제로 복속시켰다. 자치의 상징이던 민회의 종은 끌어내려져, 오늘날에도 그 자리는 빈 공간으로 남아 있다. 모스크바측은 이 같은 철저한 억압에도 안심할 수 없었던지, 16세기 후반 이반 4세는 오프리취니나라는 구(舊)귀족 억압 정책의 와중에서 노브고로드를 초토화하고, 남아 있던 토착 세력을 박멸하였다. 그 후 노브고로드는 다시 일어나지 못한 채 소도시로 주저앉아 버렸다. 우리를 안내하던 노브고로드 사범대학 역사학과 대학원 여학생은 공의 거처 옆 빈터가 민회 장소였다고 말해 주었다.

그 며칠 후 찾아간 고대 로마의 민회 장소(포로 로마노)는 비록 폐허이긴 하지만 자신에게 주목할 것을 강요하듯 사람을 압도하는 당당함을 과시하고 있었음에 반해, 자치와 경제적 번영을 빼앗긴 노브고로드의 옛 민회 장소에서는 나무 한 그루만 덩그러니 비에 젖고 있을 뿐이었다.

그렇다면 노브고로드의 역사적 의미는 소멸되고 만 것일까? 그렇지 않은 것 같다. 러시아 정치·문화사의 출발지로 다루어져 왔던 키예프가 우크라이나의 수도로서 러시아 연방에서 떨어져 나가 버린 지금, 러시아 역사학계는 키예프를 대신할 역사적 전통을 찾고 있다. 노브고로드는 순수 러시아적·민주주의적(물론 노브고로드 민회의 민주주의는 현대적 민주주의와는 달랐지만) 전통을 대변하고 전제정과 외세에 맞선 저항의 정신을 상징한다는 이유에서 러시아 역사학계의 새로운 조명을 받고 있다. 노브고로드는 앞으로 적어도 역사 서술에서는 다시 한 번 찬란한 번영을 누릴 것이다. 역사학자들이 너무 기회주의적인 것일까?

— 한 정 숙

아드리아 해의 여왕, 베네치아

오늘날의 베네치아는 물에 잠기는 것을 걱정해야 할 역사의 고도다. 특히 차가 없는 도심의 거리에서 운하를 떠다니는 곤돌라를 보고 있노라면 산업사회 이전으로 돌아간 듯한 느낌이다. 안개가 피어오르는 겨울의 산 마르코 광장은 이곳에 머물렀던 괴테나 카사노바를 연상하기에 족한 고즈넉한 한가로움을 준다.

베네치아는 이탈리아의 도시치고는 역사가 비교적 짧은 '신도시'에 속한다. 로마 제국이 무너지고 게르만족의 이동이 끝나 가던 6세기쯤에 탄생했기 때문이다. 697년에 최초로 최고 행정관인 '도제(doge : 총독)'를 선출한 이래 1797년이 되어서야 나폴레옹에 의해 오스트리아의 지배 아래 놓이게 되었으니, 베네치아는 실로 1100년에 달하는 오랜 공화국의 역사를 갖는다. '도제'의 집무실이 있던 '두칼레 궁전'의 벽면에 날개 달린 사자의 모습을 하고 있는 베네치아 수호 성자 마르코의 공력이 과연 대단했던 모양이다.

천 년이 넘는 이 기간은 거의 같은 크기를 갖는 세 시기로 나눌 수 있다. 1000년 이전에 베네치아인들은 무엇보다도 석호에 살면서 북이탈리아 내륙으로 연결되는 강줄기와 운하를 오르내리는 사공들이었다. 이 시기에 베네치아는 염전과 어로를 생업으로 하는 미미한 존재에 불과했으나, 내륙의 정치 세력으로부터 독립을 쟁취하고 멀리 떨어져 있는 비잔티움 제국의 지배를 받아들여 미래의 발전을 위한 초석을 놓았다. 다음 시기에 베네치아는 해상 세력으로 발돋움하여 14세기에 이르면 강력한 경쟁자인 제노바를 누르고 동지중해의 패권을 장악하게 된다. 15세기 이후 베네치아는 세계 경제의 흐름에서 밀려났지만 앞선 시기에 축적된 역량을 밑천으로 하여 자못 격조 높은 문화의 중심지가 되었다.

우리가 관심을 갖는 '몽골의 평화기'는 그러니까 베네치아 공화정의 역사로 보자면 두 번째 시기에 속한다. 이 시기에 몽골의 등장은 베네치아의 운명에 간접적이기는 하지만 지울 수 없는 영향을 미쳤다.

1096년에 십자군 원정이 시작되었을 때, 베네치아는 원정에 미온적이었다. 베네치아의 경제적 기반은 주로 동방의 후추와 북서 유럽의 모직물을 교환하는 동서 교역에 있었는데, 비잔티움이 주도하는 기왕의 교역망에서 독점적인 위치를 누렸기 때문에 십자군 전쟁이 가져다 줄지도 모를 새로운 기회를 별로 탐탁해하지 않았던 것이다. 하지만 십자군이 성지를 되찾자, 즉각 개입하여 아크레 등지에서 상업상의 특권을 획득하는 동시에 제노바와 3세기에 걸치는 치열한 경쟁에 돌입하였다. 이후 1204년에 엔리코 단돌로가 이끄는 베네치아는 4차 십자군과 공모하여 콘스탄티노플을 점령하고는 비잔티움의 해상 제국을 고스란히 인수했지만, 1261년에는 비잔티움 세력이 제노바의 지원을 받아 '라틴 왕국'을 붕괴시킴으로써 타격을 입었다. 그러나 결국 1381년에 베네치아가 최종 승리를 차지함에 따라 서유럽에서 동방 무역을 독점하는 데 성공하였다.

베네치아의 대운하 입구에 있는 바로크풍의 성당 '산타 마리아 델라 살루테 성당'.
1630년 유행한 흑사병으로부터 베네치아를 구원해 준 것에 대한
감사의 표시로 17세기 중엽에 세워졌다.
티치아노와 같은 르네상스 말기 화가들이 벽화를 그린 이 성당은
베네치아의 전성기가 끝나갈 무렵의 황혼과 같은 아름다움을 지녔다.

바로 이 13세기 중엽에 동서 교역로에 변화가 일어났다. 당시 유럽에서 보자면 동방의 산물을 얻을 수 있는 길은 세 가지가 있었다. 하나는 다마스쿠스를 통해 바그다드 및 홍해와 연결되었던 아크레, 다른 하나는 '몽골의 평화'로 말미암아 동방과의 연결로가 열렸던 흑해, 마지막은 홍해를 통해 인도와 연결되었던 알렉산드리아다. 당시 베네치아나 제노바의 역량으로 내륙으로 들어가는 것은 불가능했고 지중해 연안의 항구에서 상관을 얻어 교역하는 것이 고작이었다. 1258년 몽골군이 바그다드를 파괴하고 1291년에 이슬람 세력이 아크레를 점령함에 따라 첫 번째 길은 봉쇄되었다. 1261년에 새로 들어선 비잔티움 세력이 흑해의 특권을 제노바에게 줌에 따라 베네치아로서는 이집트에 접근할 수밖에 없었다. 동지중해 한쪽 끝에서 가톨릭인 베네치아와 이슬람인 마멜크 왕조 사이에 기묘한 동거가 벌어졌다.

이 시기에 몽골 세계를 여행했던 마르코 폴로의 행적은 이러한 변화를 잘 보여 준다. 그는 1271년에 베네치아를 떠날 때만 해도 아크레가 아직 십자군의 관할 하에 있었기 때문에 그곳을 통해 동방으로 들어가 파괴된 바그다드를 대신하여 새로이 수도가 된 타브리즈를 거쳐 중국으로의 여정에 접어들었다. 그러나 20년 후에 돌아올 때는 아크레가 함락되었기 때문에 이란에서 갔던 길을 돌아오면서 흑해 동쪽 끝에 있는 베네치아 전진기지인 트레비존드에서 배를 타고 1295년에 귀국하였다.

최근까지도 유럽의 역사가들은 지중해에서 이탈리아 도시국가의 활동을 부각시켜 '상업의 부활'을 강조하고 '상업 자본주의의 등장'을 역설하였다. 이들은 이미 13세기 초부터 예컨대 베네치아 경제가 시장·상점·창고·정기시·조폐국·세관·은행·주판·환어음·복식 부기·조선소 등과 같은 자본주의의 모든 도구들을 구비했음을 지적하여 영국 중심주의를 극복하는 데 이바지하였다. 하지만 이들은 베네치아를 중심으로 하는 동지중해 교역망이 중동을 거쳐 중국에까지 이어지는 훨씬 더 크고 부유한 세계 교역망의 일부분임을, 따라서 그러한 도구들이 이미 동방에 있었음을 알지 못했다. 베네치아는 이 거대한 교역권의 한쪽 끝을 독점하여 막대한 이윤을 올렸지만, 그것은 사실상 13세기 중반에서 14세기 중반에 이르는 세계 경제 번영의 한 단면일 뿐이었다.

당시 몽골의 평화가 갖는 경제적 의미는 마르코 폴로에게 붙여진 '백만(Il Milione)'이라는 별명에서 잘 드러난다. 그가 고향 사람들에게 자신의 견문을 말하면서 걸핏하면 "백만" 운운했기 때문에 '떠버리'라는 의미로 붙여진 것이었다. 여기에 허장성세의 측면이 있음은 사실이지만 그가 접했던 세계의 규모가 얼마나 컸던가를 말해 준다. 사실 몽골인들은 척박한 사막에서 흥기한 지 불과 반세기 만에 거대한 제국을 일구어 냈다. 제국 전역을 연결하는 도로와 운하는 혈관처럼 뻗어 나가 번영과 부를 가져다 주었고, 이는 극동에서 지중해 지역에 이르기까지 활력 있는 거대한 경제 공간을 만들어 냈다.

베네치아는 부의 축적을 기반으로 하여 15세기 중에 도시의 미관을 바꾸어 나갔다. 도로가 포장되고 운하의 제방과 다리가 나무에서 석재로 바뀌고 많은 미화 작업이 벌어져 근대적인 도시 계획의 한 전형을 보여 주었다. 두칼레 궁전이 개축되고 한 명문가는 '황금 저택(Ca' d'Oro)'을 대운하변에 지었다. 이리하여 베네치아는 '물과 돌의 도시'가 되었지만, 이는 자본의 화석화를 대가로 한 것이었다.

_ 최 갑 수

7 동서를 이어 준 사람들_ 장벽을 넘은 수도사와 상인, 정복자들

● 카르피니와 루브룩, 아시아를 찾은 첫 유럽인들

● '팍스 몽골리카'의 산물 『동방견문록』

● 정화(鄭和)의 남해 원정과 명 제국 질서

● 시베리아의 정복자들 : 스트로가노프 가문과 예르마크

● 유 라 시 아 대 륙 (7 장 참 고 지 도)

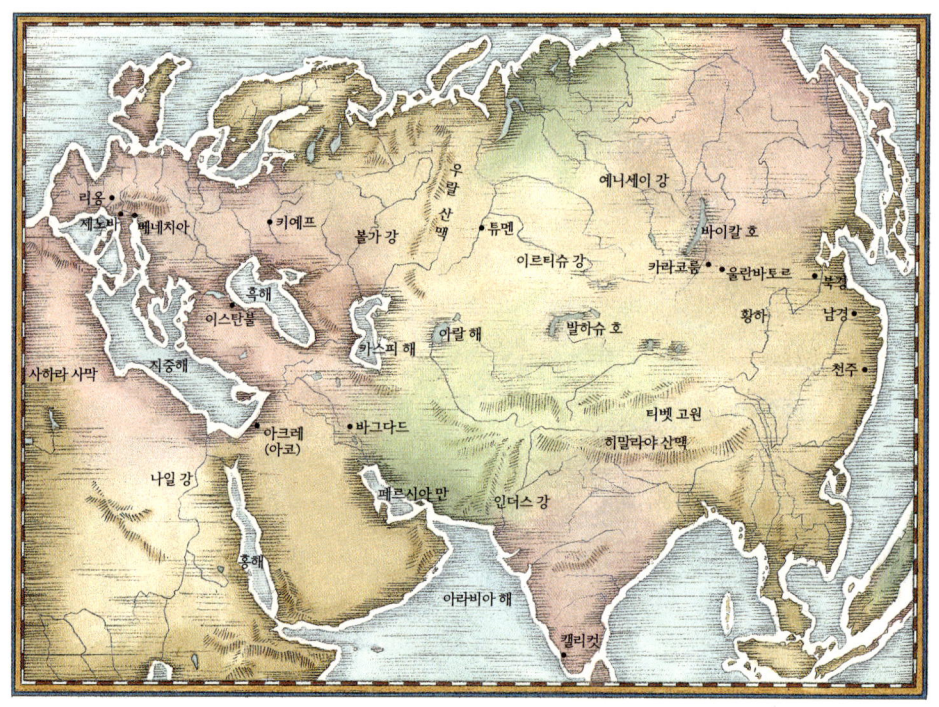

카르피니와 루브룩,
아시아를 찾은 첫 유럽인들

7월 10일 오후 4시 50분, 짙은 갈색의 러시아제 4륜 구동 밴의 일종인 '프루공' 차가 마침내 답사팀 일행을 태우고 옛 몽골 제국의 수도인 카라코룸을 향해 울란바토르를 떠났다. 시장에 들러 과일 등의 먹을 거리를 장만하고 또 허가증을 얻기 위해 시외버스 터미널에서 먼지를 뒤집어쓴 채 한 시간 가량을 오후의 뜨거운 햇살 속에서 기다린 뒤였다. 길은 포장되어 있었지만 군데군데 패인 곳이 많아 기사는 곡예 운전을 하듯 차를 몰았다. 급정거와 급발차가 단속적으로 일행을 사정없이 흔들었다. 안락감이라곤 전혀 느낄 수 없는 딱딱한 의자와 에어컨이 없어 열어 놓은 창문으로 밀려 들어오는 먼지가 일행을 괴롭혔지만, 광활한 초원이 펼쳐지는 차창 밖의 풍광은 차 속에서의 고통을 보상하고도 남았다. 현지인의 말로는 비포장된 초원 길을 달리는 데 '프루공'만한 차가 없다고 하였다. 과연 3일에 걸쳐 왕복 1천km가 넘는 길을 모두 24시간 넘게 달렸건만 수리라곤 펑크난 타이어와 팬벨트 교체가 고작이었다. 견고함을 위해 안락함을 모두 포기한 이 차에서 사회주의적 실험의 한 단면을 보는 듯했다.

울란바토르를 떠난 지 10시간이 다 된 새벽 2시 40분에 일행은 카라코룸에 도착하여 우구데이 호텔에 몸을 풀었다. 칭기즈칸의 셋째 아들로서 그의 뒤를 이어 대칸(황제)이 된 인물의 이름을 딴 것이다. 객실은 호텔 이름에 걸맞게 몽골인들의 전통 가옥인 천막형 '겔'로 되어 있어, 잠자리에 들면서 열린 천장을 통해 쏟아져 내리는 별들을 볼 수 있었다. 일정 때문에 잠깐 눈을 붙이고 일어나 문을 열자, 초원이 끝없이 펼쳐져 있었다. 유목민들의 시력은 5.0에 달한다고 하는데, 초원은 분명 육지의 바다였다.

아침 식사를 마치고 유적지를 찾아나섰다. 옛 성터에는 16세기 말부터 사원이 들어서 있어 옛 흔적을 찾기가 쉽지 않았다. 거대한 비석을 등에 지었음직한 귀부(龜趺)와 지름이 45m나 되는 대칸의 겔 밑받침 돌판만이 카라코룸의 옛 영화를 떠올리게 해주었다. 우리의 주인공들인 카르피니와 루브룩은 바로 여기에서 거대한 천막 도시를 보았고, 유라시아 전역에서 모인 다양한 부류의 사람들로 구성된 국제 사회와 마주쳤다. 여기에는 고려인도 있었음을 이들은 증언하고 있다.

이들은 무슨 일로 여기까지 왔던 것일까? 이들은 유럽인으로는 처음으로 중앙아시아를 찾은 사람들이었다. 흑해 연안에서 몽골 수도에 이르는 거리가 5천km에 달하니(당시에 석 달 보름 가량 걸림) 몽골 제국이 들어서지 않았다면 여행 자체가 불가능했을 것이다. 실제로 카르피니가 리옹에서 키예프로 가는 데(2천km 정도의 거리) 걸린 시간이 훨씬 더 길었음은 몽골 역참 제도의 우수성을 잘 말해 준다.

하지만 카르피니와 루브룩의 여행에는 보다 절박한 사연이 있었다. 카르피니가 대장정에 오르기 직전 바투가 이끄는 몽골군이 동유럽을 휩쓸었다. 분열되어 있던 서유럽의 기독교 세계는 그야말로 풍전등화였다. 당시 유럽의 수장을 자임했던 교황 인노켄티우스 4세는 1245년 여름에 리옹에서

'보석과 같이 귀중한 사원'이라는 뜻의
'에르데니 주'라 불리는 이 절은
108개의 탑으로 둘러쳐져 있다.
몽골 제국이 망하자 그 수도 카라코룸은
아무도 돌보지 않아 무너져 내리기 시작했고,
후일 티베트 불교로 개종한 몽골인들은 그 석재를 뜯어
에르데니 주를 지을 때 사용하기도 했다.

공의회를 열어 새로운 십자군을 모집함과 동시에 몽골에 대한 대비책을 강구하는 한편, 2개월 전에 이미 리옹을 떠난 카르피니의 파견을 추인해 줄 것을 요구했다. 그러니까 카르피니에게는 공포의 대상이 된 '타타르인들'이 누구이고 그들의 목적이 무엇인가를 확인하는 동시에 가능하면 그들을 기독교로 개종시켜 위협을 사전에 차단하고, 더 나아가 이슬람과의 싸움에서 그들을 배후 지원 세력으로 끌어들인다는 임무가 부여되었던 것이다.

루브룩의 임무 역시 크게 다르지 않았다. 그는 당시 유럽 최대의 세속 군주인 프랑스의 루이 9세에 의해 파견되었는데, 루이 9세와 교황의 친서를 지참하였다. 하지만 그는 카르피니와 달리 루이 9세의 정식 사절은 아니었다. 루이 9세가 이미 몽골에게 외교적인 굴욕을 맛본 바 있어 정식 사절을 파견하기 꺼렸기 때문이다. 따라서 루브룩은 전도사를 자처했지만 카르피니와 마찬가지로 적정 시찰이 주목적이었다. 루이 9세가 십자군에 가담하여 중동에 와 있었기 때문에 루브룩은 1252년에 아크레(지금의 아코)를 출발하여 콘스탄티노플(지금의 이스탄불)로 향했다. 그는 같은 프란체스코 수사인 카르피니뿐만 아니라 이미 중동을 여행했던 도미니크 수사들도 만나 몽골에 관한 상당한 정보를 수집한 뒤였다.

이미 환갑을 넘긴 카르피니는 1245년 4월 6일에 리옹을 떠나 크라코프, 키예프, 러시아의 남부 초원을 거쳐 1246년 7월 22일에 카라코룸 근처의 여름 막영지인 '황금의 천막'에 도착하였다. 그곳에서 새 대칸인 구육(재위 1246~1248)의 즉위식에 참가하는 영예를 누린 그는 교황의 친서를 전달하는 한편 대칸으로부터 답장을 받았다. 그리고 11월 13일에 카라코룸을 떠나 1247년 가을 리옹에 도착했다. 한편 루브룩은 콘스탄티노플을 떠나 1253년 5월 21일 흑해의 솔다이아를 거쳐 카르피니와 거의 같은 여정으로 1253년 12월 27일에 대칸 뭉케(재위 1251~1259)의 진영에 도착했다.

그 역시 대칸의 답장을 받아들고 다음해 7월 10일에 카라코룸을 떠나 러시아까지 갔던 길을 되돌아서 소아시아 반도를 거쳐 1255년 8월 15일에 아크레로 귀환하였다.

'타타르인들'을 기독교로 개종시킨다는 이들의 목적은 달성되지 못했다. 종교적 다원주의를 몰랐던 당시 서구인들이 몽골인들이 기독교에 우호적이었던 것을 곧 개종의 가능성으로 오해한 결과였다. 게다가 몽골 대칸들의 서한은 더욱 굴욕적이었다. 이들은 교황을 높게 평가하면서도 제후를 이끌고 찾아와 신종의 예를 드릴 것을 요구하였다. 몽골은 세계 정복의 야심을 감추지 않았는데, 그럴 만한 현실적인 근거는 충분하였다. 교황의 반응은 알려져 있지 않으나 유쾌할 리 없었을 것이다. 그러기에 이 편지들은 20세기에 들어와 재발견될 때까지 650여 년 간 철저하게 숨겨져 왔다. 교황, 더 나아가 유럽인들로는 기억하고 싶지 않은 악몽이었을 것이다.

하지만 적정을 살핀다는 이들의 목적은 썩 훌륭하게 이루어졌다. 카르피니는 『몽골인의 역사』를, 루브룩은 『여행기』를 보고서로 작성하였다. 이들은 여정을 자세히 기록하는 한편, 몽골인들의 의식주와 관련한 생활 방식, 유목의 양태, 군사 편제, 전쟁의 방식과 무기의 종류, 종교관의 특징, 대칸과 측근들의 태도, 궁정의 실상 등을 망라하였다. 그런데 두 사람의 글은 문화 인식에서 꽤 뚜렷한 차이가 난다. 카르피니가 기독교 문명의 우위를 내세워 몽골인의 야만성을 강조했던 반면, 루브룩은 자못 유연한 세계관을 보여 줌으로써 당시 아시아에 관한 서술 가운데 가장 뛰어나고 객관적이라는 평가를 받고 있다.

카르피니는 칸이 경쟁자를 제거할 때 명석으로 말아 질식사시키는 모습을 전하면서 몽골의 잔인성을 부각시켰는데, 이는 당시 몽골에서 사람을 죽이더라도 피가 나지 않게 하는 것이 사자에 대한 예우였다는 사실을 몰랐기 때문이다. 또 몽골인이 식당이 아닌 풀밭 등에서 식사하는 것을 보고 야만성을 강조했는데, 이 또한 초원에서 활동하는 기마 민족의 생활을 전혀 이해하지 못한 탓이었다. 이에 반해 루브룩은 뭉케가 네스토리우스파·이슬람·도교·불교의 대표를 모아 신학적인 논쟁을 붙인 뒤 불교 편을 드는 것을 전하는 등 비교적 객관적이고 유연한 모습을 보여 주었다. 바로 이런 까닭에 카르피니의 책과 달리 『여행기』가 오랫동안 의도적으로 숨겨져 오지 않았나 생각된다. '타자'를 길들일 능력이 없었던 중세 유럽으로서는 그 현실을 애써 외면할 도리밖에 달리 다른 방안이 없었을 것이다.

— 최 갑 수

'팍스 몽골리카'의 산물 『동방견문록』

 1937년 7월 7일 밤, 북경 교외 노구교(盧溝橋)라는 다리 근처에서 한 발의 총성이 터져 나왔다. 이것이 바로 일본 대륙 침공의 신호탄이 된 이른바 '노구교 사건'이었다. 그러나 우리 일행이 내몽골 상도(上都) 여행의 여독이 채 풀리지도 않은 피곤한 몸으로 이 역사의 현장을 찾은 까닭은 그 때문이 아니었다. 이 다리는 서양인들에게는 '마르코 폴로의 다리(Marco Polo Bridge)'라는 이름으로 알려져 있다. 이탈리아의 여행가 마르코 폴로의 『동방견문록』에는 이 다리에 대해 다음과 같은 유명한 기록이 나온다.
 "(캄발룩, 즉 현재의 북경을) 떠나 10마일쯤 가면 풀리상긴이라 불리는 커다란 강을 만나게 된다. …… 이 강 위에는 매우 아름다운 돌다리가 하나 있는데, 여러분은 그렇게 아름다운 것, 아니 그것에 버금갈 만한 것은 이 세상 어디에도 없다는 것을 알아야 한다. …… 그 길이는 거의 300보이고 폭은 8보여서, 10명의 기병들이 나란히 서서 갈 수 있다. 잘 다듬어진 회색 대리석으로 기초가 잘 세워져 있고, 다리 양쪽에는 대리석으로 된 난간과 기둥들이 다음과 같은 모양으로 세워져 있다. 다리 시작 부분에 대리석 기

마르코 폴로의 글에 자세히 묘사된 노구교의 원래 모습은
중앙에 울퉁불퉁한 부분을 통해 조금은 엿볼 수 있다.
옆에 늘어선 사자 석상 가운데에도 더러는 원래의 것들이 남아 있다.
아래 사진은 동남해안의 중요한 무역항이었던 천주에서 발견된 기독교도의 묘석이다.

둥이 세워져 있고, 그 기둥 아래에는 대리석으로 된 사자 한 마리가 있으며, 그 기둥 위에 또 한 마리의 사자가 있는데, 매우 아름답고 크며 아주 잘 만들어져 있다……." 우리가 본 노구교는 정말 7백 년 전 마르코 폴로가 묘사한 그대로였다.

대항해의 시대가 열리기 전 세계 곳곳을 돌아다니며 자신이 보고 듣고 또 체험했던 갖가지 진기한 이야기들을 글로 남긴 사람들이 여럿 있었지만, 마르코 폴로만큼 우리에게 널리 알려진 사람도 없을 것이다. 그 이유는 마르코 폴로의 글이 보다 많은 사람에게 읽혀졌고 거기에 실린 내용들이 사람들의 입에 회자되었으며, 특히 유럽에 활자술이 도입되면서 그의 글이 인쇄본으로 출간되어 수많은 사람들에게 읽혀졌기 때문이다. 그리하여 마침내 『성경』다음의 베스트셀러로 손꼽힐 정도가 되었다.

마르코 폴로는 1254년경 이탈리아의 상업 도시 베네치아에서 태어났다. 그러나 그가 출생하기도 전에 그의 부친 니콜로는 동생 마페오와 함께 동방 무역을 위해 이미 고향을 떠났으며, 그가 아버지를 다시 보게 된 것은 열다섯 살 되던 해인 1269년이었다. 이때 잠시 베네치아에 들른 그의 아버지는 이번에는 마르코까지 데리고 다시 동방으로 향했다. 당시 이들이 매료되었던 세계는 다름아닌 몽골 제국, 특히 쿠빌라이라는 대칸이 지배하고 있던 중국이었다. 마르코 폴로 자신의 말을 믿는다면 그는 이 위대한 군주를 위해 17년 동안이나 봉사하면서 중국 각지를 돌아볼 기회를 가질 수 있었다.

고향으로 돌아갈 기회를 찾던 이들 폴로 일가는 마침내 대칸으로부터 귀국해도 좋다는 윤허를 얻어 내는 데 성공했다. 그들은 중국 남부의 천주(泉州) 항을 출발하여 인도양을 가로질러 1294년 다시 고향으로 돌아오게 된 것이다. 몇 년 뒤 마르코 폴로는 지중해에서 벌어진 제노바와의 해전에 참가했다가 포로가 되어 제노바의 감옥에 갇히는 신세가 되는데, 거기서 우연히 피사 출신의 작가 루스티켈로(Rustichello)를 만나게 된다. 그는 옥중에서 마르코 폴로가 보고 들은 놀라운 견문을 구술하는 것을 받아 적기 시작했으니, 이것이 바로 『동방견문록』이다.

"하나님께서 그의 손으로 우리의 최초의 조상인 아담을 빚어낸 이후 지금 이 순간에 이르기까지 기독교도든 이교도든 혹은 타타르든 인도인이든, 아니 어떤 종족에 속한 인간이든 간에" 자기만큼 여러 지역을 여행한 사람이 없었다는 마르코 폴로의 주장을 문자 그대로 받아들일 수는 없다고 하더라도, 그의 글에 묘사된 세계가 당시 유럽인들에게 그야말로 파천황의 신세계였음은 부인할 수 없다.

그러나 마르코 폴로의 『동방견문록』을 조금만 읽어 보면 누구나 이것이 통상적인 의미의 여행기와는 매우 다르다는 것을 느끼게 된다. 즉 어느 지역을 여행하며 자신이 보고 느낀 것을 적은 것이라기보다는, 13세기 후반 유럽 이외의 다른 지역에 대한 체계적인 서술이라는 점을 알 수 있다. 예를 들어 그는 어느 지방에 대해서 이야기할 때, 그 방위와 거리, 주민의 언어, 종교, 물산, 동식물 등을 하나씩 기록했다. 이 책의 원제목이 『동방견문록』이 아니라 『세계의 서술(Description of the World)』이라는 사실도 단순한 여행기가 아님을 잘 말해 준다.

『동방견문록』에 보이는 이러한 여러 특징들은 이 책이 그가 실제로 여행해서 체험한 것에 기초한 것이 아니라 다른 사람들의 이야기와 보고를 교묘하게 종합한 것이 아니냐 하는 의문을 불러일으켰다. 예를 들어 중국에 관해 설명하면서 어떻게 만리장성이나 한자(漢字) 혹은 차(茶)에 관해서 한마디 언급도 없을 수 있느냐 하는 의문이 제기되었다. 그러나 여러 학자들의 연구는 이러한 비판이 근거가 없음을 충분히 입증하고 있다. 우리에게 익숙한 모습의 만리장성은 마르코 폴로가 중국을 다녀간 뒤인 명나라 때 만들어진 것이다. 또한 마르코 폴로가 중국인들보다는 당시 지배층이었던 몽골인이나 색목인들과 주로 어울렸기 때문에 한자를 몰라도 중국에서의 생활에 아무런 지장이 없었을 것이라는 점, 차를 마시는 풍습 역시 당시 북중국의 몽골인들 사이에서는 아직 크게 유행하지 않았다는 점 등이 반론으로 제기되었다.

한편 마르코 폴로의 글에서 그가 중국에 오지 않았다면 쓰기 어려웠으리라고 판단되는 결정적인 증거들이 발견되었다. 가장 대표적인 예를 들어 보면, 마르코 폴로는 자신이 고향으로 돌아갈 때 같이 배를 타고 간 사신들 세 사람의 이름을 들고 있다. 그동안 이들의 명단을 어디에서도 찾아볼 수 없어 그의 주장의 신빙성을 확인할 수 없었는데, 중국의 한 학자가 『영락대전』 속에 포함된 『참적(站赤)』이라는 원대의 자료에서 마르코 폴로가 제시한 세 사신의 이름과 정확하게 일치하는 명단을 우연히 발견함으로써 마르코 폴로의 중국 체류는 흔들릴 수 없는 사실임이 판명되었다.

그러나 마르코 폴로의 글이 한 사람의 기억이나 간략한 비망록에만 의존하여 씌어졌다고 보기에는 너무나 상세하고 방대한 정보들을 담고 있는 것도 사실이다. 예를 들어 당시 원나라의 수도였던 '캄발룩(북경)'에 있는 쿠빌라이의 궁전에 대한 설명, 과거 남송의 수도였던 '킨사이(항주)'의 도시 구조와 주민들의 생활에 대한 생생한 묘사, 동남해안의 항구 도시였던 '차이톤(천주)'에 대한 서술 등이 좋은 예라고 할 수 있다. 이는 당시 동방 무역이나 기독교 전교에 종사하던 수많은 이탈리아 상인과 선교사들의 축적된 지식이 그의 글 속에 반영되지 않았나 하는 추측을 불러일으킨다.

이렇게 볼 때 마르코 폴로의 『동방견문록』은 한 여행가·모험가의 개인적인 성취라기보다는 그가 살았던 시대가 낳은 하나의 역사적 산물이라고 하는 것이 타당할 수 있다. 그 시대는 다름아닌 몽골인의 세계 지배, 즉 유라시아 대륙에 존재하던 기존의 분할적 정치 체제를 무너뜨리고 다민족·다종교의 공존과 교류를 가능케 했던 소위 '팍스 몽골리카(Pax Mongolica)' 시대였던 것이다.

_ 김 호 동

정화(鄭和)의 남해 원정과 명 제국 질서

대륙으로부터 바다로 눈을 돌리게 한 15세기는 모든 인류에게 매우 중요한 의미를 지니는 백 년이었다. 동서양을 막론하고 공평하게 바다를 선택할 기회를 한 번씩 준 것이다. 서양에 콜럼버스와 바스코 다 가마가 있었다면, 동양에는 정화가 있었다. 1492년 신대륙(?) 발견을 위해 떠난 콜럼버스의 함대는 고작 범선 3척과 승무원 120명이었으며, 1498년 포르투갈 왕이 파견한 바스코 다 가마(Vasco da Gama)의 함대는 범선 4척에 승무원 170명에 불과했다. 그보다 수십 년 전인 1405년 명 영락제(永樂帝)의 출항 명령을 받은 정화는 장병 2만 7800명을 62척의 대선에 분승시킨 방대한 대함대를 이끌고 수도 남경을 출발했다. 이후 28년 동안 1차와 거의 같은 규모의 선단을 이끈 정화는 모두 7차에 걸쳐 가깝게는 인도 서해안, 멀리는 아프리카 동해안에 이르기까지 항해 거리 총 10만 해리(약 18만 5천km)의 소위 '남해(南海)' 원정을 감행했다. 그의 함대는 당시 세계 최대의 선단으로 "바다를 놀라게 한 거대 함대"라는 말이 결코 과장된 것이 아닐 정도였다. 그 규모나 항해 거리, 소요 시간 그리고 쏟은 공력 면에서 다른 두 사람과 비교할 수 없을 정도로 엄청남에도 불구하고 정화라는 이름은 그들 앞에만 서면 초라해진다. 남경의 서남쪽 우수산(牛首山) 자락에 있는 정화의 무덤을 찾을 때마다 필자가 가지는 의문이다.

14세기 유라시아 대륙을 크게 뒤흔든 돌림병이 페스트라면, 15세기 초 유라시아 해양 세계를 장기간 지배한 자가 바로 정화였다. 이 둘 모두 공교롭게도 중국 서남 산악 오지인 운남성(雲南省)에서 출발했고, 또 몽골의 중국 지배가 낳은 산물이기도 했다. 페스트는 본래 운남 지방의 고유한 풍토병으로 이 지방을 지배한 몽골인들의 말안장에 그 균을 보유한 벼룩이 기어들어가 초원 지대를 나오게 되었고, 14세기 전반 몽골 제국의 대교역망을 통해 중국·동유럽·북미·서유럽 등지에 퍼져 급격한 인구 감소와 사회의 황폐화를 초래했다.

정화는 원대 동서 무역과 국가 경제를 장악했던 색목인(色目人) 출신 환관이었다. 티베트 고원·베트남·타이·미얀마 등과 중국의 사천(四川)·호남(湖南)을 잇는 전략적인 요충인 운남의 지배를 위해 몽골은 이슬람 색목인을 대거 이주시켰던 것이다. 정화의 가문도 그중 하나였다.

몽골이 지배하던 시기의 중국은 정크(Junk) 교역의 최성기였다. 낙타 한 마리는 고작 270kg을 싣고 사막을 가로질러가야 하지만, 8세기 후반 송대에 사용된 300톤급 다우(Dhow)선 한 척은 600마리의 낙타가 싣는 짐과 500~600명의 선원을 실어 나를 수가 있었다. 실크로드 대신 원제국과 우호적인 일한국을 연결하는 해상 네트워크가 최성기를 맞게 된 것은 당연한 일이었다. 정화의 남해 원정은 몽골 시대가 바다에 일으킨 파동의 마지막 물결이었다.

역사적으로 명 태조만큼 백성을 땅에 묶어 두려는 황제도 없었다. 전체 백성을 땅에 묶어 두어야 왕조가 공고해진다는 것이 그의 정치 철학이었다. 명나라의 법률에는 어떤 사람이라도 외출할 경우 자신을 증명할 문건을 반드시 가지고 있어야 했다. 그의 정치는 이동을 엄격하게 규제하는 독특한 독재 체제에 의해 유지되고 있었다. 쇄국주의 하에서 자유로운 통상에 대한 생각을 갖기란 어렵다. 이런 분위기에서 그토록 먼 항해길을 떠났다는 것은 의외의 일이다. 그래서 이 원정을 명령한 영락제를 태조 주원장의 아들이라기보다 '쿠빌라이의 후계자'라고 부르기도 한다.

영락제가 이처럼 '튀는' 행동을 감행하기는 했지만 역시 주원장의 아들임에는 틀림이 없었다. 이 항해의 목적에 대해 오늘날까지 의견이 분분하지만, 명 제국의 중화 질서 구축의 연장이었지 몽골식 세계 질서의 재건에 그 목적이 있었던 것은 결코 아니었다. 바스코 다 가마가 이끈 네 척의 작은 범선은 돈과 시장을 얻기 위해 인도양으로 왔고, 콜럼버스도 같은 목적으로 떠났다. 이에 비해 영락제가 보낸 정화의 함대는 전투·탐험·통상 등의 실제적인 목적을 추구한 함대로는 지극히 비효율적인 것이었다. 중국 역대 왕조가 항상 그랬듯이 여러 나라들에 은혜를 베풀고 그들의 질서에 동참을 강요하는 사신들의 행차에 지나지 않았다. 함대 중심을 이루는 거함인 '보선(寶船)'은 각지의 지배자에게 사여할 '황제의 하사품'과 각지의 지배자가 황제에게 헌상하는 '보물을 싣는 배'였다.

정화의 함대가 중화제국 명나라의 위용을 바다의 세계에 과시한 것만은 사실이고, 어느 정도 중화 질서를 구축한 것도 실적이라면 실적이다. 그러나 바다에 나갔다 할지라도 역시 육지에 집착하는 사상과 행동의 울타리를 벗어나지 못하였던 것이 명나라의 한계였고, 정화에게 드리워진 숙명의 그늘이었다. 인류 역사상 이처럼 비경제적인 목적을 가진 대규모 항해 활동이 없었기 때문이다. 바다는 "정복과 무역을 위해 인류를 부른다"고 하였는데, 정화의 원정은 넓으신 중국 황제의 도량을 베푸는 데 목적을 두었다.

●

●●

●대항해가 정화의 고향인 현 운남성(雲南省) 곤양진(昆陽鎭)에 세워진 비. 그 북방에는 중국 6대 담수호인 곤명호(昆明湖)가 광활하게 펼쳐져 있다. 어린 시절 정화는 여기에서 항해의 꿈을 키웠다. 원대 재정을 거의 담당했던 색목인의 후예로서 조상에게서 물려받은 상재(商材)와, 한편으로 원의 해양 진출이라는 유산을 이어받은 영락제의 후원이 있었기 때문에 정화의 '남해 원정'은 가능했다.

●●일곱 차례에 걸친 정화의 원정 중에서 첫 번째 원정이 가장 규모가 컸다. 이때 참여한 선단은 최대 길이 약 150m, 너비 약 60m인 큰 배(약 8천 톤 규모) 62척으로 구성되었고, 참가 인원은 2만 7800명에 달했다. 그보다 1세기 후인 1498년에 희망봉을 돌아 찾아온 바스코 다 가마의 선단은 겨우 3척이었고, 기함 산 가브리엘 호도 120톤에 지나지 않았다고 한다. 마지막 항해에서 정화가 이용한 배는 계절풍을 이용하는 범선이었는데, 무풍(無風) 상태에 대비하여 10~20정의 노를 갖추고 있었다.

정화의 혈관 속에는 상거래의 귀재인 색목인의 피가 흐르고 있었지만, 그 역시 '도리를 다하고 이익을 도모하지 않는' 군자국(君子國)으로 환원한 명 제국의 일개 신하였을 뿐이다. 바다를 알고 무역의 경쟁을 이해했다 하더라도 그가 할 수 있는 일이란 콜럼버스와 바스코 다 가마와 같을 수는 결코 없었던 것이다.

정화가 6차 항해 중이던 1421년 정월에 명은 북경으로 천도했다. 그런데 그 해 4월 8일에 신설된 북경의 황궁 삼궁전(三宮殿)이 벼락을 맞아 불타는 사건이 발생했다. 그 의미를 묻는 영락제에 대해 한 신하는 중화제국의 전통을 무시하고 서양에 함대를 파견한 데 그 원인이 있다고 하였다. 그 주장이 수용되어 남해 여러 나라를 향한 항해는 물론 북방 민족과의 다마(茶馬) 무역마저 중지되기에 이르렀다.

정화의 사망 시기와 매장 장소는 묘연하다. 1433년 인도 서해안 항구 캘리컷에서 죽었다는 설도 있고, 귀국해서 죽었다는 설도 있다. 그는 35세 때 함대를 이끌고 첫 항해에 나선 이후 그가 사망한 것으로 추정되는 63세까지 대부분의 시간을 해상과 항해를 준비하면서 보냈다. 그가 만약 캘리컷에서 죽었다면 바스코 다 가마가 이끄는 포르투갈의 선단이 희망봉을 거쳐 이 항구에 이르기 65년 전의 일이다. 몽골 시대가 열었던 항해 시대의 마지막 불꽃을 장식한 인물 정화는 세상을 떠나고 소위 '대항해 시대'를 개척한 새로운 인물이 대신 같은 항구를 찾은 것이다. 먼저 해양 제국을 열 기회를 얻은 중국보다 늦었지만 실속 있게 대처한 서양이 이후의 수세기를 주도한 것은 당연했다.

정화의 남해 원정이 끝난 후 명나라는 줄곧 북방 세력과의 대치가 주종을 이루었고 동남해안선은 오랫동안 적막 속에 잠들게 되었다. 정화가 이토록 초라한 것은 정화의 잘못이 아니라 명 제국 질서가 그를 그렇게 만들었기 때문이다. 명 제국은 정화의 신체 일부를 잘랐을 뿐만 아니라 그의 꿈마저 빼앗아 갔던 것이다.

— 박 한 제

시베리아의 정복자들 :
스트로가노프 가문과 예르마크

'시베리아'는 무엇인가 비밀을 간직한 실체인 양, 그 단어 자체가 특별한 울림을 가지고 있다. 이 지명은 무엇보다도 우선 혹독한 자연 조건과 숙명에 내몰린 인간, 그리고 그의 고독한 결단이 풍기는 칼날처럼 비장한 분위기를 연상케 한다. 곧 시베리아는 사람들 뇌리에 '넓고 추운 유배의 땅'으로 새겨져 있다.

그러나 시베리아는 원래 유배의 땅이 결코 아니었다. 러시아 전체 면적의 약 4분의 3을 차지하고, 중국이나 미국의 전체 면적보다 훨씬 넓은(약 1300만 km²) 이 땅에는 투르크(야쿠트·시베리아 타타르), 퉁구스(에벤키), 피노-위구르(칸티·만시), 몽골(부랴트) 등 이곳의 주인인 아시아계 부족들이 흩어져 살고 있었다. 이들은 주로 수렵·유목 생활을 하고 샤머니즘을 신봉하였다. 칸을 자칭하는 지도자들이 출현하기도 하였으나 국가 형성 단계에까지 이르는 경우는 드물었고, 계급 분화의 정도도 약하였다. 시베리아를 러시아어로는 '시비르'라 하는데, 이는 원래 시베리아 타타르인의 한국(汗國)을 가리키는 명칭이었다.

가난하되 평등하며 자연에 순응하는 사람들이 살던 이 시베리아를 러시아인들이 본격적으로 정복하기 시작한 것은 16세기 말부터였다. 사실 시베리아의 서북부 지역은 러시아인들에게 일찍부터 알려졌는데, 노브고로드가 모피를 얻기 위해 이 지역을 지배하였다. 그러나 14~15세기가 되면서 모스크바가 이 지역에서도 차츰 지배권을 장악하게 되었으며, 16세기 말부터는 동쪽 및 남쪽으로의 영토 팽창에도 박차를 가하게 되었다. 시베리아 정복 초기의 주역이 바로 스트로가노프 가문과 예르마크 찌모페예비취다.

러시아는 킵차크한국으로부터의 독립을 선언한 후, 그 후속 한국들을 차례로 정복하였는데, 우랄 산맥 서쪽의 카잔한국이 러시아 영토가 된 것은 1552년이다. 그러나 인근 지역의 일부 세력은 저항을 계속하였다. 카잔한국이 정복되기 직전, 서부 시베리아에 있던 시비르한국의 통치자 에디게르는 자발적으로 짜르에게 복종할 것을 약속하고 조공을 바쳤지만, 그 후계자인 쿠춤은 조공 납부를 거부하고 오히려 러시아 영토를 공격하였다. 그로 인해 큰 피해를 보게 된 것이 당시 북동부 러시아에서 염전업, 광산 운영, 모피 교역으로 엄청난 부를 축적한 노브고로드 출신의 상인 기업가 집안인 스트로가노프 가문이었다.

이 가문은 그동안 대공이나 짜르들이 재정난에 부딪칠 때마다 거액의 돈을 빌려 주는 등 모스크바 중앙 권력에 긴밀히 협조한 대가로 면세 특허권을 얻어 사업 영역과 영지를 넓혀 나갔다. 그 영지는 우랄 산맥 일대에 널리 퍼져 있었는데, 이 집안의 관할 구역은 독자적 행정 조직과 사법적 특권까지 갖고 있었으므로 중앙 권력에 대해 일종의 '가신국가(家臣國家)'와도 같은 위치에 있었다. 스트로가노프 집안은 위구르인들을 비롯한 이민족의 잦은 습격에 대항코자 요새 시설을 갖춘 도시를 건설하였는가 하면, 때로는 그들이 먼저 이민족을 공격하기도 했다. 이 와중에서 시비르한국의 공격을 받자, 스트로가노프 가문은 아예 시비르한국을 없애 버려야겠다고 생각했다. 그러나 가문의 휘하에 있는 것은 농민들뿐, 숙련된 전사가 없다는 게 문제였다. 동남부 초원 지대의 카자크 두목(아타만)인 예르마크가 주목받은 것은 이런 상황에서였다.

카자키(개개인은 카자크로 표기함)는 남부·동남부 초원 지대 등지에서 자치권을 가지고 살면서 변방 수비를 담당하던 특수한 집단으로, 이들의 기원에 대해서는 여러 가지 설이 있지만 많은 연구자들은 중앙 정부와 지주의 속박을 피해 러시아 변경으로 달아난 개척자·탈주 농민·범죄자 등이 카자키의 주류를 이룬 것으로 보고 있다. 러시아 민요에서는 예르마크가 투르크 술탄의 감옥에 갇힌 적도 있고 카잔한국의 정복에서도 활약했다고 노래되지만, 그는 실제로는 볼가 강과 돈 강을 오르내리며 노략질하는 해적이었다고 한다. 이러한 그가 짜르 이반 4세와 관련된 상인을 습격하는 바람에 통치자의 노여움을 사 처벌받을 위기에 놓이게 되었다.

바로 이때 스트로가노프 가문이 그에게 손을 내밀어 "명예로운 봉사를 하도록" 불러들이면서, 무기와 전비를 지급할 테니 시비르한국을 정벌하라고 제의했다. 예르마크가 이를 수락함으로써 마침내 1582년 러시아의 시베리아 정복의 막이 올랐다. 예르마크는 카자키 무리를 이끌고 우랄 산맥을 넘어가 이르티슈 강을 오르내리며 시비르한국을 공격했다. 그의 부대는 대포와 화승총으로 무장하였으므로, 활과 화살이 고작인 쿠춤 군대로서는 대적할 수가 없었다. 결국 러시아인들은 1586년 투라 강변, 옛 시비르한국 수도의 자리에 시베리아 최초의 러시아 도시인 튜멘을 건설하였다. 예르마크는 1585년 쿠춤 부대와의 후속 전투에서 사망했는데, 거친 싸움꾼에 불과했을 그가 러시아 민요나 애국주의적 러시아 사학에서는 짜르와 러시아 민족을 위해 이민족을 정복한 애국자로 영웅시되고 있다. 비적들을 고

시베리아 타타르인들을 정복하던 '대장 예르마크'는 이르티슈 강의 큰 물결 속에서 전사했다. 사람들은 그의 활약과 죽음을 수많은 민요 속에서 노래하고 있지만, 예르마크 부대에 화살로 맞서다 패한 시베리아인의 후손들도 기꺼이 그 노래들을 부를까?

용했다고 스트로가노프 가문에 대해 격노했던 짜르 정부는 예르마크의 승전보에 환호했을 뿐 아니라, 그 후로는 본격적인 시베리아 정복을 스스로 주도해 나갔다.

시베리아 정복 과정은 비교적 동일한 패턴의 반복이었다. 정복의 가장 기본적인 원동력은 '모피'에 대한 열망이었다. 이는 향신료가 서구인들의 대외 진출을 자극한 유인 가운데 하나가 되었던 것에 비견할 수 있다. 서구인들은 바닷길을 통한 영토 확대에 나서 제국주의의 길에 들어섰던 반면, 러시아인들은 육로를 통한 연속적 팽창에 나서 시베리아 정복을 완수한 점이 차이이긴 할 테지만 말이다. 담비와 흑담비 같은 동물의 모피는 유럽 상류층 사이에서 엄청난 인기를 끌고 있었으므로 대단히 비싼 값에 판매되었고, 그에 따라 모피의 풍부한 공급원이던 시베리아도 탐나는 약탈 대상 지역이 되었다. 러시아인들은 토착민들에게 냄비·술 등 싸구려 물품을 제공하고 값비싼 모피를 건네받기도 했지만, 짜르에게 조공(야삭)으로 모피를 바치라고 강요하는 것이 더 일반적이었다. 유럽의 모피 수요가 늘어날수록 시베리아에서의 모피 동물 남획도 심해졌고, 모피 동물이 한 지역에서 사라지면 러시아인들의 행렬도 더욱 동쪽으로 나아갔다.

이 같은 행보 끝에 마침내 러시아 원정대는 1649년 태평양 연안(오호츠크 해 연안)에 이르렀다. 시베리아 정복과 탐사는 그 후로도 계속되어 18세기에는 시베리아 전역이 러시아의 지배권 아래 들어왔다. 시베리아에서 모피 동물이 고갈되자 모피를 찾는 러시아인들의 행렬은 태평양을 건너 알래스카의 정복으로 이어졌다. 19세기 후반에 알래스카가 경제성이 적다는 이유로 제정러시아 정부가 이곳을 헐값에 미국에 팔아넘기기는 했지만, 어쨌건 시베리아—알래스카 정복은 몽골 지배 극복 이후 모피를 찾아 계속된 러시아인들의 엄청난 정복열을 보여 준다.

시베리아를 장악한 후 러시아인들은 도시를 세우고, 정교회를 건설하고, 유럽 지역 농민들을 이주시켜 농사를 짓게 했다. 그리고 기후 조건이 좋지 않은 이곳은 유형의 장소로 선택되었다. 유배로 치면, 제정러시아 시대의 정치범이나 범죄자들만 시베리아에서 유배 생활을 한 게 아니다. 토착민들도 러시아에 정복당한 후로는 바로 자기 땅에서 유배자의 운명으로 살게 되었다. 러시아인들과 전투하다 사망하고, 러시아인들이 퍼뜨린 전염병으로 죽고, 그러고도 살아남은 토착민들은 문화적으로 러시아인들에게 종속되었다.

내가 튜멘을 찾겠다는 생각을 한 것은 시베리아에 처음으로 세워진 러시아 도시인 이곳이 과연 어떤 모습을 하고 있을까 궁금했기 때문이다. 그곳에서는 토착 문화의 흔적을 거의 찾아볼 수 없었다. 단순히 러시아에 정복된 현실만이 아니라 타타르인이 거주했던 역사적 흔적을 보고 싶어하는 일행의 희망은 국립박물관에서도 튜멘 대학 박물관에서도 이루어지지 않았다. 이 도시는 주민의 외양에서 가끔 유럽계와 아시아계의 혼혈 흔적을 찾을 수 있는 것말고는 철저히 러시아화되어 있었다. 그럼에도 타타르인들을 만나 보고 싶다는 열망을 포기할 수 없어 일행은 실례를 무릅쓰고 튜멘 대학 역사학부장 세르게이 콘드라티예프 교수를 만나러 무작정 연구실로 찾아갔다. 불시에 쳐들어간 외국인 방문객들을 위해 한 시간 이상이나 전화로 인근의 타타르인들을 탐문하는 수고를 아끼지 않은 콘드라티에프 교수 덕분에 버스를 타고 동북쪽으로 30분 이상을 달려가서 찾아낼 수 있었던 곳이 얀바예보 마을이었다. 이곳 역사박물관에서는 미리 연락받은 세 명의 타타르인 직원들(관장을 포함해서 모두 여성이었다)이 우리를 따뜻이 환대해 주었다. 그들은 광활한 서부 시베리아의 한 점 섬과도 같은 이 작은 마을에서 타타르인으로서의 자존심을 지키며 살아가고 있었는데, 몽골 제국에 대한 생각을 묻자, 그것은 역사상의 일일 뿐이며 현재와는 관련이 없다고 이구동성으로 말하였다.

그렇듯 러시아의 시베리아 진출은 엄밀한 의미에서 동서의 교류가 아니라 일방적 정복과 지배의 과정이었다. 그것은 백인에 의한 아메리카 대륙의 정복 과정과 비슷하였다. 다만 북미 대륙과 비교한다면 러시아의 시베리아 정복에서는 토착민의 물리적 박멸, 문화적 소멸이 그렇게까지 철저하지는 않았고, 러시아인과 토착민의 통혼을 통한 인종적 혼합의 성격이 더 강했다고 할 수 있다.

하지만 동서양의 만남이라는 관점에서 보면 어쨌건 시베리아는 유라시아 국가인 러시아에서 아시아 부분을 대표한다. 몽골 제국의 지배를 받으면서 아시아 문명과 조우했던 러시아는 시베리아를 지배함으로써 아시아 문화를 불가분의 일부로 포함하게 된 것이다. 새로운 시베리아는 횡단철도를 통해 유라시아 대륙을 하나로 연결하는 교통망의 지리적 주역으로 떠오를 것이다. 그럴 때면 알겠는가. 이곳에서 백인들 손에 희생당했던 토착민들의 삶과 문화를 기리는 마음들도 늘어날 것임을.

— 한 정 숙

8
전쟁과 사회 변동

- 장성(長城)과 명의 쇄국주의
- 유목민과 기마전
- 군제 변화와 러시아 농민의 농노화
- 서구에서 총포·화약의 등장과 사회 변동

● 유 라 시 아 대 륙 (8 장 참 고 지 도)

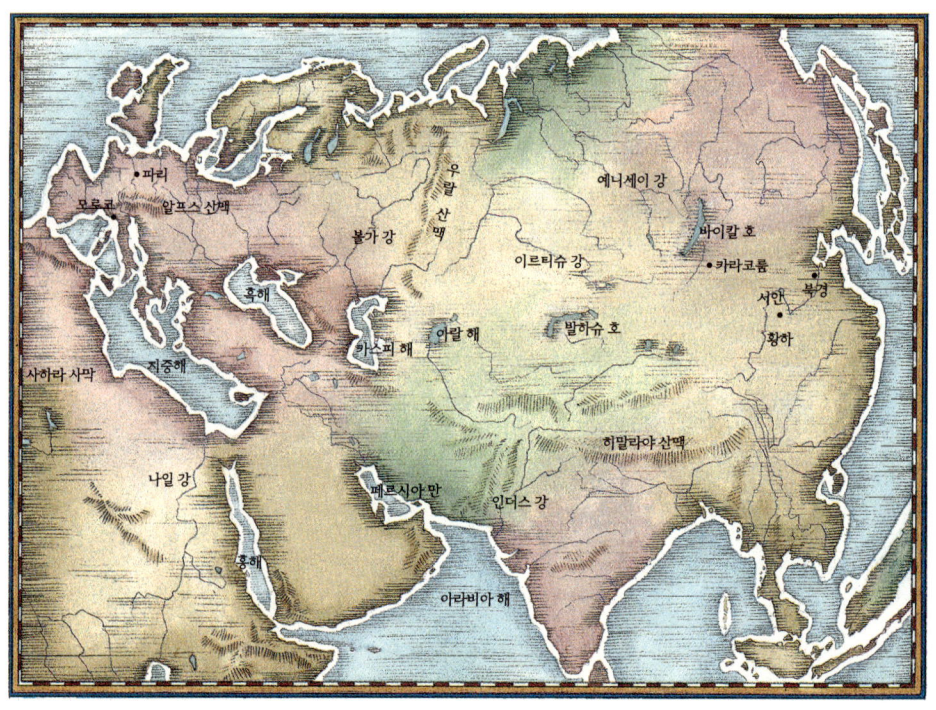

장성(長城)과 명의 쇄국주의

북경 서북 팔달령(八達嶺)의 (만리)장성에 가면 "장성에 오르지 않으면 대장부가 아니다[不到長城非好漢]"라는 마오저뚱이 쓴 비석이 서 있다. 외국 귀빈들이 중국을 방문하면 으레 안내하는 곳도 이곳 장성이다. 세계 7대 기적의 하나이며, 달에서 볼 수 있는 지구상의 유일한 인공 구조물이라는 이 장성이 중국인에게 그토록 자부심을 일으키는 기념비적인 건축물이란 말인가.

기원전 7~6세기 춘추시대 진(秦)·조(趙)·연(燕) 등 각국이 상호 방어와 북방 유목 민족의 침략에 대비하기 위해 이 성을 쌓기 시작한 이래 17세기 명대 말에 이르기까지 장성은 2천 년이란 긴 축조의 역사를 가지고 있다. 장성이 중국인에게 진정한 자부심의 표상인지는 몰라도 이것을 빼고서 중국 역사와 문명을 논할 수 없는 것은 확실하다.

공교롭게도 15인치 강수선을 따라 이어져 있는 장성은 농업과 유목의 천연 분계선인 동시에, 농경 한족이 북방 유목 민족의 침략을 막는 방어선이다. 세계 다른 지역에서 쉽게 찾아볼 수 없는 평원과 초원의 직접적인 대치는 특이한 역사적 관계를 형성하였던 것이니, 중국 전근대사는 한마디로 유목 민족과 농경 민족 간의 투쟁의 역사였다고 말할 수 있다. 물산이 풍부한 농경 한인들이 내향적이면서 안정을 추구하는 문화 유형을 형성하였다면, 물산이 원초적으로 부족한 북방 유목민은 그 부족한 부분을 중원에서 채워야만 했다. 이런 남북 관계가 한인 왕조로 하여금 장성을 축조하도록 했던 것이다.

장성이라면 보통 한족 통치자의 전유물로 오해하고 있지만, 많은 유목민 출신 군주들도 중원에 왕조를 건립한 이후에 몽골 고원에 등장한 새로운 주인들로부터 자신의 안전과 물자를 보호하기 위해 장성을 쌓았다. 북위·동위·북제·수·금 등의 왕조가 그러했다. 중국 역대 왕조는 위험이 덜한 바다에 신경을 쓰기보다 육지로 쳐들어오는 유목 민족을 방어하는 것이 더 시급하다고 항상 여겼던 것이다. 청나라 말기에조차 '육방(陸防)'론이 '해방(海防)'론을 제압했을 정도였다. 이 점이 바로 북방 민족이 중국 역사에 남긴 깊은 주름살이다.

장성 수축(修築) 역사 가운데 가장 공력을 들인 시대는 뭐니뭐니해도 진시황과 명대(1368~1644)이다. 진시황의 장성 수축이 어느 정도 중국의 힘을 표현한 것이라면 명대 장성의 중수는 중국 문명의 실패와 퇴영을 상징한다. 장성의 중수는 명대 대부분의 기간에 거의 중단 없이 계속되었으니 장성 역사상 가장 많은 비용과 인력이 소요된 것이다. 벽돌과 돌로 만든 이 긴 성은 압록강변에서 가욕관(嘉峪關)까지 동서로 6300여km나 된다. 또한 성장(城牆)의 평균 높이는 7~8m이고, 평균 너비는 4.5m이다. 장성 위로 다섯 마리의 말이 함께 달리고, 열 명이 같이 걸을 수 있는 폭이다.

명이 이렇게 장성을 중수한 데는 여러 가지 요인이 있지만 몽골 초원으로 돌아가 대원(大元) 제국의 부흥을 꿈꾸는 원의 잔존 세력에 대한 방어

서안의 명대(明代) 성벽은 명 태조 홍무(洪武) 7년에 건축된 것으로 서안시 중심부에 위치하고 있다. 성벽의 높이는 12m, 폭은 아랫단이 18m, 윗단이 15m이다. 성벽은 장방형 모양으로 전체 둘레가 11.9km로 네 개의 성문이 있는데, 그중 서문이 안정문(安定門)이다. 이 성벽은 건축 후 1568년, 1781년, 1983년에 걸쳐 세 차례의 수리 공사를 거쳤으며, 현재는 환성공원(環城公園)이 만들어져 있다.

와 쇄국주의를 표방한 국시(國是), 이 두 가지로 요약할 수 있다. 명 태조는 황자를 각지에 왕으로 봉하고 병권을 주었는데, 장성 내외에 배치된 소위 '새왕(塞王)'들에게 훨씬 더 많은 병력을 배당했다. 또 인민의 희생을 감수하고 전매품인 소금의 판매권(鹽窩)을 염상에게 넘겨준 대신 그들로 하여금 북변 병사들의 군량 조달을 책임지게 하는 정책을 취했다. 이것 역시 장성 밖 북방의 적이 그만큼 위협적이었다는 것을 의미한다.

그럼에도 불구하고 장성은 명조의 안전을 확보해 주지는 못하였다. 영종(英宗) 정통제(正統帝)가 토목보(土木堡)에서 원의 잔존 세력의 하나인 오이라트(瓦剌) 에센(也先)에게 포로가 되는 수모를 겪었던 사실은 이 점을 말해 준다. 그러나 명은 계속 장성을 수리하고 쌓는 것 외에는 다른 방법을 찾지 못했다.

중국 역사상 명대는 '축성(築城)의 시대'라 할 수 있다. 장성뿐만 아니라 서안(西安)이나 형주(荊州) 성 등 현재도 그 위용을 유감없이 자랑하고 있는 성들 대부분이 명대에 축조되었다. 성에 대해 본래 호감을 갖지 않았기 때문에 축성과 보성(補城) 작업을 금지했던 원조를 이어 명조가 건국되었다는 점도 물론 작용하였다. 그러나 장성 축조의 가장 직접적인 원인은 명조의 국시와 관계가 있었다. 전혀 실용적이지 않다고 말할 수는 없지만, 내지에 축조된 성들은 황제의 위광을 드러내기 위한 것이었다.

명 왕조가 국시로서 표방한 쇄국주의는 북변만이 아니라 해변에도 장성을 쌓게 했다. 장성은 소위 '북쪽 오랑캐와 남쪽 왜구(北虜南倭)'의 방어벽이었다. 1569년 계진총병(薊鎭總兵)으로 부임하여 16년 동안 산해관(山海關)에서 거용관(居庸關)까지의 장성 축조를 지휘했던 척계광(戚繼光)은 왜구를 막기 위해 다시 해변에 장성을 쌓았다. 그것이 바로 봉래수성(蓬萊水城)이다. 그런데 그가 이끌었던 중국 최초의 해군은 멀리 바다로 나가 적을 치기는커녕 어처구니없게도 이 성벽 뒤에서 수비하고 있었다. 왜구가 끊임없이 바다를 건너와 중국을 치는데도 중국은 그들이 무엇 때문에 쳐들어오는지를 구체적으로 살피려 하지 않았다. 당시 유럽 각국은 이미 화기로 무장한 해군을 보유하고서 통상을 위해 세계 각처로 함대를 보내고 있었는데, 중국은 자기 것을 지키기 위해 장성을 보수하는 데 정신이 없었다. 뿐만 아니라 그 장성을 바다에까지 연장시켰다.

장성은 칼과 창·활 등 소위 냉병기(冷兵器)를 사용하는 시대의 산물이다. 따라서 시간이 흐름에 따라 그 효용성이 줄어들어, 결국 명나라 내외의 어느 적도 제대로 막아 주지 못하였다. 장성 축조는 많은 인력과 물력을 소비한 결과 농민 반란의 빌미를 제공하였을 뿐, 정작 단련된 만주족 팔기병(八旗兵) 앞에서는 큰 도움이 되지 않았다.

청나라 강희제(康熙帝)가 "나라를 지키는 방도는 오직 덕을 닦아 백성을 안정시키는 데 있는 것〔守國之道 惟在修德安民〕"이라면서 "백성의 마음을 한데 모아 사람으로 성을 쌓아야 한다〔衆志成城〕"고 한 것은 이런 연유에서 비롯된 것이다. "명은 장성을 수축하고 청은 묘우를 지었다〔明修長城 淸修廟宇〕"고 하듯이 청의 정책은 바뀌었다. 명의 실패를 거울 삼아 청은 변방의 몽골·위구르·티베트 등 여러 소수 민족을 회유·포용하기 위해 북경에는 라마 옹화궁(雍和宮)을, 행궁(行宮)인 열하(熱河)의 피서 산장 외부에는 각 민족 고유의 묘우〔外八廟〕를 지어 주고 자유로운 종교 활동을 보장했다. 명과 다른 청의 이러한 대외 인식의 변화도 소수 민족의 종교적인 포용 정책에 그쳤을 뿐, 그 시야를 보다 멀리 해외로 넓힌 것은 아니었다. 그것이 청조가 가졌던 한계였다.

그렇다면 장성은 56개 민족의 합체인 소위 '중화 민족'과 노동 인민의 정권임을 표방하는 '중화인민공화국'에 과연 무슨 의미를 갖는가. 수많은 중국 역사 유물 가운데 장성만큼 현재 중국의 국시와 맞지 않는 것도 별로 없을 것이다. '중화와 오랑캐를 가르고', '노동 인민의 수많은 희생을 강요' 하면서 축조되었던 이 장성이 왜 그토록 자랑거리가 되는지 명쾌하게 설명되지 않는다.

― 박 한 제

유목민과 기마전

몽골 중부의 도시 체체를렉에서 하루를 묵은 우리 일행은 빡빡한 일정 때문에 아침 일찍 일어나야만 했다. 우리는 양젖으로 만든 차와 야채수프 그리고 빵으로 간단히 요기를 마친 뒤 카라코룸을 향해 출발했다. 초원에서 맞은 초여름의 아침 햇살은 청량했고 달리는 차 안으로 불어오는 바람 역시 상쾌하기 그지없었다.

그러나 오전 10시가 조금 넘었을까, 예기치 못했던 갑작스런 사태로 우리의 발길은 묶이고 말았다. 일행을 실은 러시아제 미니밴의 타이어에 펑크가 난 것이었다. 그런데 조급한 마음을 달래며 기다리고 있는 우리의 눈에 멀리서 뽀얀 흙먼지가 이는 것이 보였다. 처음에는 무엇인지 잘 분간할 수 없었지만 곧 요란한 소리와 함께 한 무리의 기마대가 다가오는 것이 아닌가. 이들은 다름아닌 '나담'이라는 전통 축제에 참가한 기수들이었다.

'나담'이란 씨름·활쏘기·말타기의 세 가지 전통 무예의 기량을 겨루기 위해 매년 7월 초순에 열리는 일종의 전국체전과 같은 것이다. 온통 땀으로 뒤범벅이 되어 "힛! 핫!" 하는 소리와 함께 말을 몰며 오는 기수들은 놀랍게도 모두 초등학생 나이 정도 되는 소년들이었다. 신기한 눈으로 우리를 쳐다보며 스쳐가는 얼굴들은 검게 그을려 있었고, 눈은 목표 지점에 먼저 도착하려는 의지로 이글거리고 있었다. 이들이 바로 역사상 전무후무한 대제국을 건설한 몽골 기마민의 어린 후예들이다.

13세기 초 몽골 제국을 방문했던 유럽인 카르피니는 다음과 같은 기록을 남겼다. "어린아이가 두 살이나 세 살이 되면 곧 말을 탈 줄 알게 되고, 사람들은 아이의 나이에 걸맞은 조그만 활을 주어 활쏘는 법을 가르쳐 준다." 말하자면 이제 막 걸음마를 뗀 아이에게 말타기와 활쏘기부터 익히게 했던 것이다. 이 두 가지 기예를 연마하지 않고는 목축 · 이동 · 사냥 · 전쟁, 그 어느 것도 불가능했기 때문에 그것은 유목민의 생존에 필수적인 요소였다.

어려서부터 기마술과 궁술을 습관처럼 익힌 이들을 상대로 농경민이 기마전을 벌였을 때 그 결과가 어떠할지는 자명하다. 특히 유목민들에게 사냥은 보조 식량을 획득하는 방법이기도 하지만 동시에 그것은 모의 전쟁과 같은 것이었다. 수천에서 수만 명이 참가하여 벌이는 '몰이 사냥'의 기술은 유목민들이 도시를 포위하고 주민들을 몰아서 포획 · 살상할 때 그대로 되풀이되었기 때문이다.

인류 역사에서 총포가 출현하기 이전까지 기마 군단은 가장 가공할 전쟁 기계였다. 한 마리 혹은 여러 마리의 말이 끄는 수레, 즉 전차를 타고 전투를 벌이는 양상은 이미 고대에 종말을 고했다. 탁월한 기동성에 비해 험준한 산지에서 전투를 벌일 때는 무력할 수밖에 없었기 때문이다. 그러나 전차 부대를 대체한 기마 군단이 위력을 발휘하기 위해서는 몇 가지 전제 조건이 갖추어져야 했다.

무엇보다도 먼저 등자(鐙子)의 발명은 기마전에 혁신적인 변화를 가

우리의 아이들이 컴퓨터 게임에 넋을 잃고 조그만 핸드폰의 자판을 누르며 시간 가는 줄 모르고 있을 때, 몽골의 아이들은 말채찍을 휘두르며 초원의 바람을 가르고 달린다. 나담 축제에 참가한 아이들의 검게 그을린 얼굴에서 진정한 건강함을 느낄 수 있다.

져왔다. 등자가 처음 사용된 것은 기원전으로까지 거슬러 올라간다. 고대 스키타이인들도 등자를 사용했다고 하지만, 그것은 가죽으로 만들어진 것으로 말에 오를 때만 사용했을 뿐 일단 기마시에는 등자에서 발을 빼내어 두 다리를 말 옆구리에 붙여서 말을 통제하고 균형을 유지했다고 한다. 이에 비해 파르티아(Parthia)인들은 철제 등자를 만들어 발을 빼지 않고 끼운 채 돌진하여 그만큼 적에게 강한 충격을 줄 수 있었다. 철제 등자의 발명은 기마술에 일대 혁명을 일으켰고, 그것은 유라시아 전역으로 확산되었다. 통일신라시대의 고분에서 출토된 한 유물은 이 철제 등자가 한반도에까지 전파되었음을 보여 준다.

기마전의 파괴력은 궁시(弓矢)의 사용으로 더욱 강화되었다. 『사기(史記)』에도 고대 흉노인들이 가장 즐겨 사용하는 무기로 궁시를 들고 있다. 활은 형태상으로 장궁(長弓)·단궁(短弓)·노(弩)로 구분되고, 구조상으로는 단판궁(單板弓)과 합판궁(合板弓)으로 나뉜다. 몽골인을 비롯한 유목민들이 주로 썼던 활은 합판 단궁이었다. 단궁은 활의 길이가 짧아서 파괴력은 장궁에 비해서 떨어지지만 사정거리가 멀고, 장거리 이동시 휴대가 용이하다는 장점이 있다. 합판궁은 두 개 혹은 그 이상의 조각(소재는 大角羊의 뿔이나 木片)을 붙여서 만든 것으로 신축성이 뛰어나다는 특징이 있다. 합판 단궁으로 무장한 몽골의 기마 군단이 적과 마주치게 되면 원거리에서 화살을 비처럼 쏟아부어 적진을 교란시킨 뒤, 본대가 전후좌우를 공격하여 압도해 버렸던 것이다.

물론 몽골인들이 궁시에만 의존했던 것은 아니다. 근거리에서 육탄전이 벌어질 때에는 활 대신 칼과 창을 사용했다. 그들은 한쪽에만 날이 선 휘어진 칼(sabre, 環刀)뿐 아니라 양쪽에 모두 날이 있는 단검(sword, 소위 아키나케스검)도 사용했다. 카르피니의 기록에 따르면 몽골인들은 여러 종류의 창을 사용했는데, 그중에는 창 끝 옆부분에 갈고리가 달려 있어 마상의 적을 끌어내리거나 쓰러진 적을 끌고 갈 수 있게 만들어진 것도 있었다고 한다.

이러한 무기들로 무장한 유목 기마 군단의 전투 대형 역시 그 기동성이 최대로 발휘되는 방식으로 이루어졌다. 대체로 본대는 좌익·중군·우익의 삼익(三翼) 체제로 이루어져 있고, 본대의 앞뒤에는 전위와 후위가 배치되어 있었다. 전위 앞에는 다시 전초병들을 두어 적의 동정을 파악하는 임무가 부여되었다. 장거리 원정시에는 가족들을 동반하는 경우가 많았는데, 전투가 벌어지기 직전에 가족·천막·가축들은 후위의 뒤쪽 안전한 장소에 은폐시켜 놓았다. 이러한 삼익 체제는 제국 구조와도 직결되어 칭기즈칸은 자기 동생들을 좌익에, 자식들을 우익에 배치시켜 제국의 통치를 위임했던 것이다.

그러나 칭기즈칸과 그의 후예들이 유럽과 아시아에 걸쳐 거대한 제국을 건설할 수 있도록 밑거름이 되었던 기마 전술은 화약과 총포의 발명으로 갑작스러운 몰락을 맞게 된다. 대포의 파괴력과 총탄의 신속성 앞에서 기마군은 그야말로 무력할 수밖에 없었다. 17세기 말 청나라의 강희제가 몽골 유목민과 벌인 일대 전투에서 승리할 수 있었던 것도 기마술에 능한 팔기병과 동행했던 포병이 있었기 때문이다. 기마 전술의 퇴장과 함께 지난 2천 년 동안 유라시아를 호령하던 유목 제국의 종언은 역사적인 필연이었다. 수많은 민족들을 공포에 떨게 하던 기마술은 이제 승마라는 이름으로 몽골의 나담 축제에서, 혹은 미국의 켄터키 더비에서, 아니면 과천 경마장에서 스포츠나 오락 또는 도박의 대상이 되고 만 것이다.

_ 김 호 동

군제 변화와 러시아 농민의 농노화

우크라이나 출신의 러시아 작가 고골리가 쓴 소설「죽은 혼」은 19세기 전반 러시아에서, 이미 사망했지만 호적에는 아직 생존자로 올라 있는 농노를 사러 떠돌아다니는 치치코프라는 사기꾼에 관한 이야기다. 그는 농노를 저당 잡혀 국가 기관으로부터 거금을 빌릴 수 있다는 사실에 착안하여 서류 상으로만 존재하는 농노의 소유주 행세를 하러 들었으니, 영락없는 러시아 판 봉이 김선달이다. 이 작품이 당시 러시아 사회의 치부를 얼마나 속속들이 절묘하게 풍자했던지, 1부 원고를 미리 읽은 푸쉬킨은 "이 모든 것은 진실이다. 러시아는 얼마나 슬픈 나라인가"라고 말하며 깊은 한숨을 내쉬었다고 한다.

  인간을 소유하고 매매·양도하고 저당 잡히고 유산으로 물려줄 수 있게 되어 있던 농노제가 프랑스 혁명 이후 자유·평등의 이상에 눈뜬 러시아 지식인들에게 수치심을 불러일으키고 체제 변혁의 필요성에 대한 자각을 일깨웠음은 당연하다. 전제정과 더불어 농노제는 구체제 러시아의 후진성을 상징하면서 19세기 후반까지 끈질기게 유지되고 있던(전제정은 20세기 초까지 유지됨) 오점과도 같은 것이었다.

 노예나 부채 예속민이 키예프 시대부터 존재하기는 했지만, 대부분의 러시아 농민들은 서유럽에서 농노제가 유지되고 있던 14~15세기 이전까지는 오히려 상당한 인신적 자유를 누리고 있었다. 이른바 '제2의 농노제'의 물결 속에서 러시아를 비롯한 동유럽의 농민들이 법적 예속 상태에 빠지게 된 것은 서유럽에서는 농노제가 이미 철폐되었거나 철폐되어 가고 있던 15~16세기부터였다. 역사학자들은 흔히 엘베 강 이동 동유럽 지역 농민의 농노화를 초래한 것은 이 지역 농산물의 시장 판매 확대였다고 이야기한다. 즉 발트 해를 통해 농산물을 서유럽으로 판매할 기회를 점점 더 많이 갖게 된 대농장주들이 노동력을 확보하기 위해 농민들을 토지에 붙들어 매기를 원했고, 이것이 국가 권력의 도움으로 법적 재가를 얻게 되었다는 것이다. 그러나 러시아의 경우는 사정이 약간 달랐다.

 러시아 전체 인구의 거의 절반을 인신 예속 상태에 빠져들게 하였던 농노제의 성립은 몽골 지배를 극복하고 킵차크한국의 후계 국가들의 공격에 대응하는 과정에서 이루어진 군제 변화와 밀접한 관련이 있다. 몽골 지배 이전 러시아의 주요 병력을 형성하고 있던 것은 공(公)들의 무장 수행인 집단인 드루지나였다. 드루지나는 공으로부터 현물이나 현금으로 급여를 받았으며, 자신이 섬기던 공을 떠나 다른 공에게 봉사할 수도 있었다. 드루지나는 기병이었고, 주로 도시 민병대로 구성되는 보병이 이를 보충했다. 전법은 교전 상대 사회의 전법에 대응하는 방향으로 발전했다. 즉 키예프는 비잔티움으로부터, 북서부 지방은 서유럽으로부터 영향을 받았으며, 경기병은 초원 지대 유목민의 영향을 받아 형성되었다. 숲과 강, 늪지가 많은 중부 이북 지방에서는 보병의 역할도 중요했다. 이들은 성벽과 성문을 방어하며 토목·수송·척후 활동을 하였을 뿐 아니라, 전투 부대에서 궁병으로도 활동했다.

　이러한 러시아 군제는 몽골 군대에 대응하기 위해 바로 그 몽골 군제를 모방하는 과정에서 변화하였다. 그에 따라 보병의 중요성이 감소하고 기병대의 의미가 훨씬 커졌다. 러시아 군대는 두 날개처럼 적군을 에워싸서 기습하는 전형적 몽골식 전법을 채택한데다 무기와 군복까지 부분적으로 몽골 것을 차용하였다. 군대를 다섯 부대로 편성하는 것도 몽골군에게서 배운 것이었다.

　그러나 중요한 것은 전법의 변화보다 병력의 사회적 성격의 변화였다. 몽골 지배 이전인 12세기 후반부터 러시아의 드루지나는 분화하고 있었으니, 그 상층은 '보야린'이라 불리는 특권적 혈통 귀족으로 변하여 토지를 세습적으로 소유하며 스스로 드루지나를 거느렸고 공들에 대해 독립성을 가지게 되었다. 반면 하층 드루지나는 여전히 공들에게 봉사하면서 그가 주는 급여로 살았다. 이들은 공의 궁정에 봉사하는 신하라는 의미로 '드보르(개개인은 드보랴닌이라 칭함)'라 불렸는데, 몽골 제국에도 이 비슷한 조직이 있었던데다 몽골 지배 하에서 민병대는 철폐되었으므로 드보랴닌의 군사적 중요성은 더욱 커졌다. 러시아의 통일과 독립 과정에서 혈통 귀족층의 충성심을 믿지 못하게 된 모스크바 대공과 짜르들은 드보랴닌층을 집중 육성하게 되었다. 특히 몽골로부터 독립을 선언한 후 새로 등장한 국경 수비 과제와 늘어난 행정 수요는 드보랴닌층의 증대를 요하였다.

　이제 러시아 국경은 남쪽과 동쪽으로 크게 확대되었는데, 기나긴 초원 지대 국경을 킵차크한국의 후계 한국들(크림한국·노가이한국)에 맞서 지켜 내는 것이 러시아 정부가 안고 있는 커다란 과제였다. 이들 한국은 러시아의 독립을 인정하지 않고 러시아에 종주권을 행사하고자 하여 국경을 빈번하게 공격했기 때문이다. 서쪽으로는 폴란드-리투아니아와의 전쟁에

러시아인들은 몽골군의 내습을 신의 징벌로 여겼으며,
러시아군이 몽골군을 격파하는 모습을 자주 필사본 삽화의 소재로 삼았다.
그러나 피정복자는 정복자를 미워하면서도 닮는 법일까?
몽골인들은 새로운 군제와 전술을 러시아인들에게 남겨주었다.

대비해야 했으므로 러시아는 폴란드—리투아니아 국경에서 돈 강에 이르는 국경 지대 요소요소에 방어선을 구축하고 요새와 망루를 세웠으며, 병력 주둔지를 건설하여 군사령관의 관할 아래 두고 드보랴닌 기병대로 하여금 연중 일정 기간 순회 근무를 하게 하였다.

짜르 정부는 군사·행정 업무를 담당하는 드보랴닌에게 토지를 수여하고 이 토지에 거주하는 농민 노동력을 무상으로 이용하게 하였다. 이러한 군관직 종사자들은 급여 토지 보유자란 의미에서 '포메시치키'라 불렸으며, 봉직 기간에 한해서 토지를 보유하고 농민들에게 이를 경작하도록 할 수 있었다. 문제는 농민 노동력을 포메시치키에게 어떻게 확보해 줄 것인가였다. 키예프 시대 이래 러시아 농민들은 밀린 빚이 없으면 자유로이 다른 곳으로, 혹은 다른 지주에게로 옮겨갈 수 있었던 것이다.

그런데 국방의 새로운 주역이 된 중소 포메시치키의 보유지는 대개 농민 5~6호 정도 규모로 영세했으므로 농민 생활이 대지주 소유지에서보다 더 어렵고 농민 착취의 정도가 심할 수밖에 없었다. 그렇게 되자, 농민들은 포메시치키 토지를 떠나 대지주에게로 옮겨가거나 아예 공권력이 미치지 않는 변경 지대로 도주하기 시작했다. 포메시치키들은 정부에 대고, 농민의 거주 이전의 자유를 제한 혹은 금지시켜 달라고 호소하였다. 짜르 정부는 이들의 호소를 받아들여 차츰 농민의 이동의 자유를 제한하였으며, 이주를 금지당한 농민이 도주한 경우 이들을 추적하여 되잡아올 수 있는 권리를 토지 보유자 혹은 소유자에게 부여하였다.

이러한 이른바 '추쇄(推刷)'의 시효는 도주 시점으로부터 5년에서 시작되어 차츰 늘어나다가, 1649년에 편찬된 법전에서는 아예 철폐되었다. 한번 어떤 사람의 토지에 거주하게 된 농민은 영구히 그 토지에 붙박히게 된 것이다. 이것이 곧 농민이 농노 상태로 떨어져 버리는 과정의 법제적 완료였다. 다시 말해 국방의 필요를 충당하기 위해 새로운 형태의 토지보유제가 창설되었고, 농민의 농노화는 이로 인해 이루어지게 된 것이다.

푸가초프 농민전쟁에서 보듯 러시아 농민들은 농노제 철폐를 외치며 대대적 봉기를 일으키기도 했으나 번번이 실패했고, 짜르 정부와 지주들의 농노 억압은 그때마다 더 심해져 18세기에 이르면 농노는 앞에서 본 것처럼 매매·저당·양도·유증의 대상이 되어 동산노예(動産奴隷)와 다를 바 없는 상태로 떨어지게 되었다. 1861년 짜르 알렉산드르 2세는 결국 농노 해방을 선언하였으나, 농노제의 유제(遺制)는 여전히 남아 혁명가들의 집요한 공격 대상이 되었다.

광활한 러시아 땅을 둘러보다 보면 이런 나라에서 식량을 자급하지 못한다는 사실이 도저히 이해되지 않을 때가 있다. 흑토대의 부식토는 쟁기질이 필요없고 호미로 파서 씨만 뿌려도 작물이 자랄 만큼 비옥한 토양이라는데……. 물론 현재의 농업 문제는 농노제와는 무관한 것이고 수송과 유통의 문제로 인한 폐해가 더 큰 것이 사실이지만, 농민들이 자기 땅의 주인이 되지 못하는 역사는 소련 시절 집단 농장에서도 되풀이되었으니, 농민층의 이러한 뿌리 뽑힌 삶이 농산물 부족이라는 현상으로 고난의 역사에 복수를 하고 있는 것인지도 모른다. 엄청나게 확대된 영토를 지키기 위해 오히려 민중은 자유를 박탈당하고 예속민이 되어 가야만 했던 과정을 보며 인민과 국가의 관계에 대해 다시 한 번 생각하게 된다.

— 한 정 숙

서구에서 총포·화약의 등장과 사회 변동

프랑스의 수도, 파리의 에펠 탑 근처에 앵발리드 기념관(les Invalides)이 있다. 루이 14세가 말 그대로 상이군인들을 위해 지은 병원 건물이다. 여기에는 나폴레옹의 유해가 안치되어 있는 '돔 교회'도 있지만, 아울러 '군사박물관'도 들어서 있다. 그것은 현재 앵발리드의 멋진 안뜰 양쪽에 있는 두 개의 회랑을 점령하고 있다. 이 박물관은 '프랑스의 영광'을 상징하는 나폴레옹 시대에 중점을 두고 있지만, 아무래도 중세 말의 무기 변화와 관련하여 필자의 관심을 끄는 것은 수천 개나 보관되어 있는 갑옷과 안뜰 여기저기에 자리하고 있는 대포들이다.

갑옷은 중세에는 기껏해야 철망을 두르는 정도였다가 백년전쟁(1337~1453) 때가 되면 오늘날 박물관에서 흔히 보게 되는 정교한 수준으로 발전하게 된다. 몸에 두른 투구며 갑옷이며 기타 보호구의 무게를 다 합치면 20kg이나 되어 말에서 떨어지면 혼자 힘으로는 도저히 다시 말에 올라탈 수 없어 반드시 종자(從者)의 도움을 받아야 할 지경이 되었다. 왜 이런 변화가 생겼을까? 그것은 14세기 유럽에서 '격발식 활'의 등장이라는 무기

혁명이 있었기 때문이다. 특히 1370년에는 활의 시위를 당기는 '권양기'가 부착됨으로써 석궁의 파괴력은 거의 100m의 거리에서도 철제 갑옷을 뚫을 정도였다. 이탈리아의 제노바 용병은 이 석궁 부대로 이름이 높았다. 화승총이 발달하여 전투의 승패를 가릴 정도의 위력을 갖게 된 것은 겨우 16세기 후반의 일이었다.

'군사박물관'에 전시되어 있는 대포들은 주로 절대주의 시기 이후의 것들이다. 잘 알다시피 화약을 처음 만든 것은 중국이며, 대포는 유라시아 대륙의 양편에서 1330년대에, 그러니까 몽골 제국 시대에 거의 동시에 나타났다. 유럽에서는 처음에 화병 모양을 하였고 화약의 폭발을 견디지 못하여 포가 깨지는 일이 종종 일어났으나 15세기에 이르면 청동(구리+주석)이나 황동(구리+아연)의 직렬포로 자리잡게 된다. 당시에는 엄청난 무게의 대포를 옮길 재간이 없어서 전투가 벌어지면 대포를 끌고 가는 것이 아니라 그것을 만드는 장인들을 데리고 가 현지의 종들을 징발하여 주조하고는 싸움이 끝나면 다시 그것을 녹여 종으로 만들어 주곤 하였다. 그런 대포이니 기동력이 있을 턱이 없어서 야전용으로 쓰이질 못하고 주로 성을 공격하는 데 활용되었다. 백년전쟁 말기에 프랑스군이 영국군이 점령한 보르도를 공격할 때도 그러했고, 오스만 투르크가 1453년에 '영원한 로마' 콘스탄티노플의 성벽을 뚫을 때도 그러했다. 특히 후자의 경우에는 포신이 10m가 넘는 전통 시대 최대의 대포가 만들어졌다. 대포가 기동력을 갖추어 유목민들의 군사적 우위가 종식을 고하게 되는 것은 17세기 후반이 지나서였다.

아편전쟁(1839~1842)에서 중국이 영국의 함포 사격 앞에서 맥없이 무릎을 꿇은 사건이 동양 3국에 준 충격은 과연 중화 세계의 붕괴를 야기했던 만큼 엄청난 것이었고, 이후 서구의 군사적 우위는 당연한 것으로 치부되었다. 하지만 이는 상당 부분 신화다. 우선 17세기 후반까지도 유럽의 거

보스포루스 해협을 한눈에 굽어보는 오스만 투르크의 옛 성채 '루멜리 히사리'.
성채의 위풍당당한 면모는 이 유목 제국이 이미 15세기에 강력한 화포를 지녔음을 말해 준다.
그들은 콘스탄티노플을 함락시키긴 했지만, 대포에 기동성을 부여하는 데는 끝내 실패하였다.

의 한복판이랄 수 있는 오스트리아의 빈은 오스만 투르크의 공세 앞에서 함락당할 위기를 여러 번 경험하였다. 합스부르크 가문이 지배하는 오스트리아 제국은 그 공격 앞에서 전전긍긍했으며, 국가의 모든 기구는 그야말로 방어를 위한 전쟁 장치였다고 해도 과언이 아니었다. 유럽만이 대포를 가졌던 것도 아니며, 대포 활용술이 더 뛰어났던 것도 아니었다. 그러기에 16~18세기 유라시아에 나타난 여러 제국들, 예컨대 오스만이니 무갈이니 청 모두 '화약 제국'이라는 명성을 얻었던 것이다. 이 점에서 유럽의 우위는 그 대포에 기동력을 부여함으로써 나타났다. 그 결과 기원전 800년 이후 2500년 동안 모로코로부터 만주에 이르는 거대한 '육지의 바다(사막)'를 지배했던 유목민의 전쟁 지배력이 종말을 고했다. 이 점에서 위의 '화약 제국'들은 사실상 최후의 유목 제국이었던 것이다.

하지만 그렇다고 당장 유럽의 군사적 우위가 육지에서 확립된 것은 아니었다. 대양을 가로질러 병력을 아무 탈 없이 수송하는 문제는 차치하고서라도 도로나 철도가 없는 상태에서 대포가 의미 있는 기동력을 발휘하기 어려웠던 것이다. 그 공백을 해결해 준 것이 1860년대 기관단총의 등장이다. 비교적 가벼운 이 신무기가 등장한 이후에야 유럽은 아프리카 내륙으로 진출할 수 있었고, 미국에서는 토착 인디언을 제압할 수 있었다. 우리의 경우, 동학 혁명군이 일본군에게 격멸당한 것도 바로 이 때문이었다. 그러기에 제국주의 열강은 어떤 지역을 장악하면 철도를 놓는 사업부터 먼저 했다. 그리고 이때쯤이면 그들의 군사적 우위는 최종적으로 확립되기에 이른다.

그렇다면 그 이전 단계에서 유럽이 다른 세계에 대해 가질 수 있었던 군사적 우위의 요소는 무엇이었을까? 이 문제를 다루기 앞서 먼저 확실히 해야 할 것은 적어도 1600년 이전에 유라시아 대륙의 군사적 주도권은 명확하게 중국에 있었다는 점이다. 이를 여기에서 자세하게 말할 필요는 없을 것이다. 하지만 이러한 군사적 우위 아래에서 유럽은 착실하게 그들만의 독자적인 군사적 발전을 이루어 냈다. 그것은 다름아닌 배에 대포를 장착하는 것이었다. 이 과정은 14세기 중엽에 시작되어 한 세기가 걸렸는데, 포르투갈이나 에스파냐가 대양으로 진출할 때쯤 그 실험이 완성되었다.

배에 대포를 장착하는 것은 결코 쉬운 일이 아니었다. 두 가지 문제가 해결되어야 했는데, 우선 대포의 무게를 배가 감당할 수 있어야 했다. 이 문제는 포를 흘수 선상에 배치함으로써 해결했다. 다른 하나는 대포의 반동력을 배가 어떻게 견디어 내는가 하는 것이었다. 포를 쏘고 난 후에 배가 전복될 수도 있었기 때문이다. 이를 위해 특별한 포가(砲架)가 고안되었다. 이는 참으로 혁명이었다. 해상 전투 양식이 바뀌었던 것이다. 그 이전에 해상 전투란 실제로는 육지 전투의 연장이었다. 전투가 벌어지면 배들끼리 충돌하고, 그리고는 상대편 배에 상륙하여 육지에서와 똑같은 싸움을 벌였다. 화살이 사용되기도 했지만 주는 타격은 별것이 없었다. 하지만 함포가 등장하면서 싸움의 양상이 변화하였다. 이제 배들끼리의 몸싸움 없이도 상대방에 타격을 가할 수 있게 된 것이다. 대포의 무게로 말미암아 소수의 병사만을 태웠음에도 불구하고 16세기의 문턱에서 희망봉을 돌아 인도양에 들어선 포르투갈의 함대는 수적으로 몇 배 많은 이슬람 함대를 쉽게 물리치고 제해권을 장악하였다.

그렇다고 당장 해상 제국을 건설할 수 있었던 것은 아니었다. 에스파냐가 중남미에 제국을 건설했던 것이 원주민의 급감으로 말미암은 어쩔 수 없는 결과였다면, 보다 큰 수익을 보장하던 동방 무역을 장악한 포르투갈로 보자면 해상 거점을 확보하면 그만이었고 또 그 이상의 일을 할 수도 없었다. 그들은 함포 사격이 미치는 범위의 해안 지역을 장악하여 성채를 쌓고는 거기에 대포를 설치하였다. 마치 함포의 육지화라고나 할까? 포대가 지원할 수 있는 영역, 이것이 바로 내륙으로 진출할 수 없었던 19세기 상당 기간 이전까지 유럽이 구세계에서 주도권을 실질적으로 행사했던 영역의 전부였다.

이제 마지막 물음을 물어야겠다. 유럽과 예컨대 중국이 근대적인 무기 체계의 모든 것을 공유했음에도 불구하고, 어떻게 유럽만이 그처럼 독특한 우위의 요소를 만들어 낼 수 있었을까? 이는 유럽인들의 머리가 더 좋았기 때문이 아니다. 그렇다면 중국인에 의한 화약과 대포의 발명은 어떻게 설명할 것인가?

그것은 다름아닌 유럽의 독특한 국가 체제, 특히 군사 체제를 시장 경제와 결합시켰던 독특한 사회 체제 때문이었다. 우선 유럽은 중세 이후로 일종의 만성적인 '전국(戰國) 상태'를 보였다. 독자적인 정치 단위의 수가 시간이 흐를수록 계속 감소했지만 결코 하나의 정치 세력이 유럽을 장악하지 못함으로써 정치 세력 간의 격렬한 경쟁 상태가 지속되었던 것이다.

하지만 이것만으로는 위에서 말한 그런 변화가 나타날 수 없었다. 만약 그랬다면 유럽은 정말이지 일종의 무정부 상태에 빠졌을지도 모른다. 하지만 기사 중심으로 이루어지던 중세 유럽의 군사적 힘의 배치에 새로운 요소가 출현하였다. 바로 상인과 도시였다. 이들은 험악한 군사적 경쟁 상태 속에서 독자적인 방어 기제를 갖추어야 했고, 그것도 소수의 인적 자원밖에 가지고 있지 않은 현실을 고려해야 했다. 그 결과 나타난 것이 직업적 용병의 출현이다. 14세기 중엽에 이르러 극심한 빈부 차이로 말미암아 시민군을 신뢰할 수 없게 된 이탈리아 북부 도시 국가의 과두제적 지배층은 이탈리아의 부에 군침을 흘리며 알프스 산맥을 넘어온 군사적 무뢰배들을 마침내 길들이는 데 성공하여 용병에 의한 상비군제를 15세기 중반기에 정착시켰다.

이 과정에서 민간 지배권자는 군대를 길들일 수 있게 되었고, 군사적 복무가 이탈리아의 시장 체제와 결합하게 되었다. 이는 유럽의 가장 역동적인 세계가 군사 체제와 결합되었음을 뜻한다. 근대에 들어서 유럽이 내부적으로 격렬할 정도의 군사화를 경험하면서도 군대가 아닌 민간 세력이 정치 권력을 장악하는 독특한 상황은 이렇게 해서 나타났던 것이다.

— 최갑수

종교적 대립과 교류 _ 유라시아의 여러 종교들과 그 상호 관계

● 신유학의 전개와 외래 종교의 수용

● 이슬람 세계의 확대

● 모스크바는 제3의 로마 : 정교의 발전

● 서구 기독교 교회의 변화

● 유 라 시 아 대 륙 (9 장 참 고 지 도)

신유학의 전개와 외래 종교의 수용

북경의 천안문 광장을 가로질러 동서로 길게 뻗은 장안대가(長安大街)의 동단 근처에 1442년에 세워진 고관상대(古觀象臺) 건물이 서 있다. 그것은 서양 예수회 선교사 아담 샬이 대장으로 있던 '명·청 관상대'였다. 그리고 북경 대학 뒤편에는 베르사유궁을 축소한 바로크풍의 건축물로 구성되었던 청나라의 여름 별궁 원명원(圓明園)이 자리하고 있다. 이 또한 예수회 선교사가 설계한 것이다. 이처럼 초기 선교사들은 천문학자·지도 제작자·조각가·건축가로서 명·청 시대 황제에게 봉사하였던 기술자였을 뿐, 성직자 구실은 하지 못했다. 당시 선교사들이 중국에 와서 할 만한 일이란 그것말고는 별로 없었기 때문이다.

    중국의 전통을 충실히 부활한 명대 276년 간(1368~1644)은 인류 역사상 정치 질서가 잘 유지되고 사회가 안정되었던 시기 중 하나였다. 평균 1억 명 정도의 인구가 비교적 평화스럽게 살았다. 명 제국이 이룩한 이 안정의 신화는 이민족이 세운 청대 267년 동안(1644~1912)에도 근본적인 변화 없이 계속 유지되는 저력을 발휘하였다.

청의 건륭제가 외국인 선교사들에게 명하여 베르사유 궁전과 비슷하게 짓도록 했다는 원명원(圓明園) 내의 서양루(西洋樓) 유적. 원명원은 청나라 황제의 이궁(離宮)으로 1709년 강희제 때부터 150년에 걸쳐 완성된 대규모의 정원이다. 원명원은 1860년 제2차 아편전쟁 때 영·불 연합군에 의해 심하게 파손되었으며, 1900년에는 8개 연합군에 의해 완전히 파괴되었다. 현재 중국 정부의 노력으로 복원 작업이 진행되는 중이며, 중국의 산천 풍경과 전국 각지의 유명 정원들을 모방하여 인공적으로 만든 언덕·구릉·계곡·절벽 등이 30여 km에 걸쳐 펼쳐져 있다.

이 놀랄 만한 안정이 유지되었던 바로 그 시기 유럽에서는 르네상스와 종교개혁, '신세계'로의 팽창, 뒤를 이어 프랑스 혁명과 산업혁명 등 실로 역동적인 변화가 이루어지고 있었다. 그러나 중국은 전세계를 삼켜 버릴 듯이 소용돌이치는 서방 역사의 급류 바깥에 항상 남아 있었다. 이 긴 기간에 중국인들이 향유한 고도의 정치적·사회적·정신적 안정은 같은 시기 유럽에서 일어난 끊임없는 혼란보다 현상적으로 더 나아 보일지 모르지만, 그 혼란을 수습한 서양의 강습 앞에 19세기 중국은 무력할 수밖에 없었다. 안정이란 국가적 수치는 아닐지라도 흔히 역사적 비극으로 인도되는 경우가 많다. 안정은 '불변' 혹은 '정체'의 또 다른 이름이기 때문이다.

이처럼 안정된 사회를 유지하는 데 일익을 담당하고, 외국인들로 하여금 중국은 언제나 '불변'이라는 신화를 갖게 하는 데 기여한 것이 바로 전통 유가 사상의 재생품인 신유학(性理學)이었다. 신유학이 강조하는 다섯 가지 인간 관계(五倫) 대부분은 권위와 복종의 관계였다. 군주의 권위는 아버지의 권위처럼 생래적인 것이고 윤리적인 것이었다. 이것이 후세 중국 사회를 관통하는 '초안정 시스템'을 구축하는 근간이 되었던 것이다.

전통적인 유가 사상에 대한 관심이 다시 일게 된 데는 두 가지 요인이 있다. 하나는 북방 이적과의 싸움에서 오랫동안 패배함으로써 중국인들의 시선이 안으로 돌려지게 되었다는 점이고, 또 다른 요인은 과거 제도가 정착되고 관료 제도가 확립되어 감에 따라 중국의 전통적 정치 이상이 성공을 거두었다는 자신감이었다.

그런 사상적 기조를 학문적으로 대성시킨 사람이 바로 주자(朱子)였다. 사대부의 내면적인 실천 윤리와 정치적 사명감을 고취시킨 신유학은 관념론일 뿐만 아니라 그 관념론을 타인에게 강요하는 것을 특징으로 하고 있다. 13세기까지 중국이 성취하였던 정치적·사회적·지적 요소들이 응

결된 이 사상은 외부로부터 육중한 타격이 가해진 19세기 말에 이를 때까지 별다른 손상을 입지 않을 정도로 견고하였다. 16세기에 중국을 다녀간 어느 신부는 "중국에서는 그 어떤 새로운 것도 통용되지 않는다. 학문에서의 새로운 견해도, 신문물에 대한 접촉도 곧장 제지되었으며, 법률로써 그 전파를 막았다"고 술회하였다. 명 중기 이후 출현한 양명학(陽明學) 역시 기존의 신유학적 질서에 상당한 도전과 충격을 던졌고 이후 지식인 사회에 상당한 반향과 새로운 지적 전환의 가능성을 불러일으킨 것은 사실이지만, 신유학처럼 전국적인 파장과 강도를 체현하는 데는 한계를 지니고 있었다.

송대 이후 중국에는 많은 외래 종교가 문을 두드렸다. 지배 민족이 자기의 문물에 집착하지 않았던 원대에는 특히 많은 종교가 신봉되었다. 몽골인들은 이슬람(回敎)과 네스토리우스파(景敎)를 믿었다. 몽골인의 마음을 특히 매혹시킨 것은 티베트에서 발달한, 불교가 변형된 형태인 라마교였다. 원나라 치하의 중국에서는 불교와 도교, 경교와 회교 등의 종교 기관이 유교의 그것처럼 모두 면세되었다. 이처럼 다양한 종교가 동시에 성장한다는 것은 유교측으로 볼 때 명백한 퇴보로 보였다. 외래 종교를 보호하는 몽골인들의 태도는 중국 학인 계층의 적대감을 불러일으켰고, 이것이 명대 이후 외래 종교에 대한 태도로 고착되었다.

가톨릭이 중국에 처음 전래된 것은 원나라 때이지만, 외래 종교로서 수용된 것은 16세기 중엽 명나라 말 예수회의 도래가 계기가 되었다. 초기 신부들은 중국인 신자를 확보하면 성명에서부터 습관·복장에 이르기까지 모두 유럽풍으로 고치도록 강요하였다. 화이(華夷) 사상이 강한 중국인들에게 이렇게 그들의 긍지를 버리도록 하는 방식은 실로 무모한 것이었다. 이런 때 중국에 온 자가 바로 마테오 리치였다. 그는 중국인 신자를 유럽화하기보다는 오히려 신부가 중국화하는 것이 적절하다고 생각했다. 그는 이

마두(利馬竇)라 개명하고 유자의 옷을 입었다. 영락없이 '서유(西儒)'였다. 가톨릭 교의를 유교에 부회하여 중국풍으로 고친 마테오 리치는 중국인에게 '기억의 궁전'을 짓는 법을 가르쳤다. 먼저 상류 계층의 정예 분자를 매료시키려 했다. 설교 대신 학자들과 담소를 나누면서 프리즘과 시계 등을 보여 줌으로써 그들의 호기심을 불러일으켰던 것이다.

한편 아담 샬은 1636년 만주인을 격퇴하기 위해 주물 공장을 세우고는 약 20문의 대포를 제작했다. 또 천문학적 지식을 중국의 역법 개정에 적용시킴으로써 그들 자신이 상당히 쓸모 있는 존재라는 사실을 알렸다. 1610년 일식을 예측하면서 당시 북경 천문대에서 근무하던 중국 천문학자가 몇 시간의 착오를 범하는 사건이 일어났다. 이러한 실책은 예수회원들에게 다시없는 기회를 제공하였다. 1644년 청은 명을 멸망시킨 후 아담 샬을 천문대장으로 계속 임용했다. 서양의 종교보다 서양의 기술이 더 쉽게 수용된 것이다. 명말 중국의 지식인이 받아서 이해하고 또 수용한 것은 가톨릭이 아니라 중국화된 천주교였던 것이다.

강희제의 긴 치세 기간(1662~1722) 가운데 20~30년 간은 북경 예수회의 영향력이 최고조에 달하였던 시기였다. 리치가 거둔 성공은 그가 죽은 후 그 후계자들이 신자들에게 보다 엄격하게 천주교를 지킬 것을 요구하면서 파탄이 예고되었다. 또한 청나라 때 신부들 사이에 포교 방침을 둘러싸고 내분이 일어났는데, 이것은 전례(典禮) 논쟁으로 표면화되었다. 이 전례 논쟁은 중국에 있던 여러 수도원과 선교 단체들끼리, 혹은 그들과 유럽의 지지자들 사이에서 1세기(1640~1742) 동안이나 들끓었으며, 결국은 교황과 청조 황제 사이의 논쟁으로까지 비화되었다. 1722년부터 옹정제(雍正帝)는 예수교를 대대적으로 탄압하기 시작하였다. 1724년 옹정제는 아버지 강희제의 예수교 금지 성유(聖諭)에다 그것을 이단적 종파로 규탄하는 주석을 덧붙였는데, 이는 1세기 이상이나 청의 기본 정책으로 남게 되었다.

    중국에서 서양 종교가 파국을 맞게 된 것은 약간의 성공 후에 서둘러 본래의 모습을 드러냈던 포교 방법상의 과오도 있었지만, 근본적인 원인은 14세기 중엽부터 20세기 초까지도 중국이 그들만의 전통을 고수하는 길을 걸었기 때문이다.

— 박 한 제

이슬람 세계의 확대

몽골 제국이 탄생한 직후인 1240년대, 제국의 수도가 아직 몽골리아 초원 한가운데인 카라코룸에 있을 때 그곳을 방문했던 유럽의 프란체스코파 수도승 카르피니는 볼가 강을 건너자마자 자신이 이제까지 알지 못하던 '전혀 다른 세계'로 발을 들여놓는 듯한 느낌을 받았다고 적은 바 있다.

물론 그가 생소하게 느꼈던 까닭은 무엇보다도 드문드문 나타나는 유목민들의 천막과 가축떼를 제외하고는 망망대해처럼 펼쳐진 초원 때문이었을 것이다. 그러나 자연만 그에게 생소한 것은 아니었다. 볼가 강 동쪽의 유라시아 대륙에서 그는 문화적으로도 이방인이었다. 그가 만났던 대부분의 사람들은 '탱그리'라는 천신(天神)을 숭배하는 유목민이거나, 아니면 '알라'를 지고 유일신으로 믿는 이슬람교도들이었기 때문이다.

카르피니보다 한 세대 뒤 동방을 여행했던 마르코 폴로도 이 점에서 예외는 아니었다. 그는 자신이 방문했던 지역의 주민들이 어떤 종교를 믿고 있었는지 꼼꼼하게 적어 놓았지만, 가끔씩 기독교도의 존재가 발견될 뿐 대부분은 '사라센'이거나 '우상숭배자' 즉 불교도들이었다.

그러나 14세기 전반의 대여행가 이븐 바투타의 경우는 이들과 달랐다. 아프리카 북부 모로코 출신인 그의 발길은 아시아의 거의 모든 지역에 미쳤고 그의 여정은 무려 12만km에 이르러, 마르코 폴로의 여행조차도 그에 비하면 빛을 잃을 정도다. 그는 자신의 체험을 『여행기(Rihla)』로 남겼는데, 이 책에서 우리가 발견할 수 있는 흥미로운 사실은 그가 거의 대부분의 지역에서 문화적 고립감을 느끼지 않았다는 점이다. 그것은 그가 어디를 가나 자신과 동일한 종교 이슬람을 신봉하는 사람들과 모스크를 쉽게 찾을 수 있었기 때문이었다.

기독교가 로마 제국의 박해를 받으며 성장하다가 나중에는 그 통치자들까지 자신의 종교로 개종시키고 결국 거대한 제국의 영역을 포교의 무대로 삼았던 것처럼, 이슬람 역시 몽골 제국의 군주들을 무슬림으로 바꾸어 놓고 제국 영내의 대부분의 지역을 이슬람권으로 바꾸어 놓는 데 성공했다. 물론 초기 기독교처럼 가혹한 박해의 역사는 없었지만, 그렇다고 다른 종교에 비해 우월적인 지위를 보장받았던 것도 아니었다. 몽골 제국이 세계를 지배하던 시대에 이슬람은 중근동의 지역적 한계를 넘어 유라시아 전체를 포괄하는 종교로 발돋움할 수 있었다.

이슬람이 이처럼 확대될 수 있었던 요인으로 두 가지를 꼽을 수 있을 것이다. 하나는 상인들의 역할이었다. '팍스 몽골리카'는 그 전까지 관계가 소원했던 지역들 사이의 경제적 교류를 활성화시켜, 지중해 연안에서 동아시아에 이르기까지 육상은 물론 해로를 통한 원거리 교역이 발달했다. 무역을 원활히 하기 위해 단일한 화폐 단위도 통용되었다. 중국과 중앙아시아, 러시아와 중동을 지배하던 몽골의 귀족들은 자신이 축적한 막대한 재화를 국제 상인들에게 위탁하여 더 많은 이익을 올리려 했다.

중국에서 소위 '알탈 상인(斡脫商人)'이라는 이름으로 알려진 이들은 대부분 무슬림들이었고, '알탈'이라는 말도 실은 '동업자'를 뜻하는 '오르탁(ortaq)'이라는 투르크어에서 나온 것이다. 몽골 귀족과 무슬림 상인들 사이의 이 같은 '정경유착'이 결국 몽골 제국 지배층의 이슬람화를 가져오는 중요한 계기가 되었다. 우리의 고려 가요에서 「쌍화점」의 주인으로 묘사된 '회회(回回) 아비'도 무슬림 상인에 다름아니었으니, 이들의 활동 범위가 얼마나 넓었는지 짐작이 가고도 남음이 있다.

이슬람의 성공을 가져온 또 하나의 요인은 이슬람 신비주의 운동의 확산이었다. 이슬람이라는 종교가 아라비아 반도에서 발원했고 그 경전인 『꾸란』도 아랍어로 씌어졌음은 누구나 다 아는 사실이다. 그러나 무슬림들은 『꾸란』이 『성경』처럼 단지 신의 말씀을 인간의 언어로 옮긴 것이 아니라, 시작도 끝도 없는 절대신 알라와 함께 시공을 초월하여 존재하는 것이기 때문에 '피조물'의 범주에 속하지 않는다고 믿었다. 근대 이전에 이것을 아랍어 이외의 다른 언어로 번역하는 것 자체를 신성모독으로 간주했던 것도 이 때문이었다. 따라서 『꾸란』에 근거해서 성립된 율법은 고도의 아랍어 지식과 오랜 수업을 거치지 않으면 이해하기 힘든 것이 되어 버렸다. 그 결과 무슬림 대중들은 자신의 신앙을 소수의 율법학자들에게 의존할 수밖에 없게 되었고, 이는 신앙의 형식화 및 형해화를 초래했다.

이에 대한 반발로 시작된 것이 바로 신비주의 운동이었다. 이 운동의 뿌리는 금욕과 고행을 행하며 절대신 알라의 존재를 스스로 직접 체험하려는 사람들—아랍어로 '수피(sufi)'—에게서 나왔지만, 후일 유명한 수피들을 중심으로 교단이 형성되면서 대중적 운동의 성격을 띠게 되었다. 이러한 수피 교단은 각지에 수련장을 설치하고 무슬림 대중들을 '제자'로 입문시키며 교세를 확장해 나갔다. 수피 교단은 어려운 교리의 설명이나 해석이 아니라, 금식과 수련 그리고 구휼과 치유를 통해 대중들에게 접근했던

이슬람권 최대의 시인 잘랄 앗 딘 루미(1207~1273)는
신에 대한 그리움을 노래한 수많은 시를 남겼다.
그의 정신을 계승하여 만들어진 신비주의 교단의 사람들은
지금도 독특한 의상을 입고 마치 팽이를 돌리듯 몸을 선회하면서
무아지경에 빠져 절대자와의 합일을 느끼려 하고 있다.

것이다. 더구나 '학문적' 접근을 기피하는 수피들은 각지의 토속 신앙들을 흡수하고 수용했기 때문에 비아랍계 민족들의 개종을 더욱 용이하게 했다.

무슬림 상인들과 신비주의 수피 교단의 활동에 힘입어 몽골 제국은 일부 지역을 제외하고는 거의 모두 이슬람의 세례를 받게 되었다. 러시아와 흑해 북부를 지배하던 킵차크한국, 중동의 일한국, 중앙아시아의 차가타이한국의 군주들과 주민들이 대부분 무슬림으로 바뀌었다. 비록 원나라 황제들은 티베트 불교를 신봉했지만 그들이 지배하던 시대에 이슬람은 중국 영내에도 뿌리를 굳게 내렸다.

이슬람의 확산은 몽골 제국 영내에서 다른 종교의 쇠퇴를 가져왔다. 중앙아시아와 초원 지역을 무대로 적지 않은 교세를 갖고 있던 불교와 기독교가 거의 자취를 감추게 된 것이다. 특히 네스토리우스파에 속하는 동방 기독교는 몽골과 투르크인들 사이에서 적지 않은 추종자들을 갖고 있었으나, 이슬람의 압력을 견디기에는 역부족이었다.

오늘날 중앙아시아 키르기스스탄 공화국의 수도 비슈케크 부근에서 동방 기독교도들의 공동묘지가 발견되었다. 거기서 수백 개의 묘지명이 출토되었는데, 모두 시리아 문자가 새겨진 이 묘지명에는 사망한 사람의 이름과 사망 연대가 기록되어 있다. 시대적으로는 8~9세기에서 14세기까지 수백 년에 걸친 것들이지만, 1340년대를 마지막으로 더 이상 묘지명들을 찾아볼 수 없다. 이는 몽골 제국 말기에 아시아의 기독교 공동체가 마침내 사라지고 이슬람 세계로 바뀌었음을 보여 주는 증거다.

_ 김 호 동

모스크바는 제3의 로마 : 정교의 발전

지금은 그런 일이 거의 없지만, 몇 년 전 모스크바 노브이 아르바트 거리에 있는 '모스크비치카(모스크바 여인)' 백화점에서 정교 관련 용품들을 파는 가게를 발견하고 조그만 성상을 하나 사려다 무안을 당한 적이 있다. 교회용 머릿수건을 단정하게 쓴 여성 판매원은 나에게 "정교 신자냐?"고 묻더니, 내가 아니라고 대답하자, 그렇다면 팔 수 없노라고 단호하게 말했다. 당시 나는 이를 성스러운 종교적 상징물을 관광객의 어설픈 돈푼 앞에 내놓지 않겠다는 의지와 자부심의 표현으로 여겨 말없이 그 자리를 물러나왔다.

 러시아가 988년 정교를 택했다는 사실은 이 나라 사람들의 역사 · 문화 · 정체성 형성에 결정적 영향을 미쳤다. 정교회는 로마 교회와 달리 선교 · 예배 · 성경 번역 등 종교와 관련된 모든 활동에서 민족 고유어를 사용하는 것을 원칙으로 택하고 있었다. 종교 활동이 자국어(自國語)만으로 충족되자 러시아인들은 필요한 신학 관련 저작들만 그리스어에서 자국어로 번역하여 사용하고, 동로마에 보존된 다른 고전 고대 문헌에는 관심을 쏟지 않았다. 서구와 달리 러시아가 르네상스를 겪지 않은 이유 중 하나도 여기에 있다. 대신 러시아 문화는 독자적 성격을 강화할 수밖에 없었다.

몽골 지배 아래서 러시아 정교는 위축되기는커녕 오히려 크게 발전하였다. 이민족 지배에 대한 러시아인들의 반감이 자기 정체성의 종교적 표현인 정교에 대한 존중과 애착으로 연결되었음은 당연하다. 몽골 제국의 관용적 종교 정책도 정교의 세력 강화에 기여하였다. 칭기즈칸은 샤머니즘 신봉자였지만 기본적으로 모든 종교를 동등하게 존중하고 장려했으며, 그의 후계자들도 마찬가지였다. 킵차크한국은 14세기 중엽에 공식적으로 이슬람을 받아들였지만, 러시아인들에게 이슬람으로 개종하라고 강요하지 않았을 뿐 아니라 오히려 정교회와 그 성직자들에게 면세 혜택을 주었다. 조건은 단 하나, 성직자들이 칸의 안녕을 위해 기도해 준다는 것이었다. 일반인들에게 과중한 세금이 부과되었던 것을 생각하면 대단한 특권이었다. 타타르인들 중에도 정교를 받아들인 인물들이 적지 않았고(킵차크한국의 왕자 중에도 정교 신자가 있었다), 개중에는 종교를 통해 완전히 러시아화되어 러시아 통치자들에게 군사적으로 봉사하는 인물들도 상당수 있었다.

몽골 지배 하에서 특히 활기차게 전개된 것은 수도원 건설이다. 모스크바 근교에 있는 세르게이 삼위일체 수도원이 대표적인 예로서, 이 수도원을 건설한 세르게이 라도네즈스키는 1380년 드미트리 돈스코이 대공이 타타르 군대를 맞아 쿨리코보 평원으로 출정할 때 대공의 군대에 축복을 내려준 것으로 유명하다. 최북단 백해(白海)의 섬에서 장관을 이루고 있는 솔로베츠키 수도원도 몽골 지배 말기에 건설된 것으로, 그 후 러시아 역사의 굴곡 많은 온갖 극적 순간들을 몸소 겪어 낸 현장이 되었다.

수도원들은 자체 소유의 많은 토지를 농민들로 하여금 경작케 하였는데, 러시아 농민은 '스메르드(악취 나는 자)'라고 불리다가 몽골 지배기부터 지금껏 '크레스치아닌'이라 칭해지고 있다. 이는 바로 '기독교도'라는 뜻이

"너무나 찬란하고 아름다워 필설로 형용할 길 없나이다."
사신들은 키예프 대공 블라디미르에게 그리스 정교회 예배 의식의 아름다움을 이렇게 전했다.
랴부쉬킨의 그림 「17세기 교회의 러시아 여인들」도 물론 그 아름다움에
몰입해 있는 모습을 그린 것이리라.

며, 수도사들이 휘하 농민들을 '신도'라는 의미로 그렇게 부른 데서 유래한 듯하다. 곧 러시아 민중은 '정교 신도'와 동일시된 것이다.

또한 몽골 지배기와 그 직후 시기는 러시아 종교 미술의 전성기이기도 하였다. 러시아인들은 체계적 신학은 형성하지 못했지만 성상과 종교 건축 분야에서는 비잔티움의 전통을 더욱 발전시켜 독자적 경지를 개척하기에 이르렀다. 이를테면 15세기 초 안드레이 루블료프가 그린 「삼위일체」는 숭고하고도 우미한 정신적 아름다움을 담고 있어, 러시아인들은 고난을 승화시켜 미적으로 표현하는 데 특별한 재능이 있는 민족이 아닐까 하는 감탄을 자아내곤 한다.

그런가 하면 오늘날 러시아 건축물의 간판처럼 되어 있는 모스크바의 성 바실리 성당(정식 명칭은 '해자(垓字) 위의 수호자 사원'이다)은 여러 개의 돔이 들쭉날쭉 솟아 있고 색깔이 알록달록한데다 비대칭적인 구조를 가지고 있어서 균형미나 고전적 절제감은 없지만, 러시아 민족 정신을 잘 드러내고 있다고 평가된다. 이 건축물은 이반 4세 때 러시아가 카잔한국을 정복함으로써 몽골 제국의 후계 세력마저 물리치게 된 것을 기념하여 지어진 것으로, 욱일승천하는 모스크바 정치 권력의 자존심과 아울러 이슬람 세력의 격파를 통해 더욱 강화된 러시아 교회의 사명감을 표현하고 있다.

몽골 지배기 이래 정교회는 모스크바 정치 권력과 밀착되면서, 국가를 강화하는 데 강력한 이데올로기를 제공하였다. 이는 교회의 생존 전략이기도 했다. 러시아 교회의 수장은 키예프 수좌대주교(首座大主敎, mitropolit)였는데, 몽골인들의 키예프 점령 이후 수좌대주교들은 정치적으로 무력해진 이 도시를 떠나 강력한 블라디미르 대공의 보호를 구하게 되었다. 대공이 보호를 해주고, 수좌대주교는 대공의 정치적 행보에 종교적 재가와 축복을 내려주는 공생 관계가 형성되었던 것이다. 그러다 블라디미르 대공좌(大公座)가 모스크바로 옮겨감에 따라 정교회 수장의 축복도 모스크바 군주의 머리 위에 머무르게 되었다. 동로마 교회가 교권과 속권의 협력을 중시하고, 교회 문제에 통치자가 개입하는 전통을 가졌던 까닭에 이는 자연스럽게 받아들여졌다.

대공의 비호 아래 권위가 높아지고 있던 러시아 정교회는 1448년 콘스탄티노플 총대주교(總大主敎, patriarkh)의 재가를 받지 않고 독자적으로 모스크바 수좌대주교를 선출함으로써 독립수장(獨立首長) 교회가 되었다. 이는 오스만 투르크의 침입으로 절박한 위기에 처한 비잔티움 황제가 서방의 군사적 도움을 얻기 위해 로마 교회-정교회 통합에 동의한 것에 대한 러시아측 반발의 결과였다. 러시아가 비잔티움보다도 더 단호하게 로마 교회와 서방에 대립적인 입장을 취한 것이다. 뒤이어 1453년 비잔티움 제국이 멸망하자, 러시아는 유일한 독자적 정교 국가로서 제국의 정신적·정치적 후계자를 자임하고 나섰다.

16세기 초에 체계화된 '모스크바는 제3의 로마' 라는 이념은 이러한 자부심의 집약체였다. 원래의 로마는 '이단' 인 교황의 수중에 있고 두 번째 로마인 콘스탄티노플은 로마 교회와의 통합을 추진하다 벌을 받아 멸망했으니, 진정으로 올바른 믿음(정교)의 수호자는 '제3의 로마' 이자 혁신된 로마인 모스크바뿐이라는 주장이었다. 모스크바 크레믈 안의 성모승천(우스펜스키) 사원이 바로 '제3의 로마' 의 상징 공간으로 여겨지게 되었다. 제4의 로마는 존재하지 않을 것이므로 모스크바가 영원한 번영을 누리리라는 함의를 담고 있는 이 주장은 모스크바 군주권의 강화에 크게 기여했을 뿐 아니라 몽골 지배를 극복하고 영토의 무한 팽창에 나선 러시아인들의 선민 의식을 극대화하였다.

러시아어에는 옛 모스크바에 있던 교회들을 가리키는 집합적 표현으로 '마흔의 마흔 배'라는 말이 있다. 천 육백이라니, 그만큼 많았다는 뜻이리라. 블라디미르, 수즈달, 노브고로드 등 옛 도시들을 가보아도 발길 닿는 곳곳이 교회 아니면 수도원이다. 그만큼 정교회는 러시아인의 삶에 깊이 침투해 있었다. 그러나 볼셰비키 혁명 후 정교회는 정권과 갈등을 빚었으며, 스탈린 시대에는 수많은 교회·수도원이 파괴되고 능욕당해 때로는 수영장이나 화장실로 쓰이기도 했다. 어디 그뿐이랴. 절경(絶景)의 솔로베츠키 수도원은 스탈린 시대 강제수용소의 상징처럼 되었던 곳이 아닌가.

그러나 오늘날 러시아인들은 전통의 회복에서 자국의 미래를 찾으려는 염원으로 파괴된 교회·수도원들을 적극 복원하고 있다. 그 대표적 예로 모스크바 크레믈 맞은편 카잔 사원도 화장실로 이용되다가 몇 년 전 복원되었는데, 그 앞에서 열 살 남짓한 아이들 세 명이 우리 일행을 보더니 소박한 들꽃 다발을 내밀며 "하나 사세요" 애교스럽게 말을 붙여 왔다. 정교회에 들러 예배 장면을 지켜보다 보면, 그 옛날 키예프 시절 종교를 탐색하던 블라디미르 공의 사절들이 콘스탄티노플에서 예배에 참례한 후 의식(儀式)의 천상적 아름다움에 압도되어 공에게 정교의 수용을 건의했다는 연대기 기록이 그럴 법하게 여겨진다. 그들은 논리의 정밀성을 따지는 데 익숙하다기보다 형상의 아름다움에 더 빨리 매혹되는 영혼들이었으리라. 자기네 후예들이 그러한 것과 꼭 마찬가지로. 얼마 전 로마 교황 요한 바오로 2세는 그리스에 들러 십자군 원정 때 로마 교회가 그리스 정교에 대해 저지른 과오에 대해 사과했지만, 러시아 방문은 이 나라 정교회의 반대로 성사되지 못했다. 교황이 자기네 땅에 입맞추는 것을 끝내 용납할 수 없었던 러시아인들……. 역사적으로 형성된 종교의 힘은 겉보기보다 강한 것 같다.

— 한 정 숙

서구 기독교 교회의 변화

몽골이 유라시아 대륙에 거대 제국을 건설하고 있었을 때, 유럽에서 기독교, 특히 로마 교회는 어떠한 상태에 있었고, 그것이 이후의 역사에서 갖는 의미는 무엇일까?

오늘날 유럽, 특히 프랑스의 경우 그 어떤 도시를 가더라도 그것이 신도시가 아니라면 대개 도심에 길이 좁아 차량 통행이 금지된 구시가가 있게 마련인데, 그 중심에는 예외 없이 (대)성당이 위치해 있다. 그리고 이들 성당은 지역에 따라 차이를 보이기는 하지만 대개 뾰족탑을 갖고 있는 이른바 '고딕 양식'으로 되어 있다. 현존하는 고딕 양식 건축물의 대표작들, 이를테면 아미앵·랭스·샤르트르·파리·루앙 등의 대성당들은 모두 몽골인들이 동유럽을 휩쓸던 시기를 전후하여 초석이 놓여졌으며, 신과 영원을 향한 덧없는 인간들의 염원과 함께 종교 권력, 특히 교회 권력의 위세를 상징적으로 보여 준다.

고딕 양식이 전형적으로 나타났던 시기는 중세 가톨릭 교회의 수장인 로마 교황의 권력과 영향력이 절정에 달했던 시기와 일치한다. 바꿔 말하면 몽골인들이 1237년 폴란드 지역에서 유럽 연합군을 격파했을 당시에 교황은 유럽을 실질적으로 대표할 수 있는 위치에 있었다. 그러기에 '타타르족의 위협'에 대처하기 위해 리옹 공의회를 소집했던 것도 교황 인노켄티우스 4세(1243~1254)였으며, 몽골 진영에서도 교황을 유럽 최대의 실력자로 대접했다.

봉건제의 본고장인 파리 지역(일드프랑스)의 문화적 우위를 보증하는 고딕 양식의 전성기와 유럽의 정체성의 종교적 토대를 마련한 교황권의 절정기가 일치한다는 것이 뜻하는 바는 무엇일까? 우선 양자가 직접적인 연관이 있었음을 지적할 필요가 있다. 신성로마제국 황제와의 '서임권 투쟁'을 통해 교황권의 위상을 한껏 높였던 인노켄티우스 3세(1198~1216)는 로마 귀족 가문 태생으로서 파리 유학생이었으며, 소르본 시절에 배운 신학 이론을 원용하여 교황권의 절대성을 강조하였다. 하지만 무엇보다 두 시기의 일치는 보다 더 광범위한 현상, 즉 11세기 중엽에서 13세기에 이르는 유럽의 사회경제적 발전을 각기 상이한 차원에서 반영했던 결과다.

인구의 증가, 도시의 성장, 원격지 교역의 발전, 문화적 저변의 확대와 대학의 탄생, 화폐 경제의 등장 등, 한 저명한 중세 사가가 "대개간의 시대"라고 불렀던 두 번째 천년기 첫 두 세기 동안 사회경제적 발전을 일으키는 데 교회는 커다란 역할을 함과 동시에 그 결과로부터 영향을 크게 받았다. 숲의 개간은 기존의 장원 경제의 틀을 벗어난 수도원 운동을 가능케 하는 동시에 부의 축적이란 유혹의 미끼를 던졌다. 새로운 지식 체계는 속인들의 생활을 도덕적으로 통제하는 정책의 수립을 가능케 하는 한편, 기존의 가치에 도전하는 반대자를 낳았다. 화폐 유통의 확대는 종교적 관행에 '타락과 부패'의 빌미를 제공했는가 하면 장기적으로 대규모 교회건축과 국제적인 종교 운동을 가능케 하였다. 고딕 성당과 교황권은 각기 서양 중

옛 로마 시내의 동쪽 끝에 있는 로마 주교좌 교회 '성조반니 대성당'. '아비뇽 유수' 이전에는 로마 교황의 정식 관저였다. 4세기 초에 세워진 이래 두 번이나 불에 탔고, 17세기 중엽까지 여러 번 개축되었다. 지금도 교황은 로마 주교의 자격으로 '세족식'을 이곳에서 거행한다.

세 성기(盛期)의 발전의 결과이자 그 극적인 표현물이다.

흔히 로마 교황 하면 '영원한 도시' 로마를 대표하는 만큼 476년 서로마 제국이 몰락한 직후부터 서구 기독교 세계의 수장 노릇을 했다고 간주된다. 그렇다면 로마 교황청의 역사는 1500년이 넘는 셈이다. 하지만 실제로는 그렇지 않다. 제국이 무너진 상태에서 그 권력의 공백을 종종 가톨릭 교회가 메우기는 했지만, 로마 교회의 우두머리는 단지 로마의 주교였을 뿐 첫 번째 천년기의 후반기에 서방 기독교 세계를 대표할 만한 역량을 갖고 있지도 못했고 그럴 만한 위치에 있지도 못했다. 적어도 로마의 주교가 로마 교황이 되려면 우선 동서 교회의 분열이 결정적인 것이 되어야 했다. 교황권을 확립하려는 시도와 정교 가톨릭의 분열이 동시에 일어났음은 결코 우연이 아니다.

그 전까지 가톨릭의 기본적인 종교 단위는 주교구였다. 11세기 중엽까지 가톨릭이라는 종교적 정체성이 존재하고 로마의 주교가 '주교들의 주교'였음에도 불구하고, 종교적 계서제는 부재하였다. 이는 마치 통치권이 분산되어 있던 봉건적 권력 구조의 종교적 대응물이라고 할 수 있다. 이런 상황에서 교회는 특정 가문의 소유물이기 십상이었고, 로마의 주교를 포함한 종교적 수장들의 선임권은 세속 제후들이 장악하였다. 성직자들의 도덕적·지적 수준이 낮았음은 말할 나위도 없다.

11세기 중엽 그레고리우스 7세(1073~1085)로 대표되는 '교회개혁'은 교회가 경신성의 담지자이기를 바라는, 도시로 대표되는 새로운 사회 세력의 요청에 부응하기 위한 것이었다. 새 교황은 성직자의 임명권을 누가 장악하느냐가 관건이라고 보고 로마의 주교를 교회가 독자적으로 선출할 수 있는 방안을 모색하는 한편, 나머지 주교들에 대한 서임권을 놓고 황제와 대립하였다. 이 과정에서 당장에 큰 역할을 한 것은 수도원장들이었다. 각 수도원장을 독립적인 주체로 보았던 베네딕트 수도회와 달리, 신생 클뤼니 수도원은 일종의 단일 지도 체제를 갖고 있었는데, 이러한 새로운 수도원제는 이후 도미니크회와 프란체스코회를 통해 더욱 강화되었다. 수사—교황이 매우 드문 교회사에서 1073년 이후 거의 반세기 동안 모든 교황이 수사 출신이었다는 사실은 수도원 운동이 교황권의 확립에 그만큼 큰 역할을 했다는 것을 일러 준다.

로마 교황이 교회를 세속의 군주로부터 독립시키는 과정은 결코 쉽지 않아 결국은 타협으로 귀착되었다. 돌이켜볼 때, 가톨릭 교회가 독자적인 계서제를 설정하고 13세기에 여러 세속 군주들에게 자못 우위권을 행사할 수 있었던 것은 일시적으로나마 절묘한 상황이 조성되었던 결과다. 즉 교황의 가장 강력한 경쟁 세력인 신성로마제국의 황제권이 급속히 약화되면서 그 힘의 공백을 국민 국가의 원형이랄 수 있는 영방국가가 아직 메우지 못했던 틈새에서 로마 교회가 '국가 안의 국가'이자 '국가 위의 국가'로 확고하게 자리매김할 수 있었던 것이다. 유럽사의 비결 중 하나인 국가—시민 사회라는 이중 구조의 기본틀은 이렇게 해서 나타났다.

이렇게 볼 때, 진정한 의미에서 로마 교황청은 12세기에 탄생했다고 볼 수 있다. 1130년대에 이르러 교황을 선출하고 또 그의 특사 역할을 하는 '추기경단'이 등장한 데 이어, 알프스 이북의 '왕정청(Curia Regis)'을 연상시키는 독자적인 행정 기구인 '로마 교황청(Curia Romana)'이 마침내 출현한 것이다. 이후 교황은 1200년 현재 800개에 달하는 기독교 세계의 모든 주교구를 통할하게 되었고, 4차 라테라노 공의회(1215)를 비롯한 일련의 공의회를 통해 예배 의식을 통일하여 가톨릭의 정체성을 강화하려고 노력했다.

'보편적인 기독교 세계'를 구축하기 위해 절정기 교황들이 구사했던 도구는 십자군과 개혁이었다. 일반 민중에게 기독교를 뿌리내리게 하는 데는 '탁발교단들'이 큰 역할을 했고, 내부 선교를 위해 민중적 형태의 설교가 유행하였다. '개혁'을 향한 교회의 열정은 '이단'을 만들어 냈고, 이들을 제압하기 위하여 내부 개혁과 십자군 및 종교재판이 출현하였다. 하지만 기독교를 신자들에게 내면화하려는 교황의 시도는 당장에는 실패로 끝났다. 대내외의 십자군과 교회의 개혁은 좌초했고, 국가교회주의가 대두하였다. 교황의 '아비뇽 유수'(1309~1376)와 '교회의 대분열'(1378~1417)이 바로 그것이다. 이제 중세 교황의 염원이 현실화되기 위해서는 '종교개혁'(16세기 초)을 기다려야 했다.

_ 최 갑 수

10

유라시아 세계의 변화와 발전
새로운 정치·사회·경제 체제, 새로운 삶의 방식들

● 중화 세계의 폐쇄적 세계관

● 몽골 제국과 세계 인식의 변화

● 러시아의 영토 확장과 제국의 형성

● 서구인들의 해양 진출과 새로운 세계 체제의 형성

● 유라시아 대륙 (10장 참고 지도)

중화 세계의 폐쇄적 세계관

중국의 수도 북경의 한복판에 자리잡은 고궁(故宮)은 명나라 영락제에 의해 건축된 이후 500년 간 중화제국의 성스러운 중심지로서 위치를 지켜왔다. 고궁의 본래 이름은 자색의 금지된 성, 곧 자금성(紫禁城)이다. 기쁨과 행복을 상징하는 자색은 중국의 우주관에 따르면 온 우주의 중심인 북극성의 빛깔이기도 하다. 높은 궁전, 돌벽돌만이 깔려 있는 드넓은 외조(外朝)의 뜨락에는 나무가 한 그루도 심어져 있지 않았다. 황제의 존엄과 황권의 지고무상의 권위에 손상이 가기 때문이었다. 이 뜨락에는 앉을 자리라곤 황제의 의자밖에 없었다. 절대 권력과 우주적 역할을 반영한 이 땅 위에 존재하는 최고의 하늘 궁전에 들어서는 자, 그 어느 누구도 궁전의 주인인 중화제국의 황제 앞에 꿇어앉지 않을 수 없었다.

중국이 전세계 나라들 가운데 가장 크고 가장 오래된 나라일 뿐만 아니라 모든 문화의 원천이라고 생각하는 전통적 '문화주의'는 대외 관계에도 그대로 표현되었다. 하늘에 두 태양이 없듯이 중국 황제 앞에 대등한 존재가 상정될 수 없는 중화제국 특유의 세계관에 의해 외국 군주는 그가 설정한 높고 낮은 계급 체제로 편입될 뿐이었다. 이것은 중국 황제가 국내에서 유지하려고 한 '유교적' 사회 질서의 확대에 불과했다. 따라서 국제 관계는 전통적 조공 관계 외에 다른 것이 설정될 여지가 없었다. 중국을 찾아온 여하한 외국 사절에게도 국내 관료와 마찬가지로 "세 번 무릎 꿇고 아홉 번 엎드려 절하는〔三跪九叩:叩頭〕" 예가 강요되는 것은 너무도 당연한 일이었다.

이런 중화제국의 세계관에도 불구하고 국제 관계란 상대적이기 때문에 일방적일 수는 없는 것이었다. 특히 동아시아 문화권을 벗어난 서방 여러 나라와의 관계는 더욱 그러했다. 그에 따라 중화제국의 대외 태도는 그 스스로의 힘에 대한 인식 정도에 따라 달리 표현되기도 했다. 자신의 힘에 대해 자신만만하던 당대(唐代) 초기의 중국인들은 외부 세계에 대해서 호기심도 많았고 포용력도 컸다. 713년 칼리프가 다스리던 이슬람 국가의 사절이 처음으로 중국에 와서 전통적 고두(叩頭)의 예로써 황제 앞에 엎드리는 것을 종교적 이유를 들어 거부하였을 때, 중국인들은 그들의 요구를 쾌히 받아들였다. 이는 수세기 뒤에 유럽 사절들에게 이 점에 대해 극도로 엄격했던 것과는 사뭇 대조된다.

중화제국의 대외관이 이처럼 개방에서 폐쇄로 변화된 것은 당대 말에 감지되기 시작하더니 송대에 들어 더욱 뚜렷해졌다. 이것은 이적에 대한 공포와 적의가 증대되어 갔음을 의미한다. 특히 몽골인의 중국 지배는 외래 문물에 대한 적대감을 불러일으켰다. 민족주의는 일반적으로 경쟁 심리나 불안감 등과 밀접하게 결합되지만, 중국인들의 외국인에 대한 혐오감은 문화적 우월성에 대한 독특한 자신감과 결합되어 있는 것이 특징이었다. 그들은 세계의 주변 민족에 비해 군사적으로 열세에 놓여 있을 때조차 자신의 문화적 우월성을 철저하게 확신하고 있었다. 이러한 자민족 우월감이 대외 관계를 지배하였고, 외래 자극에 대한 지적·심리적 면역성을 가져다 주었다. 서양 세력이 몰려오는 근대에 들어 그러한 경향은 더욱 두드러졌다.

중국과 유럽의 관계는 포르투갈인들이 그 기조를 형성하였다. 1514년 중국 동남해안에 도착한 포르투갈인들은 중국인과 동등하게 대우해 줄 것을 요구하였지만 받아들여지지 않았다. 그들은 중국과 유럽의 문화적 평등을 입증하는 데 실패하였다. 1517년 '포르투갈 국왕'은 그의 사신을 '중국 국왕'에게 보냈다. 광동(廣東)에 도착한 이들 사절은 서양 고유의 격식대로 경의를 표하기 위해 예포를 쏘았으나, 이는 중국인들의 예절 감각을 무시한 것이어서 즉각적인 사과를 요구받았다. 결국 1522년 모든 포르투갈인들은 광동에서 쫓겨났으며, 그들의 첫 번째 사절은 감옥에서 죽어야만 했다.

이러한 태도는 러시아에게도 마찬가지였다. 끝없이 펼쳐진 시베리아를 횡단하는 러시아의 식민지 개척은 느리고 점진적이면서도 비교적 지속적으로 진행되었다. 그러나 그들의 식민지는 기후나 지세상 살기에 적당하지 않았다. 또 식량을 안정적으로 공급할 수 없었기 때문에 곡물이 자라는 지역을 찾아야만 했다. 그 결과 여름에는 거룻배로, 겨울에는 썰매로 산물을 운송할 수 있는 아무르 강(黑龍江)에 매료되지 않을 수 없었다. 코사크 원정대는 1656년 아무르 강 지류 강변에 있는 네르친스크에 교역 거점을, 1665년에는 알바진에 요새를 건설하였다. 이렇게 건설된 러시아의 전초 기지는 청 제국과의 분쟁을 일으켰다. 1676년 러시아 군주(짜르)의 신임장을 갖고 북경에 도착한 사절은 황제가 짜르에게 보내는 선물을 받을 때 무릎 꿇기를 거부했다는 이유로 추방되었다. 그러나 유럽에서처럼 상호 평등한 국제 관계를 요구한 러시아 사절의 주장은 동아시아 국제 질서를 주도해 왔던 중화 황제의 이념적 기초를 위협하기에 충분했다.

1689년 청이 러시아와 맺은 최초의 근대적 조약인 네르친스크 조약은

● 북경의 자금성(紫禁城)은 15세기 초 명나라의 3대 황제인 영락제가 남경으로부터 북경으로 천도할 당시에 원대의 고궁 유적을 기초로 세워지기 시작하였다. 자금성은 동서 750m, 남북 960m의 남북으로 긴 장방형이며, 사방은 높이 10m의 성벽으로 둘러싸여 있고, 그 면적은 72만m²이다. 명·청대의 황성(皇城)이었던 자금성이 일반에게 공개된 것은 1949년이며, 현재는 105만 점의 희귀 문화재가 소장된 고궁 박물관으로 이용되고 있다.

●● 건륭제의 재위 기간(1736~1795)은 강희제와 옹정제의 뒤를 이어 청조의 최전성기를 구가한 시기였다. 건륭제는 옹정제의 개혁으로 충실해진 재정을 바탕으로 국내외 군사 활동을 벌여 청조 최대의 판도를 구축하였으며(1759년 중국 면적은 1150만km², 현재는 약 970만km²), 한편으로는 그 자신이 학문을 좋아하고 박식하여 사고전서(四庫全書)의 편찬을 비롯한 여러 대편찬 사업을 추진하였다.

평등의 견지에 입각한 것이었다. 동부 몽골에 대한 러시아의 원조를 막을 수 있고, 서부 몽골에 대한 지배권을 주장할 수 있는 계기를 얻은 강희제는 명분을 약간 양보하는 대신 실리를 취한 것이었다. 그 후 청의 러시아 사절이나 무역상에 대한 태도는 별로 달라진 것이 없었다. 청 조정은 교역에 관심이 있었던 것이 아니라 정치적 안정을 원했으며, 이를 위한 최선의 정책은 고립이었다.

접촉의 범위를 제한함으로써 안정을 추구하려 한 청의 대외 정책은 광동의 해상 교역에서도 그대로 드러났다. 교역은 법적으로 대서방 무역의 독점권을 부여받은 '공행(公行)'이라 불리는 상인 조합만을 상대하도록 허용되었다. 1760년부터 영국 등 유럽인들의 무역은 이렇게 완전히 중국의 통제 하에 놓이게 되었다. 중국의 일부이지만 수도 북경에서 가장 먼 항구 광동은 이렇게 세계 무역 체제 안에 편입되었으나, 중화제국은 여전히 그것을 인정하지 않았고 정치적으로 단절된 상태로 남아 있었다.

영파·천진 등 북쪽 항구에서 교역할 수 있도록 하기 위해 1793년 영국 국왕은 매카트니(Macartney)를 대사로 파견했다. 그러나 그는 중국의 전통적인 조공 제도와 부딪치게 되었다. 그가 가져온 굉장한 선물들이 중국 관리들에 의해 조공품으로 분류되었던 것이다. 청조는 매카트니에게 고두(叩頭)의 예를 행하도록 강청하였지만, 그는 이를 단호히 거절하였다. 그 결과 광동 무역 체제에 아무런 변화도 주지 못하였다. 1795년 네덜란드에서 온 대사도 신년 하례식 때 중국의 종속국으로부터 온 사절들과 함께 줄지어 서 있는 자신을 발견하게 되었다.

19세기 들어 유럽은 엄청난 활력으로 팽창하고 있었으나, 서방과 북경의 접촉은 17세기의 그것보다 나아진 것이 없었다. 중국의 제국적 전통을 계승한 청의 군주들은 국내 통치를 위한 제도들을 완성하였고, 중국 변방에 있는 비중국인과의 관계를 안정시켰다. 중국인의 생활 방식은 본질에 있어서는 깨뜨려지지 않은 채 그대로 남아 있었다. 그것은 중화 세계의 폐쇄적 세계관이 깨뜨려지지 않는 한 계속 유지될 수밖에 없었다.

― 박 한 제

몽골 제국과 세계 인식의 변화

일찍이 푸쉬킨은 이렇게 말했다. "몽골이 우리 러시아에게 준 것이 무엇인가. 그들은 대수학(algebra)도 아리스토텔레스도 전해 주지 않았다." 무려 300년 가까이 러시아를 지배했던 몽골인은 아무런 고급 문화도 소유하지 않았던 야만족이었기 때문에 그들에게서 배운 것은 아무것도 없다는 러시아 자존심의 선언이요, 동시에 "주검을 위해 울어 줄 눈도 남아 있지 않았다"고 할 정도로 처참의 극을 이룬 살육과 파괴만이 그들이 남긴 유산이라는 분노의 목소리인 것이다.

걸식승으로 전전하다가 홍건적의 두령이 되어 마침내 북벌군을 지휘하게 된 주원장(朱元璋)은 "호로(胡虜)를 몰아내고 중화(中華)를 회복하자"는 슬로건을 내세워 몽골인에 대한 한족의 반감을 최대로 이용했으니, 원나라가 무너지고 명나라가 들어선 뒤 몽골 지배가 어떤 평가를 받았을지는 추측할 것도 없이 자명해진다. 몽골인들에게 한족과의 혼인을 금지시키고 한족의 의상을 입는 것조차 허용하지 않았다. 문명과 야만은 결코 섞여서는 안 된다는 생각에서였다.

오늘날 몽골을 방문하여 며칠을 지내 본 사람이라면 아마 푸쉬킨이나 주원장의 입장에 쉽게 동의할지도 모른다. 아무리 달려도 보이는 것이라고는 초원에 가끔씩 눈에 띄는 천막과 가축뿐, 어쩌다 도시라는 것을 만나도 낡은 광산촌의 모습을 연상시키는 판잣집들이 웅기중기 모여 있는 정도다. 북경이나 이스탄불, 카이로나 사마르칸드가 자랑하는 거대한 궁전도 사원도 찾아볼 수 없다. 지금으로부터 800년 전, 문명의 입김조차 제대로 쐬지 못했던 거친 유목민들이 과연 인류 문명의 발전에, 혹은 세계사의 진보에 무슨 기여를 했겠는가.

그러나 문명만이 문명을 낳을 수 있다는 것은 농경민들이 갖는 허구적 편견에 불과하다. 이미 모로코 출신의 아랍인 역사가 이븐 할둔(Ibn Khaldun, 1342~1406)이 설파했듯이, 문명은 도시에서 탄생하고, 도시는 왕국과 왕권이 있을 때 정상적으로 기능할 수 있으며, 왕권은 권력의 장악을 가능케 하는 '연대 의식'[이븐 할둔은 이를 아랍어로 '아사비야(asabiyah)'라고 불렀다]을 소유한 집단에 의해 만들어지는 것이며, 바로 이 '연대 의식'은 도시민이 아니라 초원과 황야에 거주하는 부족들에게서 강하게 나타난다. 물론 농경지와 초원이 혼재하는 북아프리카와 서아시아를 대상으로 한 그의 결론을 다른 지역에 대해서도 무차별적으로 적용하기는 어려우나, '문명'의 새로운 피가 '야만'을 통해서 얻어지는 경우는 역사적으로 결코 드문 예가 아니다.

13세기 전반 온 세계를 뒤흔들어 놓은 몽골 제국의 정복이 단지 파괴로만 끝난 것이 아니라는 사실은 최근의 연구를 통해서도 속속 밝혀지고 있고, 여러 학자들이 새삼 이븐 할둔의 지혜에 귀를 기울이게 된 것도 우연이라고 할 수는 없다. 현재 중국의 수도 북경을 최초로 도읍으로 삼은 것은 여진족이 세운 금나라였고, 전쟁으로 폐허가 된 그곳에 거대한 계획 도시를 건설하여 오늘날 북경의 모태를 이룩한 것은 바로 몽골인이었다. 서아시아를 정복하고 나서 이란 서북부 타브리즈(Tabriz)라는 곳에 도읍을 정한 몽골인들은 당시로서는 세계에서 가장 정확한 천체 관측을 할 수 있는 천문대를 건설했고, 러시아를 지배했던 그 동족은 볼가 강 하류에 신도시를 세워 사통팔달의 교역 중심지로 발전시켰다.

이러한 전통은 몽골 제국의 후예들에게도 이어졌다. 정복자 티무르는 중앙아시아의 도시 사마르칸드를 세계의 중심으로 만들기 위해 거대한 사원과 학교를 건설했고, 지금은 폐허가 되어 버린 아프간의 도시 헤라트는 마치 사막 한가운데 있는 오아시스처럼 혼란과 전화를 피해 모인 수많은 학자·시인·화가들의 안식처가 되었다.

이처럼 몽골인들은 각지에 도시를 건설하고 교통망을 정비했다. 곳곳에 두어진 역참과 대상관(隊商館)은 교역을 촉진시켰으며, 상인들의 국제 무역을 용이하게 하기 위해 화폐 단위도 통일시켰다. 이들은 기마 민족이었지만 해양 진출에도 개방적이어서 중국해에서 아라비아 해에 이르는 드넓은 바다는 원양을 오고 가는 선박으로 북적였다. 17세기에 들어와 러시아가 시베리아로 진출하고 포르투갈과 스페인이 인도양으로 나오기 전까지, 몽골 제국의 시대만큼 수많은 사람과 상품이 동서를 오간 예는 없었다. 학자들이 이 시대를 일컬어 "몽골인의 평화(Pax Mongolica)"라고 부르는 것도 결코 과장이라고 할 수 없다.

어떻게 이러한 일들이 가능했을까. 그것은 무엇보다도 그들의 문화적 포용성 때문이었다. 성공한 제국들이 다 그러하듯이 몽골 역시 제국을 구성하는 다양한 종족과 문화, 언어와 종교를 포용했고, 그런 이질적 요소들이 공존할 수 있도록 만들었던 것이다. 불교의 승려와 도교의 수도자, 기독교의 사제와 이슬람의 종무자들에게 동일한 혜택을 부여하고, 모두 국가와

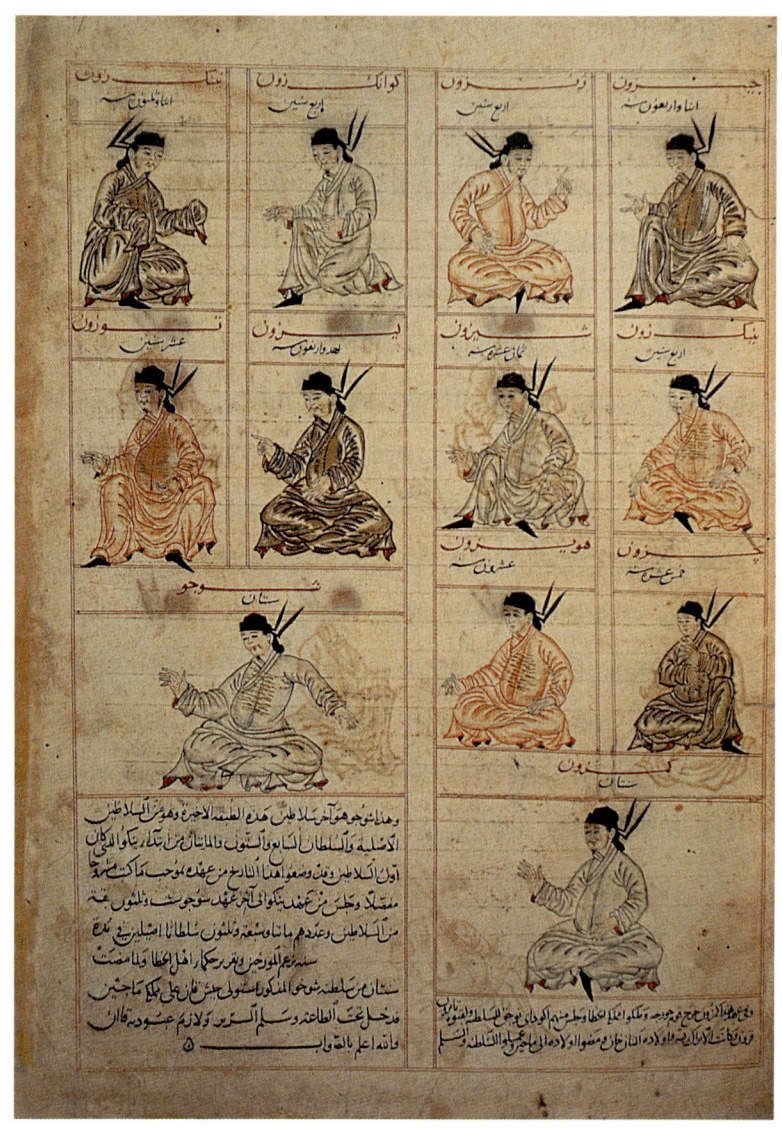

일한국의 재상 라시드 앗 딘이 저술한 『집사』는 어떤 의미에서 최초의 '세계사'였다. 몽골 제국사를 근간으로 동서양 여러 민족의 역사를 망라하여 서술했기 때문이다. 현존하는 사본 가운데 하나에는 중국사 부분에 삽입된 황제들의 초상도 포함되어 있다.

군주를 위해 기도하라고 권유했다. 서로가 최고의 종교라고 주장하자 대칸은 그 대표들을 불러모아 자기가 보는 앞에서 토론을 벌여 자웅을 겨루어 보라고 했지만, 그렇다고 토론이 끝난 뒤 어느 종파의 손을 들어 주어 다른 종교를 박해하지는 않았다.

뿐만 아니라 서구의 교황과 국왕들이 보낸 사신이 몽골과 중국을 다녀가고 수많은 이탈리아 상인들이 아시아 각지에 근거지를 만들었다. 또한 원나라 황제가 보낸 대신이 서아시아에서 최고 정치 자문이 되어 개혁을 주도하는가 하면, 내몽골 출생의 기독교도가 바그다드에 본부를 둔 동방 기독교파의 총주교가 되기도 했다. 마르코 폴로와 이븐 바투타의 여행기가 가능했던 것도 이러한 시대적 분위기가 있었기 때문이다.

몽골 제국이 가져온 이러한 미증유의 문화적 교류와 공존은 당시의 사람들이 세계를 보는 인식에 근본적인 변화를 가져다 주었다. 이를 단적으로 보여 주는 것이 바로 역사상 최초의 세계사라고 일컬어지는 『집사(集史)』의 출현이다. 당시 서아시아를 지배하던 일한국의 군주는 "지금까지 어느 시대에도 세계 전역의 인류에 대한 정황을 기록한 역사서는 집필되지 않았다. …… 이 시대에는 각종 종교와 민족에 속한 현자와 점성가와 학자와 역사가들이 어전에 모여 있다"고 말하면서, 재상 라시드 앗 딘(Rashid al-Din, 1247~1318)에게 세계사 집필을 권유했던 것이다. 그 결과 1부 '몽골사', 2부 '세계 민족사', 3부 '세계 지리지' 등 모두 3부로 이루어진 『집사』가 완성되었다. 3부는 망실되어 버렸으나 1·2부는 현재까지 전해지고 있다. 특히 2부에는 아랍·이란·중국·투르크·인도·프랑크·유대 등 수많은 민족들의 역사와 설화가 종합적으로 서술되어 있다.

이렇게 볼 때 몽골이라는 세계 제국의 출현은 정치·경제적 통합과 교류를 바탕으로 세계에 대한 인식의 변화를 가져다 주고, 과거에 문화적으로 고립되고 단절된 지역의 역사를 뛰어넘어 세계를 하나의 덩어리로 인식하는 관점을 가능케 했다. 그런 의미에서 몽골 시대가 남긴 가장 위대한 유산은 '세계사의 탄생'이었다.

_ 김 호 동

러시아의 영토 확장과 제국의 형성

상트 페테르부르크의 데카브리스트 광장(옛 원로원 광장)에는 막 대지를 박차고 달려나가려는 순간의 기마인을 표현한 동상이 있다. 말은 악을 상징하는 뱀을 짓밟고 있다. 이 도시의 건설자 표트르 대제(1682~1725)의 기념상인 '청동의 기사'다. 말도 사람도 하늘로 날아오를 듯한 기세의 이 동상을 대할 때마다 나는 (물론 이 동상 자체를 소재로 한 푸쉬킨의 시도 있기는 하지만) 김지하의 시 「기마상」을 떠올리곤 했다. "소리가 시작되려고 한다 / 말은 울려고 한다 / 발굽이 움직인다 말갈기가 / 움직인다 / 아아 그러나 햇빛 탓인가."

암울한 긴급조치 시절 저항 시인 김지하가 쓴 작품과 러시아의 전제 군주 예카테리나 2세가 선대의 전제 군주에게 바친 동상을 겹쳐보기하는 것은 같은 제목만으로 조건반사를 일으키는 피상적 연상 능력 때문일까? 꼭 그런 것만은 아닐 게다. 시는 민중의 저항적 영웅주의를 노래하려 한 것일 테고 동상은 정복 군주의 패권적 영웅주의를 표상하고 있지만, 그럼에도 두 기마상은 인간의 엄청난 정치적 에너지의 응축과 그것이 막 폭발해

무릇 모든 선구자들이 그러하듯 표트르 대제 또한
낡은 세계를 파괴하고 새로운 세계를 건설하고자 하였다.
그러나 그의 사후 남겨진 것은 절반의 낡음과 절반의 새로움이었다.
청동의 기사 위에 좀더 청명한 시야가 펼쳐지게 되길.

나오려는 숨막히는 순간을 포착했다는 점에서 닮았다. 한국의 시인이 민주주의를 위한 투쟁을 예감하고 있다면, 데카브리스트 광장에서 도약하는 청동의 기사가 선포하고 있는 것은 '제국의 탄생'이다.

몽골 지배를 극복하고 타타르 잔여 세력도 대부분 흡수한 러시아인들은 "육로를 통한 연속적 팽창"이라는 방식에 따라 끝없이 동진했다. 그 결과 러시아는 시베리아를 정복하고, 중국과 접경하고, 나선 정벌을 계기로 조선인들과도 조우, 17세기에 이미 세계 최대의 영토를 자랑하게 되었다. 서남쪽으로는 몽골 지배 이후 떨어져 나갔던 우크라이나의 상당 부분도 다시 차지했다.

하지만 사회의 질적 변화는 거의 없었다. 이 나라가 계승한 비잔티움 문화는 근대적 학문, 행정·군사 체계, 기술의 발전을 촉진할 수 없었다. 러시아 고유의 사회문화적 역량도 대단한 수준이 아니었다. 이 상황에서 시선을 서쪽으로 돌리고, 러시아를 유럽 열강의 일원으로 만든 인물이 표트르 대제였다.

표트르의 치세는 영토 확장과 흔히 '서구화' 정책이라는 포괄적 개념으로 불리는 일련의 개혁 정책을 특징으로 한다. 7척 장신에다 엄청난 에너지를 가졌던 그는 '병사왕(兵士王)'의 전형이었다. 어린 시절부터 왕궁의 화려함보다 병정놀이를 더 좋아했으며, 전쟁 중에는 병사들과 함께 풍찬노숙하며 야전하는 것도 꺼리지 않았다. 군사 전문가로서 표트르의 특별한 관심은 육군 상비군과 해군의 창설·강화에 있었다. 러시아의 영토 팽창은 그때까지 육상 병력에만 의존해 왔지만, 그는 바다 없는 대국이란 불가능하다는 것을 깨달았다. 러시아 함대는 그에 의해 건설되기 시작했다.

해군의 창설자 표트르 대제를 기리는 기념물은 러시아 곳곳에 있지만 우리 일행이 특별히 시간을 내서 찾아본 것은 옛 도시 페레슬라블 잘레스키에 있는 '보틱(작은 배)' 박물관이었다. 야로슬라블에서 모스크바로 돌아오는 길에 들른 이 자그마한 박물관은 플레세예보 호숫가 높지 않은 언덕 위에 있었다. 한여름 대낮의 햇살 아래 언덕을 올라가 보니 전시물은 사실상 단 하나, 표트르가 열여섯 살 소년 시절에 만들었다는, 길이가 10m도 채 안 돼 보이는 참나무 보트였다. 그러나 이 배야말로 러시아 역사에서 범상치 않은 의미를 가진다. 우연히 황실 창고에서 영국산 폐선 한 척을 발견한 소년 짜르는 이 영국 배는 순풍에만 나아가는 러시아 배들과 달리 역풍에도 항해할 수 있다는 설명에 경악하였다. 그때부터 배와 서구 문물에 대한 그의 운명적 관심은 시작되었다. 그는 자신도 똑같은 배를 만들어 보기를 고집하여 울창한 숲과 풍부한 물이 갖춰진 이 호숫가에서 배 제작에 몰두했고, 마침내 몇 척의 작은 배를 직접 만들어 진수시키는 데 성공했다. 그 가운데 유일하게 지금껏 남아 있는 것이 이 '포르투나(행운의 여신)'호라고 한다. 이런 그가 훗날 네덜란드로 가서 신분을 숨긴 채 조선술을 익혔던 것도 놀라운 일이 아니다.

권력 기반을 확립한 후 표트르가 매달린 일은 바다로의 진출과 서양 문물의 도입이었다. 남쪽에서는 아조프 해로 나가는 출구를 얻었고—훗날 크림한국을 정복하고 흑해로 나가는 출구를 정식으로 차지한 사람은 예카테리나 2세였다—북쪽에서는 대북방(大北方) 전쟁에서 스웨덴에 승리함으로써 발트 해로 진출하는 데 성공하였다. 원로원은 이 승리를 치하하여 1721년 그에게 기존의 비잔티움식 칭호인 짜르에 덧붙여 임페라토르(황제)라는 고대 로마식 칭호를 바쳤다. 그는 이제 비잔티움도 몽골 제국도 아닌 고대 로마의 통치자를 계승하고자 하였다. 황제 대관식에서 그가 쓴 제관이 모노마흐의 왕관이 아니라 특별히 새로 제작된 것이었다는 점도 이를 상징하고 있다. 페테르부르크는 표트르의 이 같은 서방지향성의 창조물이었다.

그는 핀란드 만 물가의 허허벌판에 자신의 도시를 건설하고 수도를 그리로 옮기라고 명하였다. "유럽으로 난 창"을 열기 위해서였다. 그리하여 1703년 러시아인들은 200년 이상 계속될 새로운 수도를 가지게 되었다. 모스크바가 전통적·동방적 러시아를 대표한다면 페테르부르크는 근대적·서구적 러시아를 상징하는 공간이다. 모스크바 일대에서 꼬불꼬불한 장식물이 겹쳐진 목조 건물이나 알록달록한 색깔의 돔이 여럿 달린 교회 건물들을 둘러보며 러시아 건축의 독자성을 확인했을 관찰자는 이곳에서는 18~19세기 서구식 석조 건물들이 가지런히 늘어선 정비된 계획 도시를 목격하게 된다. 전혀 다른 러시아가 서북쪽 끝에 응축되어 있는 것이다.

표트르는 이념의 인물은 아니었다. 그는 군사·행정·교육·재정 제도·의복 등 모든 분야에서 서구화 개혁을 단행했지만, 그의 주된 관심은 서구의 근대적 인간형이 아니라 서구의 문물에 있었다. 세계관의 변화 없이 세계를 바꾸고자 한 것이다. 그가 수구 세력의 중심이던 황태자 알렉세이를 죽이면서까지 집요하게 추진했던 서구화 정책의 주된 목표는 부국강병이었다. 그는 권력인으로서 목표를 향해 돌진했고, 수많은 반발과 저항을 극복하며 어느 정도는 그 목표를 실현하는 데 성공했다. 그러나 그의 사후 러시아는 유럽적·근대적인 표피층과 전통적인 심층으로 결정적으로 분열되었고, 바로 이로부터 저 유명한 세계사적 현상, 곧 러시아 인텔리겐치아의 번민과 고뇌가 일게 되었다.

표트르 대제 이후에도 러시아의 영토 확장은 계속되었다. 흑해 북쪽 연안, 카프카스 산맥 일대, 중앙아시아가 속속 제국 판도 안에 들어와 유럽과 아시아의 수많은 민족·문화·종교가 공존하게 되었다. 비잔티움으로부터 제국의 이념을 이어받고 몽골 제국을 통해 제국 권력의 실제를 경험했던 러시아는 18세기 초에 이르러 스스로 제국이 되었다. 그러나 제국은 군사력만으로는 결코 오래 유지될 수 없다. 제국 중심부가 스스로 이념적 지도성, 문화적 감화력을 가지는 경우에만 포섭된 민족들이 그 지배를 받아들이기 때문이다. 전제군주정은 그 자체가 제정러시아의 이념 가운데 하나였고 정교회가 이를 뒷받침했다. 그러한 제정이 붕괴하자 소수 민족들이 러시아의 지배에 반발하고 나섬으로써 영토가 일부 상실되기도 하였으나, 소련 정권은 사회주의라는 이념적 지표 아래 제정 시대 영토를 대부분 회복하고 유지할 수 있었다.

그러나 사회주의 이념이 통합력을 잃으면서 제국의 진정한 와해가 시작되었다. 이제 러시아 연방은 또다시 과거 볼셰비키 혁명 직후 남겨졌던 영토만을 차지한 채, 길을 찾고 있다. 이 나라 사람들은 러시아가 유럽도 아시아도 아니고 오로지 러시아이기를 바란다. 그리고 그 러시아의 특질이 무엇인가에 대해서는 흔히 "모든 것이 공존하는 유라시아 국가"라는 말로 답한다. 그러나 이는 공간과 구성 요소만을 가리킬 뿐, 체제의 성격에 대해서는 아무것도 규정해 주지 않는다. 러시아는 아직까지는 수많은 가능성들을 앞에 둔 채 창조를 위한 혼란을 겪고 있는 공간이다. 페테르부르크의 기품 있되 퇴락한 건물들 앞에서 "러시아는 어디로 가는가?"라는 이 나라 지식인들의 물음을 되어 본다.

— 한 정 숙

서구인들의 해양 진출과
새로운 세계 체제의 형성

15세기 초, 유라시아 대륙의 양극단에서 거의 동시에 해양 진출이 전개되었다. 중국 명(明)의 환관 정화는 모두 일곱 차례의 '남해 원정'(1405~1433)을 단행하여 아프리카 동해안까지 진출했는가 하면, 포르투갈은 북아프리카의 세우타를 점령하고 대서양의 카나리아 군도, 마데이라 섬, 아조레스 제도를 탐험하였다. 서로 상대를 모르면서 각기 아프리카의 동쪽 끝과 서쪽 끝을 거쳐갔다는 것이 흥미롭다. 1403년 이베리아 반도의 카스티야가 티무르에게 사신을 파견한 것으로 보아 몽골 제국에 대한 경외심이 여전하기는 했지만, 이는 분명 새로운 시대, 곧 '해양 시대'의 서막을 알리는 것이었다.

하지만 이후의 행로는 양편에서 다르게 나타났다. 중국은 해외 진출을 포기하고 내부로 선회했던 반면에, 이베리아 반도의 국가들은 탐험을 계속하였다. 중국에게 그것이 하나의 종언이었다면, 후자에겐 새로운 시작이었다. 이리하여 우리가 익히 알고 있는 일들이 벌어졌다. 포르투갈의 항해자들이 아프리카 서해안을 따라 계속 내려가더니, 드디어 디아스가 희망봉에 도달하고(1488), 바스코 다 가마가 인도양을 거쳐 인도에 도달하였다(1498). 그런가 하면 콜럼버스는 네 차례의 항해를 통해 서인도제도를 발견하고(1492~1504), 마젤란은 세계 일주를 하고(1519~1521), 에스파냐는 1560년대에 태평양을 길들이는 데 성공하였다.

왜 그러한 차이가 나타났을까? 흔히 유럽인들의 탐험심과 개척 정신, 기독교의 전파라는 종교적 목적, 이베리아 반도라는 지리적 이점 등을 들먹거리지만, 이는 적절한 설명이 아니다. 설사 그랬다고 하더라도 그것은 바로 이 시기에 왜 그런 진출이 나타났는지를 설명하지 못한다. 또한 유럽의 과학 지식과 항해술을 강조하지만, 이 역시 적절치 못하다. 당시 그것이 예컨대 중국의 그것에 비해 더 나은 것도 아니거니와, 대서양의 바닷물 흐름에 대한 지식이란 기실 필요의 산물일 뿐이다. 배에 대포를 장착한 무장선의 발명만은 분명 독보적인 것이었으나, 이는 인도양에서 이슬람 선박에 대한 승리라면 모를까, 진출 자체를 설명해 주지는 못한다. 또 다른 하나는 유럽의 역동성을 강조하는 설명 방식이다. 유럽이 경쟁적인 국가 체제와 활력 있는 사회 구조를 가져서 그랬다는 것이다. 이 시기 유럽의 '국가간 체제'야말로 남다른 것이기는 하지만 그것만으로는 진출이 남김없이 설명되지 않는다. 여기에는 지중해 교역에 입각했던 당시 유럽 경제 체제의 특수성과 근본적으로 물질 문명의 '상대적 빈곤'이라는 요인을 고려해야만 한다. 이는 결국 해양 진출을 계속해야 할 필요성이 중국과 달리 유럽에게는 그만큼 절실했음을 말해 준다.

중세 이래로 유럽은 물질 생활의 면에서 자기완결성을 결여하고 있었다. 곡물 경작과 목축이 결합되어 일정한 수준에서 육류 소비가 가능했던 식생활의 특수성으로 풍미를 돋우는 '향신료'가 필요했지만, 대부분을 외부에서 들여와야 했다. 그에 따라 원거리 교역이 불가피했는데, 이것이 중세 유럽의 사회경제 체제에 독특한 색조를 부여했다. 하지만 이 교역으로 가장 큰 이익을 본 것은 수요와 공급을 매개했던 아랍 상인들이었으며, 베네치아로 대표되는 지중해 교역은 동남아시아에서 유럽으로 이어지는 국제 교역로의 부가물에 불과했다. 유럽은 모직물이라는 대응 상품이 있었지만, 만성적인 무역 역조를 메우기 위해 귀금속의 유출이 불가피했다. 그 결과 유럽은 언제나 화폐 부족에 시달려야 했다.

유럽으로서는 이 사태를 돌파하기 위한 방안이 두 가지 있었다. 하나는 중동을 장악하여 아랍 상인의 자리를 대신 차지하는 것이고, 다른 하나는 동방으로 갈 수 있는 우회로를 찾는 것이었다. '십자군 전쟁'의 시도가 있기는 했지만, 힘의 역학 관계상 적어도 18세기까지는 전자가 기본적으로 불가능했기 때문에 사실상 후자가 유일한 대안이었다. 그러기에 제노바의 상인들은 이미 13세기 말에 인도로 가는 서쪽 항해로를 찾아나섰던 것이고, 15세기의 해양 진출은 그 연장인 셈이었다. 유럽인들이 적극성을 보였던 것은 바로 이 때문이었다. 특히 지중해 교역의 말단에 있었던 이베리아 반도는 베네치아의 자리를 차지할 수만 있다면 모든 위험을 감수할 준비가 되어 있었다.

해양 진출은 유럽에 원하던 것을 주었다. 유럽은 역사상 처음으로 범세계적인 교역망의 핵심적인 매개 고리를 장악하게 되었다. 이른바 '신대륙'을 차지했고 인도양을 통한 우회로를 확보하는 데 성공했던 것이다. 그 결과 1650년경에 설사 전지구적인 차원에 이르지는 못했지만 유럽 중심의 '세계 체제'가 나타나게 되었다. 우선 유럽 내부에 중심부—반(半)주변부—주변부라는 독특한 경제적 위계가 나타났다. 잉글랜드 동남부, 프랑스 북부와 저지대 지역, 이탈리아 북부로 이루어진 중심부는 도시의 비중이 높고 자유 노동에 입각하여 상품과 용역을 생산하고 수출하였다. 그 밖에 대부분의 유럽은 곡식·포도주·양모·목재와 같이 부피가 큰 1차 원료를 반(半)종속 노동을 통해 생산하고 수출하는 반주변부가 되었고, 시베리아는 모피를 공급하는 주변부가 되었다. 그리고 여기에 식민지인 서인도제도 및 중남미가 예속 노동을 통해 본국에 부피가 작은 고가품(귀금속·모피·설탕·담배·향신료 등)을 공급하는 주변부로 편입되었다. 이미 이 시기부터 세계체제는 예속 노동을 중심부로부터 주변부로 수출하고 있었으니, 본국에서의 자유의 신장은 식민지인들의 종속을 대가로 한 값비싼 것이었다.

하지만 그것은 당장 유럽에 기존의 범세계적인 경제 질서를 뒤집어서 확실한 우위를 차지하게 해줄 만큼 강력한 것은 아니었다. 우선 '신대륙'은 유럽인들이 갖고 들어온 유행병으로 말미암아 원주민이 거의 절멸했던 탓에 경제적으로 그리 수지맞는 곳이 아니었다. 아프리카로부터 흑인들을 끌고 와서 노예로 만들어 대체 노동력을 확보하기는 했지만, 기본적으로 중남미의 식민지는 약탈적이었다.

반면에 동방 교역은 엄청난 이윤을 가져다 주기는 했지만, 이미 고도로 조직된 기존의 국가 체제 앞에서 무력했던 유럽인들로서는 교역을 위한 권리와 거점을 확보하는 것으로 만족해야 했다. 그로 인해 '동인도회사'가 적절한 접근 수단이 될 수밖에 없었다. 더욱이 유럽은 여전히 동방, 특히 중국에 대한 무역 역조를 뒤집어엎을 만한 매력적인 상품을 갖고 있지 못했다. 결국 '신대륙'이 생산한 막대한 양의 은이 유럽을 거쳐 차의 나라, 중국으로 유입될 수밖에 없었다. 그러기에 중국은 "은의 무덤"이라는 영국 속담까지 생겨났다. 실론이 차의 대체 생산지가 된 뒤에도 사태는 변하지 않았다. 하지만 중국이 유럽에게 원하는 것이 없다면 그것을 새로이 창출해야만 했다. 그래서 나타난 것이 바로 아편이고, 그것이 유입되는 것을 막으려는 중국의 의지와 충돌하는 바람에 '아편전쟁'(1840~1842)이 일어났던

이스탄불의 톱카피 궁전의 사원 너머로
보스포루스 해협의 장관이 한눈에 들어온다.
그리스 신화에서 '암소의 여울'이란 뜻을 따온 해협은
역사 시대가 시작된 이래 동서를 가르는 장애물인 동시에
그것을 연결해 주는 가교 역할을 맡아 왔다.

것이다. 그러나 이때쯤이면 이미 유럽 중심의 세계 체제는 완성된 뒤였다.

    1492년은 장기적인 관점에서 분명 유럽 중심의 새로운 시대의 개막을 알리는 것이었다. 하지만 유럽이 명실상부한 우위를 점하기 위해서는 온전히 세 세기를, 정치적인 패권을 장악하기에는 그러고도 한 세기를 더 기다려야 했다. 여기에서 동방 교역, '신대륙'에서의 약탈과 노예 무역을 통한 이득은 자본의 확대재생산을 위한 '밑천'이 되었다. 그 과정에서 동방, 특히 중국은 자기완결적인 사회경제 구조의 희생자가 되었다.

— 최 갑 수

 맺음말

새로운 세계, 새로운 인식

먼저 이번 '유라시아 역사 탐사'를 하게 된 애초의 취지를 돌이켜보자. 연구실도 가깝고 하여 평소 비교적 자주 어울렸던 네 명의 역사 연구자들은 20세기가 저물어 갈 무렵 다가올 새로운 밀레니엄 내지 세기가 어떠한 역사상(像)을 빚어낼 것인가를 두고 간혹 의견을 주고받곤 하였다. 당시는 세기적 전환기답게 '문명'에 관한 담론이 제법 화두를 제공해 주고 있던 터였다. 그 가운데서 우리가 특히 주목했던 것은 이른바 '문명충돌론'이었다. '동구 혁명'이나 소련의 해체를 통해 이데올로기의 시대가 끝나고 세계사가 이제 문명 간의 대립 단계에 접어들었다는 주장에서 우리는 모두 21세기에 대한 불길한 예감을 가지고 있었기 때문이다. 우리는 비록 얼마 안 있어 2001년의 '9·11 사태'와 같은 파국적 사건과 뒤이은 미국의 이른바 '테러와의 전쟁'이 벌어질지는 전혀 예측할 수 없었지만, "한편에는 서구, 다른 한편에 유교—이슬람을 설정해 놓고는 양자가 절대 화해할 수 없는 것으로 상정하고" 있는 '문명충돌론'에서 미국 보수 우익이 갖고 있는 일종의 정책적 의지를 감지할 수 있었다. 사실 '9·11 사태'는 문명 간의 충돌로 환원할 수 없는 세계 자본주의 질서에서의 '남북의 대립'을 반영하는 것이지만, '문명충돌론'은 같은 동전의 양면이랄 수 있는 '서구중심주의'와 '오리엔탈리즘'을 전제하고 있을 뿐만 아니라, 기독교적인 문명관을 세계사에 무차별적으로 적용하는 문제점을 갖고 있는 것이다.

우리가 곤혹스러웠던 것은 '문명충돌론'을 극복하기 위해서 그것을 '문명공존론'으로 대체하는 것으로는 마냥 마음 편해할 수 없었다는 점이다. 그것은 이른바 '문명공존론'이 우리가 참으로 바라 마지않는 '상생(相生)'의 세계를 지향하기는커녕 "다양성 가운데의 동일성"의 추구라는 이름 아래 궁극적으로 서구적 가치로의 합일을 주창하고 있기 때문이다. 바꿔 말하면 '문명공존론'이란 처방만이 다를 뿐 '문명충돌론'과 동일한 대전제와 문명관을 공유하고 있는 것이다.

우리가 13세기의 몽골 제국을 탐사의 주대상으로 선정한 까닭은 바로 여기에 있다. 새로운 밀레니엄을 맞이하여 유럽중심주의를 뛰어넘는 세계사상(像)을 모색한다는 취지에서 우리는 유럽이 헤게모니를 장악하기 이전인 13세기 유라시아 세계의 형성과 발전에 대해 집중적으로 탐색하기로 하였던 것이다.

답사 준비에 그럭저럭 1년을 보냈지만 '유라시아 역사 탐사팀'을 구성하여 2000년 7월에 중국에서 로마에 이르는 대장정에 오를 때까지도 '문명의 장벽'을 넘어설 무슨 뾰족한 묘안이 있었던 것은 아니다. 특히 프랑스사, 그것도 혁명사를 전공한 필자의 경우, 몽골 제국이 '몽골인의 평화(Pax Mongolica)'라는 파천황의 세계를 열어 다양한 문화와 종교를 포용할 수 있었다는 사실은 들어 알고 있었지만, 이것이 유럽사의 맥락과 어떻게 연결되는가 하는 점에 대해서는 아는 것이 거의 없다고 해도 과언이 아니었다. 더욱이 유럽중심주의를 극복한다고는 했지만 그것이 어떤 태도나 감정의 상태에 그치는 것이 아니라 오늘날의 학문 편제와 내용에 깊이 침윤되어 있는 일종의 패러다임이고 보면, 그것을 극복한다는 시도가 만용에 불과할 것이라는 우려 또한 적지 않았다.

사실 오늘날 '세계화'니 '지구촌'을 운위하면서도 어떤 문명이나 사회가 '타자'에게 지배받거나 종속되지 않은 채 서로 대등한 관계에서 교류하고 소통하는 세계를 상상하기란 결코 쉬운 일이 아니다. 인류의 역사가 끊임없는 정복과 지배의 과정으로 점철되어 오기는 했지만, 지난 500년에 걸쳐 유럽을 중심으로 하여 꾸준히 형성되어 온 '근대 세계 체제'는 여러 가지 점에서 남다른 바가 적지 않았기 때문이다. 무엇보다도 그것은 복수적인 국가 체제를 설정하여 개별 국가를 주권을 가진 독립적인 존재로 간주하면서도 전체적으로는 중심—반(半)주변—주변이라는 구조화된 계서제를 갖는다. 이 위계는 언제나 가변적이고 또 유동적이기는 했지만 대체로 '서양'이라는 축을 중심으로 유지되어 왔다. 더욱이 그것은 계급—민족—성차(gender)—인종의 구분이라는 차별화 전략을 통해 저항을 분산시키고 통제를 내면화하였다. 우리가 자칫 인간의 본래적이고 자연적 속성에서 비롯된 것이라고 여기는 위의 구분 방식은 기실 역사적으로 형성되어 온 것이었음에도 불구하고 바로 그런 이유로 해서 자본주의 세계 질서에 더할 나위 없는 안정과 탄력성을 제공해 왔다.

이번 탐사의 문제 의식과 관련하여 중요한 것은 '근대 세계 체제'가 '근대 분과학문 체계'라는 고도로 전문화된 '대전통'의 영역을 상부 구조로 지니게 됨으로써 정당성의 논리와 명분을 훨씬 강력하게 제시할 수 있었다는 점이다. 그리고 '근대 대학'에 거소(居所)를 마련한 이 분과학문 체제는 형성 과정에서 서구중심주의를 그대로 확대 재생산하였다.

유럽인들은 15세기 말 이후 이른바 '팽창'을 경험하게 되면서 심각한 정체성의 위기에 직면하였다. '동양'은 유럽으로서는 이미 알고 있는 세계였기에(이것은 바로 몽골 제국이 있었기에 가능했다) 대양을 통한 인도와 중국과의 직접적인 접촉이 당장에 기존의 세계관을 동요시키지는 않았지만, '신대륙'과의 만남은 성서에 입각한 중세적 우주·세계관이 갖고 있던 설득력을 결정적으로 무너뜨렸다. 지구가 우주의 중심도 아니고 사방이 대양으로 둘러싸인 평평한 사각의 거대한 땅덩어리도 아니라는 점이 명백해졌는가 하면, 코끼리·담배·옥수수·감자·토마토 등으로 대표되는 새로운 동식물상(像)과 지리적 지식의 확대는 기존의 인식 체계 전반에 대한 전면적인 검토를 요구하였다.

데카르트가 『방법서설』(1637)에서 전개한 이른바 '방법적 회의'라는 것도 이러한 혼란 속에서 보다 확고한 인식론적 토대를 마련하기 위한 지적 고투의 소산이라고 할 수 있다. 사실 새로운 문물과의 접촉이 유럽에 준 충격은 매우 컸으며, 유럽은 이 '타자'를 길들여 자신의 정체성을 새롭게 정립해야 했다.

크게 보아 이 과정은 16~18세기의 기간에 세 단계를 거쳤다. 먼저 유럽인들은 '팽창'의 초기 국면에서 이 '타자'와의 차이를 객관적으로 인식하고 또 받아들였다. '신대륙', '아메리카', '서인도제도' 등의 호명법은 이 새로운 타자를 어떻게든 길들여야 한다는 절박한 상황을 잘 드러내 준다. 이 단계에서 그들은 종종 잉카나 아스텍 문명의 현란함과 생경스러움에 놀라기는 했지만 어떤 우열 의식을 갖고 있지는 않았다. 하지만 대략 1530년 이후 유럽인들은 '신대륙'의 '타자'들에게 '야만인과 문명인'이라는 구분법을 적용하기 시작하였다. 사실 이러한 구분이 이 시기에 유럽인들에게만 처음 나타난 것도 아니었고, 또 그것이 곧 유럽 문명의 우월성을 보증하는 것은 더욱더 아니었다. 실제로 이분법의 근거는 차이의 가장 두드러진 지표라고 할 수 있는 기독교 신앙의 수용 여부였기에, 그것이 원주민들을 새로운 신앙으로 끌어들인다는 '포교'가 구체적인 목표로 나타나기는 했어도 유럽 문명의 우월함을 입증해 줄 현실적인 근거는 사실상 없는 셈이었다.

17세기 말에서 18세기 초에 걸쳐 '타자 길들이기'는 새로운 국면에 접어들었다. 한편으로 기독교가 사적 영역으로 축소됨으로써 유럽의 정체성 인식에서 세속적인 원리가 대두했는가 하면, 다른 한편으로 '팽창'으로 말미암은 자본의 시원적 축적이 일정 수준에 도달하면서 유럽은 역사상 처음으로 '동양'에 대한 물질적 우위를 자각하기 시작하였다. 그 결과 유럽인들은 아프리카나 '신대륙'의 원주민에 대해서는 '원시인과 문명인'의 구분을 적용하는 한편, 대략 1750년을 전후한 시기부터 문명을 갖고 있음을 부정하기 어려운 '동양'에 대해서는 '농업문명'에 대한 '상업 문명'의 비교 우위를 설정하였다. 급기야 이 두 가지 분류법은 18세기 후반 계몽 사상의 한 분파에 의해 '생계 양식(mode of subsistence)'을 기준으로 하는 사회발전 이론으로 통합되기에 이르렀다. 채취→수렵 및 어로(여기까지가 '원시 단계'임)→목축→농업(이 두 단계는 '정체된 문명'임)→농·상(공)업(이것만이 '진정한 문명'임)으로 이어지는 진보의 연쇄는 특정 사회의 발전 단계를 설명해 주는 동시에 실로 지구상의 모든 사회와 문명을 하나의 잣대로 서열화할 수 있는 자못 역동적이고 거시적인 역사관으로 도약하였다. 그러기에 '진보'를 발명했다는 계몽 사상은 그것과 아울러 '후진성'의 범주를 발견했던 것이며, 서구는 그 후진성이라는 거울을 통해 자신을 규정했던 것이다.

이 진화론적인 발전관은 프랑스 혁명이 일어날 즈음에는 유럽의 지성계에서 공동의 자산이 되었을 뿐만 아니라 '문명'의 한 구성 요소가 되었다. 프랑스 혁명은 '정치'를 통해 '사회'를 근본적으로 변화시킬 수 있다는 전망을 제시하고, 또 그 전망을 구체화하기 위한 변혁을 시도함으로써 유럽의 지배층에게 "정상적인 사회 상태가 된 '변화'를 어떻게든 길들여야 하는 새로운 과제를 안겨 주었다. 그 결과 나타난 것이 이데올로기요, '사회과학'이었다. 사회과학은 '자료(data)'를 수집·정리·분석·체계화하여 자칫 격류로 변하기 쉬운 '변화'를 통제 가능한 물꼬로 이끌어 낸다는 목표를 의식적으로 설정하였고, 그럼으로써 새로이 등장한 '근대 대학'의 핵심적인 일원이 되었다. 사회과학은 나라에 따라 명칭이나 분류 또는 제도화의 시기에서 차이를 보이기는 했지만, 대체적으로 19세기에 6개의 분과학문으로 체계화되었다. 그리고 이 학문 체계는 위의 발전관을 분류의 대원칙으로 받아들였다. 즉 '타자 길들이기'와 '변화 길들이기'라는 두 가지 과제가 근대 대학을 통해 사회과학이라는 미증유의 '대전통'을 만들어 냈던 것이다.

유럽인들은 자신만이 진정한 변화를 경험했기에 그들만이 '역사'(언제나 대문자 단수임: History, Histoire, Geschichte)를 갖는다고 여겼다. 그 결과 유럽만이 '역사학'의 영역이 된 데 반해, 농업 문명의 단계에서 정체된 동양은 '동양학(Orientalism)', '역사 없는 사람들(People without history)'은 '인류학'의 영역이 되었다. 그리고 유럽만이 국가—경제—사회라는 근대성의 구조를 이룩했기에 '정치학', '경제학', '사회학'은 당연하게도 기본적으로 유럽을 연구의 준거로 설정하였다.

이 근대적인 분과학문이 지닌 유럽중심주의를 그 자체로 탓하기는 쉽지 않다. 그것은 유럽인들 나름의 문제 제기에 대한 대응의 한 방식이기 때문이다. 하지만 그것이 적어도 결과적으로 비유럽인들에게서 그들의 역사를 빼앗아 공식적인 역사 이외의 다른 길이 있을 수 있음을 애초부터 차단하고 진보라는 이름으로 행해진 다양한 형태의 착취와 왜곡을 호도하는 측면을 지녔다면 이는 문제가 아닐 수 없다. 유럽중심주의가 근대 학문의 내용만이 아니라 존재 이유의 핵심적인 요체의 하나라면, 분과학문 체제는 유럽 내지 구미가 지녀 왔던 문화적 헤게모니 장치의 핵심적인 일부분으로서 사실상 그 헤게모니의 단순한 반영물이 아니라 그것을 영속화하는 기능을 맡고 있다고 볼 수 있기 때문이다.

서구중심주의와 오리엔탈리즘이 분과학문 체계를 구성하는 기본 원리로 작용하고 있다는 지적은 그만큼 그것의 극복이 지난한 과제임을 일깨워 준다. 우리가 사회과학이 태생적으로 반혁명적인 속성을 지닌다든가 인류학이 제국주의적인 혐의를 갖는다든가 하여 소리 높여 비판하기는 쉽지만, 두 세기의 시간적 무게를 갖는 학문적 성취와 축적을 씨름하듯 일거에 뒤집을 수 있다고 생각한다면 참으로 무모하기 이를 데 없는 것이다.

그러면 어떻게 할 것인가? 이 거창한 물음에 손쉬운 답변이란 있을 수 없다. 장기적으로 우리의 문화적 역량을 키워 가는 것 이외에 달리 대안이 없을 것이다. 다만 시작의 단계에서 어깨에 힘주지 않으면서 자그마한 첫 걸음을 내디딜 수 없을까 하는 것이 이번 탐사의 주요한 문제 의식이었다. 여기에서 무엇보다도 요긴했던 것은 관점의 전환이다. 엄청난 자료와 거대한 체계를 지닌데다 마치 공기처럼 내면화되어 있다는 사실조차 우리가 느끼지 못할 정도로 친숙해 있는 서구중심주의를 아직 정면에서 공격할 수 없는 바에야 우선은 그 숲 전체를 먼 발치에서나마 조감하여 '숲의 형체'를 조금이나마 남다른 방식으로 '묘사'해 보자는 것이었다.

따라서 우선 우리가 의존했던 것은 역사주의적 관점이다. 이는 기원을 통해 현재를 설명하는 방식이지만, 우리로서는 유럽중심주의가 거대한 패러다임으로 정형화되기 이전의 상태로 거슬러 올라감으로써 그것에 의해 차단된 '다른 길'의 흔적을 발견했으면 하는 '희망 만들기'의 한 표현이다. 다른 하나는 상대주의적 관점이다. 차이에 드리워진 차별의 그림자를 거둬 내고 그것을 그 자체로 보자는 것이다. 이는 '근대성'이라는 고정 관념을 넘어서 다양한 부류의 사람들이 상생할 수 있는 역사의 터전을 일구어 내자는 원망의 소산이다. 이 책이 이러한 발상의 전환에서 꽃망울을 터트리는 한 계기가 되었으면 하는 것이 필자들의 바람이다.

그러면 유라시아 탐사를 통해 우리는 무엇을 보았는가? 바꿔 말하면 '초점의 이동'이 야기한 결과는 무엇인가? 첫째, 우리는 유라시아 대륙에 대한 인식을 새롭게 할 수 있었다. 이는 특히 필자의 경우 중국에서 러시아에 이르는 그야말로 막막한 대초원 지대를 처음 여행했기 때문에 가능했던 것만은 아니다. 우리는 일정상 '비단길'의 극히 일부만을 탐사했지만, 아프리카의 서북단인 모로코에서 유라시아 대륙의 동쪽 끝인 만주에 이르는 사막의 거대한 연쇄는 인간들의 소통을 가로막는 장애가 아니라 오히려 그들을 이어 주고 만남을 자극하는 "육지의 바다"였다는 것을 알 수 있었다. 사막을 불모 지대로 바라보는 태도야말로 '대항해 시대'가 만들어 낸 편견의 산물이 아니겠는가? 돌아보건대 기원전 800년경부터 기원후 1700년에 이르는 2500년 간의 시기는 사막을 지배했던 유목민들이 끊임없이 명멸하면서 세계사를 주름잡던 '장기 지속'의 기간이었다. 사막의 모래 바람을 타고 홀연히 나타나 거대 농업 문명들에 새로운 활력을 가져다 주고는 역사의 뒤안길로 사라져 간 수많은 유목민들은 유라시아 대륙에 일종의 문화적 평형 상태를 빚어 주었던 문명의 매개자요 전달자였다. 우리의 주인공인 13세기의 몽골인들은 바로 이러한 장기 지속의 흐름 속에서 품새가 가장 컸던 대인들이었다.

둘째는 '세계사의 탄생'에 대한 새로운 시기 매김이다. 흔히 '신대륙의 발견'을 통해 참된 의미의 세계사가 성립했다고 운위되곤 한다. 고립 분산적이었던 지구상의 사회와 문화가 유럽을 통해 하나가 되었다는 것이다.

하지만 이런 과업은 이미 몽골 제국에 의해 13세기에 이룩되었다. '세계사의 탄생'은 "몽골 시대가 남긴 가장 위대한 유산"인 것이다. 당시의 지식인들은 이를 뚜렷하게 의식했다. 그래서 오늘날의 연구자들은 이를 "13세기의 세계 체제"라고 명명한다. 하지만 우리에게 인상적인 것은 그것의 구성 원리와 '근대 세계 체제'의 그것과의 대비다. 후자가 보편주의란 이름 아래 차별과 분리를 영속화하고 있다면, 전자는 '탱그리'가 지배하는 제국의 이름 아래 차이와 공존을 받아들였던 것이다. '몽골인의 평화'는 진정 '상생의 유토피아'는 아니었다고 하더라도 '상극(相剋)'을 저만치 피해 갔던 것이 아닌가 한다. 이 다원주의는 우리가 21세기에서 필경 살려야 할 덕목이 아니겠는가.

마지막으로 지적할 것은 유럽이 만들어 낸 '역사학' 자체에 대한 반성이다. 몽골이나 중앙아시아에 가지 않았더라면 필자는 '과거'와 '역사'의 차이를 그토록 절감하지 못했을 것이다. 위에서 말했듯이 역사학은 '과거 길들이기'를 위한 학문이다. 하지만 과거란 거기에 그냥 있는 것이 아니라 만들어지는 것이다. 역사학에서 과거란 대상적 존재일 뿐 주인공은 아니다. 그럼 누가 과거의 주인인가? 그것은 국제 질서의 단위 주체인 '국민 국가'다. 바꿔 말하면 근대 역사학이란 유럽에서 근대 국민 국가가 등장하면서 '국민적인 정체성'을 확립하기 위해 대학에 도입하였던 학문이다. 따라서 이 역사학은 과거로부터 교훈을 끌어낸다는 전통적인 역사 서술과는 존재 이유가 근본적으로 다르다. 유럽 못지않게 국가적 전통이 강한 곳에서 성장한 필자는 역사학이 과거를 현재의 요구에 따라 '얼마든지' 바꾸어 갈 수 있다는 점에 생각이 쉽게 미칠 수 없었다. 하지만 필자는 지금도 울란바토르 남쪽의 톤육쿡 석비를 마주 대했을 때 느꼈던 해방감을 잊지 못한다. 국가 통제력의 보호를 거의 받고 있지 못했던 그것은 내게 마치 의미의 옷을 모두 벗어던진 거대한 나체 조각품으로 비쳤다. 과거를 국가주의나 민족주의의 틀에서 벗어나게 하는 일, 이는 곧 현재를 미래로 열어놓는 것이 아니고 무엇이랴.

우리는 방금 21세기의 문턱을 넘어섰다. 20세기가 동구 혁명과 소련의 해체라는 붕괴음을 내면서 막을 내렸다면, 21세기는 뉴욕의 '세계무역센터'에 작열했던 비행기의 굉음으로 시작하였다. 세기의 전환치고는 요란했던 셈이다. 이 상서롭지 못한 전조를 보면서 이데올로기의 시대는 가고 문명의 세기가 도래했다고 주장하는 한 논객의 목소리에서 불길함을 느꼈다면, 이는 단지 필자의 신경과민 탓만은 아닐 것이다. 왜냐하면 그가 말하는 '문명'이란 기실 너무도 자기중심적이어서 거기에 '타자'가 들어설 자리는 애초부터 차단되어 있기 때문이다. 21세기는 분명 그러한 문명의 장벽을 넘을 것을 우리에게 요구한다. 인류가 문화와 종교의 차이를 넘어 상생을 추구할 수 있는 '새로운 세계'를 위한 '새로운 인식'에 이 탐사기가 자그마한 단초가 되었으면 한다.

— 최 갑 수